国家社会科学基金青年项目

山东大学考古与历史学一流学科建设资助

光明社科文库
GUANGMING DAILY PRESS:
A SOCIAL SCIENCE SERIES

·历史与文化书系·

后现代语境下的
档案与身份认同

闫 静｜著

光明日报出版社

图书在版编目（CIP）数据

后现代语境下的档案与身份认同 / 闫静著 . -- 北京：
光明日报出版社，2023.11

ISBN 978 - 7 - 5194 - 7272 - 6

Ⅰ.①后… Ⅱ.①闫… Ⅲ.①档案工作—研究 Ⅳ.
①G27

中国国家版本馆 CIP 数据核字（2023）第 096172 号

后现代语境下的档案与身份认同

HOUXIANDAI YUJING XIA DE DANGAN YU SHENFEN RENTONG

著　　者：闫　静

责任编辑：李　倩　　　　　　　　责任校对：李壬杰　李海慧

封面设计：中联华文　　　　　　　责任印制：曹　净

出版发行：光明日报出版社

地　　址：北京市西城区永安路 106 号，100050

电　　话：010 - 63169890（咨询），010 - 63131930（邮购）

传　　真：010 - 63131930

网　　址：http://book.gmw.cn

E - mail：gmrbcbs@gmw.cn

法律顾问：北京市兰台律师事务所龚柳方律师

印　　刷：三河市华东印刷有限公司

装　　订：三河市华东印刷有限公司

本书如有破损、缺页、装订错误，请与本社联系调换，电话：010 - 63131930

开　　本：170mm×240mm

字　　数：352 千字　　　　　　　印　　张：18

版　　次：2024 年 3 月第 1 版　　　印　　次：2024 年 3 月第 1 次印刷

书　　号：ISBN 978 - 7 - 5194 - 7272 - 6

定　　价：98.00 元

序

党的十八大以来，以习近平同志为核心的党中央提出了"构建人类命运共同体"这一命题，将其作为"中国方案"的核心内容，并对"人类命运共同体"中"命"的内涵进行阐释："是解决身份认同的问题、解决安全感和获得感的问题。"由此，身份认同问题深刻地融入了国家战略，成为党和国家逻辑的重要组成部分。

身份认同是对个体或群体身份的认知或描述，其研究兴起于现代化（尤指全球化与西方化）背景之下产生的认同危机，深化于后现代语境之下多元社会中的本体安全和存在性焦虑。受后现代主义思潮影响，身份认同理论发生重大转变，从本质主义转向建构主义，从一元论过渡到多元论，从"同一性"发展为"差异论"；与此同时，档案学者也开始反思、批判传统档案观念，思考档案与记忆、身份认同的关系，更加关注此前被忽视的弱势群体、边缘人群、少数族群的档案，并通过个案研究剖析档案在身份认同中的作用。2012年，第十七届国际档案大会将"身份认同与档案"作为三个议题之一，随后，国际顶级档案期刊《档案科学》专门以"记忆、认同与档案范式"为主题进行组稿，引发全球档案界的广泛关注。档案与身份认同开始成为档案界研究的焦点问题之一。

后现代主义思潮在档案界的蔓延衍生出了多种理论样态，如档案记忆观、社群档案理论、档案与社会正义、档案信任论、档案多元论、档案情感价值论等。而这些理论形态的焦点问题又异曲同工地回到了档案与认同的话语中来，无论是通过构建集体记忆来构建身份认同，还是通过社群建档行为来实现身份认同，抑或是挖掘档案中的情感价值来渲染身份认同，档案与身份认同这一议题似乎处于后现代档案学理论的重要位置。尤其是随着社会人口迁移与生活场景变迁的常态化、怀旧与眷恋乡愁的日常化、个体和集体对自身价值追寻的普遍化，档案记录渗透至社会生活的方方面面，身份认同议题更是成为关涉每个人个体权益和情感归属的重要问题。由此，档案与身份认同的关联，毫无疑问地成为后现代档案学的当代焦点。

档案既呈现身份认同又参与身份认同的建构。作为社会发展的原始记录，档案承载着"我们曾经是谁""我是谁"的身份信息，也蕴含着"我们可以成为谁"或"我们将成为谁"的认同基因，经由档案定格的时间痕迹与烙印其中的历史记忆已成为身份认同的证明。档案与身份认同之间富有魅惑性的辩证关系，使得这一议题充满了理论探讨的诸多可能，也饱含着实践探索的热忱。眼前所呈现的闫静博士的这部书稿即是对档案与身份认同在后现代语境下的有关探索，尽管从书名上看较为朴素，但内容上饱含深意。

通读书稿，我觉得有以下一些值得肯定的地方：其一，在理论观点方面，有丰富有突破。档案对身份认同具有建构作用，学界已达成共识并有相关论述，该书稿拓展了档案对身份认同的正向效用，并论证了档案除了对身份认同具有建构功能外，还从"固定认同"与"叙述认同"理论的区别中论证了档案对身份认同的呈现功能。此外，书稿除了聚焦档案对身份认同的正向功能外，还二元辩证地从"档案中的消解、隐匿与遗忘"这一角度大胆地论述了档案在建构身份认同时也消解个体差异、档案是温和的遗忘方式、档案中的显性身份与隐性认同等观点，读后令人耳目一新。其二，在研究方法方面，有融合有深化。"文献+田野"两者方法的结合本不新鲜，但档案界鲜少将二者有机结合融贯使用，书稿创新地从"历史文献"的文本分析和"现实田野"的实证调查出发，通过大量例证剖析了个体和群体的建档行为及其身份认同的实现策略，尤其是深入档案内容进行历史学、社会学的跨学科分析，使得文本可读性较强，又使理论和实践结合得有的放矢。其三，在学术思想方面，有延伸有精深。书稿延伸了档案与身份认同二者的辩证关系，不仅探讨了档案对身份认同的作用，也深挖了身份认同理论对档案理论和实践的诸多影响。此外，书稿第五章还从诸多"后××"现象中窥探了档案与身份认同的关联，理论性和思辨性较强。总体上，该研究成果理论性探讨较为深入，也体现了一些实践指导价值，不仅进一步深化了档案学基础理论的研究内容，扩展了档案的认同价值维度；而且一定程度上丰富了后现代档案学理论的研究成果，延展了"档案—记忆—认同"理论链条的学术内涵，创新了档案实践的策略，为官方档案部门和社群档案实践活动提供了一定指引。

闫静博士近年来一直在档案学史和档案学基础理论方面开展研究，并取得了诸多可喜的成果。现在，这本关于档案与身份认同研究的书要出版了，这是值得庆贺的事情，我由衷地感到高兴，但我希望她继续努力，接着在档案学术史和中国特色档案学理论方面开展研究。闫静在这方面已经有了一定的理论基础和文献基础，再加上近年来经受了一些具有"历史感"的跨学科训练，我相信她将来会取得更多的成绩。

  是为序。

2023 年 3 月

目　录
CONTENTS

导　论

　　"后现代语境下的档案与身份认同"聚焦于时下较为流行或时髦的几个术语——"后现代"以及"身份""认同"或连起来的"身份认同"（identity）。然而，对这一主题的研究，并非赶时髦或攀附流行，而是基于对一些档案现象甚至是社会现象的思考。希望这些浅薄的思考能不断延展档案理论特别是档案价值理论的内涵，开拓档案实践和档案职业的疆域，增强全社会对档案身份认同价值的认知，提升档案话语的社会力量。导论部分将详细向读者交代这一主题的研究缘起、现有研究基础、具体的研究方向等问题，以为后续的论述提供一个简要说明。

　　一、研究缘起：几组冲突现象——固化的档案、流动的身份与多元的认同

　　党的十八大以来，以习近平同志为核心的党中央提出了"构建人类命运共同体"这一命题，将其作为"中国方案"的核心内容，并对"人类命运共同体"中"命"的内涵进行阐释："即是解决身份认同的问题、解决安全感和获得感的问题。"① 由此，身份认同问题深刻地融入了国家战略，成为党和国家逻辑的重要组成部分。身份认同是对个体或群体身份的认知或描述，其研究兴起于现代化（尤指全球化与西方化）背景之下产生的认同危机，深化于后现代语境之下多元社会中的本体安全和存在性焦虑。受后现代主义（post-modernism）思潮影响，身份认同理论发生重大转变，从本质主义转向建构主义，从一元论过渡到多元论，从"同一性"发展为"差异论"；与此同时，档案学者也开始反思、批判传统档案观念，思考档案与记忆、身份认

---

① 王义桅. 热话题与冷思考——关于"人类命运共同体与新时代中国外交"的对话［EB/OL］. 中国海洋发展研究中心，2018-08-03.

同的关系，更加关注此前被忽视的弱势群体、边缘人群、少数族群的档案，并以谱牒档案、家族档案为例剖析档案在身份认同中的作用。2012 年，第十七届国际档案大会将"身份认同与档案"作为三个议题之一，随后，国际顶级档案期刊《档案科学》（*Archival Science*）专门以"记忆、认同与档案范式"为主题进行组稿，引发全球档案界的广泛关注。档案与身份认同开始成为档案界研究的焦点问题之一。但长期以来，由于身份认同潜藏于"证据""记忆""历史""遗产"等档案理论中，学界对于档案与身份认同的关系及相互作用并未深入研究，且缺乏系统论述，对于档案在身份认同中的价值及其实现、身份认同对档案理论与实践的影响等问题也缺乏相对辩证的剖析。本书旨在探讨后现代语境中档案与身份认同二者的关系互辨，思考档案之于身份认同、身份认同之于档案的相互作用，及其引申的实践影响、理论前景与困境，以期回应档案理论、档案实践、档案职业的新诉求，促进档案学科的内涵式发展。

后现代语境下的档案与身份认同，缘起于几个概念之间的相互关联与相互冲突——固化的档案、流动的身份与多元的认同。固化的档案是一个相对的概念，在纸质时代，当纸质档案中的白纸黑字将人类活动的原始记录封刻在纸张上，这就意味着档案中所记载的信息变成了确定的、固化的人类记忆。由此，档案又被称为"固化的记忆"，而档案工作就是"记忆的固化"。① 即使到了电子时代，电子文件的可回溯性使得电子档案看似"居无定所"，在生命周期的"档案阶段"和"文件阶段"相互转化，但元数据仍将电子文件的流转信息予以"固化"，这也保证了电子文件的真实性及其在信息时代的凭证效力。由此，档案是固化的信息，也可从另一个方面加以理解，即档案是确定的、原始的有关社会活动的记录。

至于身份认同，这一概念的出现既是个体觉醒的产物，也是社会发展的结果。然而，对某一种身份的认同或所认同的身份状态并不是固化不变的，而是处于不断流动的状态之中。随着世界发展的全球化、现代化、一体化趋势，以及人的主体性、能动性、内外关系的复杂性，个体或群体的身份流动性特征也愈加凸显。文化研究之父斯图亚特·霍尔（Stuart Hall）在《文化身份与族裔散居》（*Cultural Identity and Diaspora*，1990）一文中对"文化身份"

---

① 丁健. 档案与档案工作：固化的记忆与记忆的固化 [J]. 档案学研究，2002（05）：17-20.

这个术语的权威性和真实性提出了质疑，更加强调从现实状况出发去理解"文化身份"。他认为身份并不是透明或毫无问题的，而是一种永不完结、永远处于过程之中的"生产"，一种"在内部而非在外部构成的再现"。① 尤其是在全球化时代，身份更加不是一个清晰界定的、固定不变的概念，也没有一个普遍接受的范围与界限，由此，身份更被社会认可的是一种流动的认知状态。这种身份的流动性在齐格蒙特·鲍曼（Zygmunt Bauman）的著作里得到了更为详细的阐述：身份是一件易碎的艺术品，对身份的追寻虽迫在眉睫，却是一场"抑制和减缓流动、将流体加以固化、赋予无形的东西以有形的持续性的斗争"。② 鲍曼在另一本书中指出："事实上，如果现代的'身份问题'是如何建造一种身份并且保持它的坚固和稳定，那么后现代的'身份问题'首先就是如何避免固定并且保持选择的开放性。"③ 在流动的身份之下，对身份的认同也不再是单一的、一元的，因为随着身份的转变以及当事人心境的变化，个体或群体对身份的认同感也不断变得多元而含混暧昧。

以个体的身份认同为例，个体对自我的认同、对集体的认同会随着环境的变化而发生变化，个体在"寻求"认同的道路上，会面临着溯源、追忆、融入或改变等种种社会活动，也会经历着焦虑、困惑、释然等种种心理状态。以笔者所做的一个访谈为例，受访者在谈及童年及后期成长过程中的自我认同时，以"过去、记忆和焦虑"为主线叙述了他是如何"努力获取认同"的。下面的文字是访谈④的一部分内容：

> 我出生在一个农村，并且在那里度过了我童年的大部分时光，为了让我有更好的教育，父母带我从村子里搬到了最近的县城。于是我到了新的小学，遇到了一群新的同学。在我的回忆中，我一开始并没有跟他们相处得很好。下课时，三三两两的孩子们聚在一起，说着一些他们之间彼此了解的话，又或者是一些我没有接触过的东西。在那时，我感受到了困惑与焦虑。我不知道如何与他们相处，也不知道应该做一些什么。后来一次机会，我跟他们搭上话，他们在谈论一些我确实不太了解的事情，但是为了能够进入他们的"圈子"里，我对我自己的记忆进行了篡

---

① 罗钢，刘象愚．文化研究读本［M］．北京：中国社会科学出版社，2000：208.
② 鲍曼．流动的现代性［M］．欧阳景根，译．上海：上海三联书店，2002：126-127.
③ 鲍曼．生活在碎片之中：论后现代的道德［M］．郁建兴，周俊，周莹，等译．上海：学林出版社，2002：77-86.
④ 访谈时间为2020年12月8日。

改，我装作是了解的样子，融入了他们的话题。

现在回想起来，我一直如此的虚伪，无论是在什么时候。

当我进入初中、高中乃至大学的时候，在与其他人进行交流时，如果谈论到我的家乡、我的童年，又或者是一些过往的故事，我都会就当时的主题对我自己的记忆进行篡改，只为了能进入这个群体，只为了能够获得认同感。

现在回想起来，总是会不由自主对当时的我表示鄙夷，但是这一切终究是无可奈何，因为我想要融入进去，因为我想要获取认同，所以，这难道不是应该的吗？

但是，集体中的身份认同也是存在陷阱的，其根源在于集体是流动的，一旦集体发生变化，个体没有办法及时跟上时，便会被集体狠狠甩开。因此，现在的我对于一切的集体都表示怀疑与不信任，我厌恶与他们结成亲密的关系，因为我总是害怕这流动的群体。进入这个集体以后，一旦被抛弃，其产生的焦虑与痛苦是加倍的。

我时常将自己定义为"夹缝中的人"，生活在城市化进展中的一批孩子，从农村前往经过改造后的农村、城市或县城，从一个熟悉的环境中跳到一个无法熟悉、无法适应、无法呼吸的共同体当中。而从农村到一个国内较好的大学，到一个大城市当中，我又一次经历这种巨变的折磨。其根源在于我与周围大多数人经历的不同，我无法从他们身上找到我自己的影子，我无法从他们身上找到我可以沟通的共同点。因此，我又一次焦虑，为了能够获得自我与他人的认同，参加各种各样、可能不是自我愿意进行的事情，篡改着自己现在与未来的记忆。只是为了认同，为了消除自我的焦虑。但是，即使参加了这些活动，流动的集体仍使我感到自己被抛弃，自我的焦虑自始至终都无法被铲除。所以，我又一次害怕集体。

但是，其实这种为自我贴上标签的行为，也是我寻求自我认同与他人认同的一种方式。它影响了我的思维，影响了我的定位，影响了我的发声。在新媒体平台所进行的个人历史的书写中，它成了无法避开、始终环绕在我身上的魅影。

但标签无法完全定义一个人，为自我贴上的各种标签终究也会成为自我焦虑的一部分。我可能认为自己是一个"二次元"，但是当被一些"元老们"问道"你连×××都没看过，还算是二次元吗"的时候，我发现我依旧没有办法成为这个集体中的一部分。而焦虑也会随之而来。无法认清自己，也就无法接受自己，也更容易在回忆中迷失自己。

每个人都会受到各种各样的外界影响，也会因为各种理由离开之前快乐的共同体，寻求认同是每一个人终究无法避免的问题。因此，个人寻求集体的认同也是一个集体所无法避免的问题，随之而来的是创伤记忆、文化记忆、身份认同与身份政治等问题。但有时我会认为，"认同"并非个人寻求自我个性的过程，可能是我个人经历与自我个性的特殊，有可能只是我依旧陷在回忆的"挪威森林"无法自拔，我所认为的"认同"，应该是将自我的个性消磨成集体所认可的个性。这是剧痛的，而不是"纯真博物馆"般的温馨。

上述受访者所谈及的个体身份认同虽然是琐碎的，但却深刻地揭示出了个体随着所在集体的变化，其身份在不断的流动中经历着认同的焦虑。个体的身份认同是多元的、易变的，甚至为了寻求某一种身份认同，个体的记忆有时是可以被篡改的。正如雅克·拉康（Jacques Lacan）在镜像阶段理论所言的那般，"'我'在成为自己本身之际认同的对手其实并非自己，而是他者，我为了成为真正的自己而必须舍弃自己本身，穿上他者的衣装"①。

正是基于上述背景，站在档案学的学科视角下看待流动的身份与多元的认同，自然就会迸发出更多的思想火花：后现代档案学语境下档案与身份认同议题为何会成为焦点之一？档案之于身份认同的效用究竟是归属感的救赎还是矛盾的导火索？身份认同理论对档案学理论与实践有哪些正向或负向作用？不同类型的建档行为如何彰显出身份认同及其实现策略？后现代语境下档案与身份认同研究的前景与困扰有哪些？这些问题都值得深思并期待给出或明确或具有启发性的答案。而以上也是本研究重点关注的问题。

二、研究基础：相关研究的学术史梳理

（一）国内外研究概览

1. 国内研究现状概览

档案与身份认同涉及的话题新、概念多、内容广，但总体上国内对这一主题的研究较为聚焦，研究热度明显提升。（1）研究主题较为聚焦：①档案

---

① 福原泰平．拉康：镜像阶段［M］．王小峰，李濯凡，译．石家庄：河北教育出版社，2001：46.

工作者的职业/专业认同，即档案工作与档案行业、档案专业的自我身份认同状况和社会对档案职业的认同状况研究。国内部分学者通过实证调研归纳了档案职业/专业认同的现状及影响因素，认为档案工作者的职业认同并不乐观。冯惠玲①提炼了档案工作者身份认同的实现策略，提出"两个唯有"，即档案工作唯有融入各项业务和社会生活、唯有提升对社会生活的影响力方可获得价值认知和归属认知。②档案在身份认同中的作用，即档案对公民身份认同的影响及其实现策略研究。徐拥军、冯惠玲、张全海、蒋国勇、加小双等以家谱/家庭/家族档案、乡村档案、农民工档案为研究对象，探讨其认同价值及档案资源建设与开发利用。在此基础上，冯惠玲②③从档案、集体记忆与身份认同的关联进一步探讨了档案在身份认同中的特殊作用与机理、档案支持身份认同的条件。（2）研究热度明显提升。通过对发文数量的统计分析发现，国内关于档案与身份认同的研究最早可追溯至 2001 年，随后 10 余年仅发表 79 篇文章（其中以"档案职业认同"居多）。2015 年以来，相关研究显著增多，仅 2018 年就有近 20 篇文献，涉及档案与国家认同、群/集体认同、自我认同、文化认同、情感认同等。可见，档案与身份认同问题已成为近年学界研究的重要主题。

2. 国外研究现状概览

目前，国外对档案与身份认同这一主题的主要研究方向如下：（1）档案职业认同研究。1973 年，伯索尔·W. 福里斯特（Birdsall W. Forest）首次提出档案职业认同概念，之后，学者们从档案职业技能、职业理念、职业前景、职业伦理等更广泛层面对档案职业认同进行研究，厘清了档案工作者的社会角色。（2）认同范式与档案学研究。20 世纪末，受后现代思潮影响，科学的社会研究与后殖民主义、女权主义、移民主义之间的结合，为档案与身份认同研究带来了新的洞察力。受此影响，特里·库克（Terry Cook）指出"档案不仅涉及政府职责，还关乎普通公民根源感、身份感和地方感"。2013 年，库克将认同（identity）视为与证据（evidence）、记忆（memory）和社会/社区

---

① 冯惠玲. 当代身份认同中的档案价值［J］. 中国人民大学学报，2015，29（01）：96-103.

② 谢丽，冯惠玲，马林青. 转型身份认同过程中档案的功用——以中国农民工群体为例［J］. 档案学通讯，2019（01）：4-8.

③ 冯惠玲. 当代身份认同中的档案价值［J］. 中国人民大学学报，2015，29（01）：96-103.

（community）前后并进的范式之一①；随后，国外学者进一步论证了认同范式的理论意义与实践影响，并以认同范式为基础深入研究了社群档案与文化认同、个体认同、群体认同的相互关联。（3）档案/档案机构在身份认同中的独特作用研究。在构建档案多元论的理念下，国外学者从历史、记忆、种族、性别、数字人文、人类学、社会学等角度，以边缘群体（如同性恋）、弱势群体（如女性、土著）权益维护、社群建档与"寻根问祖"项目开展档案的身份认同价值及实现机制研究。

3. 相关评述

总体上，国内外在本领域研究已取得一定成果：一是开辟了档案职业研究的新视角；二是较深刻认识到档案在建构身份认同中的社会意义，并引入记忆环节为档案参与身份认同提供思路；三是对家族、乡村、少数人群档案资源建设和开发利用进行关注。这些成果为后续研究提供了一定基础，但仍存在一些不足：（1）宏观性与系统性不足。多数研究对档案与身份认同的理论探讨和实证分析零散且缺乏延续性，实证分析多针对档案职业认同研究或个别社群建档研究，对于档案与身份认同的相互作用、身份认同理论与档案理论及档案实践之间的互动关系缺乏较为宏观性和系统性的理论阐释。（2）深入性与融合度不足。多数学者对该主题的研究仍处于起步阶段，或"从文献到文献"，或"从数据到数据"，对身份认同理论及其与档案的关联性理解尚不透彻，对身份认同话语融入档案实践与政策的设想尚不成熟，相应的实证研究也有待"落地"。（3）开放性与延展性不足。现有研究多从档案学视野出发，探讨个体和群体身份认同对于档案的需求，虽认识到其跨学科性，但对其他学科关于身份认同的概念及理论研究缺乏系统认知，不能为"我"所用。在这一点上，国外研究引入"多元论"和跨学科方法值得借鉴。因此，档案与身份认同这一主题仍具有充分的理论需求和研究空间。

（二）代表性成果学术扫描

1. 国内相关学术成果

目前，国内学界关于档案与身份认同的研究主要集中于以下四方面主题：关于档案、身份认同、集体/社会记忆的综合研究，关于社群档案与身份认同的主题研究，关于档案或档案工作/职业的身份认同研究，关于档案管理或档

---

① COOK T. Evidence, memory, identity, and community：Four shifting archival paradigms [J]. Archival Science, 2013, 13 (2-3)：95-120.

案信息资源建设与身份认同的研究。

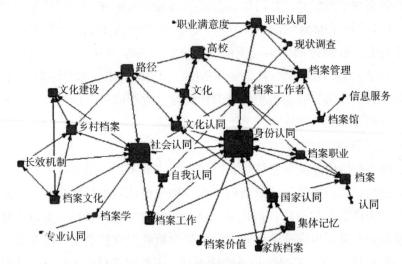

图 1 中文相关主题高频关键词网络

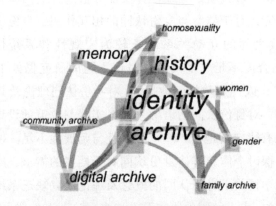

图 2 英文相关主题高频关键词网络

（1）关于档案、身份认同、集体/社会记忆的综合研究

在这一主题下的相关文献中，时间最早的文献是冯惠玲于 2015 年发表的
《当代身份认同中的档案价值》，文章对档案在当代身份认同中的价值及其发
展路径进行研究，认为集体记忆是连接档案和身份认同的纽带，档案通过参
与建构与强化集体记忆来实现身份认同。① 此外，王静的硕士学位论文《权

---

① 冯惠玲. 当代身份认同中的档案价值 [J]. 中国人民大学学报，2015，29（01）：96-
103.

力选择与身份认同：档案与社会记忆建构的两个维度》，深入研究了权力选择
和身份认同在档案建构社会记忆过程中所扮演的角色，探究削减权力消极干
预、确立身份认同的途径，为建构全面、真实、均衡的社会记忆建言献策。
这篇文献的难能可贵之处在于总结了现有研究的成就与不足，提及现有研究
鲜少关注的"档案及档案工作建构社会记忆的局限性""主流叙事对非主流群
体建构自身群体记忆及身份认同需要的忽略"等问题。① 该论文将权力选择
与身份认同作为两个研究维度，为档案与身份认同研究提供新视角、理论借
鉴和参考的同时，也在档案对身份认同作用的专门性与针对性方面留有一定
空间。而罗琳娜、陆阳借鉴社会学中自我认同建构的研究成果，分析了档案
在个体建构自我认同中发挥作用的过程。作者在分析个体身份内化的过程时
提出，个体在借助档案唤起或重建记忆时会不自觉地带入自己的情感，并有
选择地强调有关塑造自身积极形象的记录，刻意淡化甚至抹去关于自身负面
的记录；并且，个体会以他人视角要求自己、调整自己的言行举止，使自我
更符合社会的期待与规范。② 这些观点拓宽了档案与身份认同的研究视角，为
档案在呈现与建构身份认同的选择性机制方面提供了较为充分的理论依据。
徐拥军在《档案、集体记忆与身份认同》中认为，"集体记忆与身份认同天然
相连，集体记忆是身份认同的力量源泉；档案作为集体记忆的一种重要形态，
可以促进身份认同"③，该文系统梳理了档案、集体记忆、身份认同三者的关
联，是对前期有关档案与身份认同、集体记忆三者关系研究的延续与发展。
随后，加小双、徐拥军在《档案与身份认同：背景、内容与影响》研究中，
从档案记忆观理论背景与社群建档实践背景出发，通过构建"档案—记忆—
认同"模型来明确档案在身份认同中的价值，并总结档案的身份认同价值对
档案理论与实践的影响。该文对档案记录、集体记忆、身份认同三者的关系
进一步细化、模型化和理论化。④ 陆阳、蔡之玲在《档案与身份认同研究现
状考察与进路展望》中用文献计量法详细梳理和回顾了国内外档案与身份认
同的研究现状，提出相关研究尚存在概念辨析混乱化、研究视角单一化、研

---

① 王静. 权力选择与身份认同：档案与社会记忆建构的两个维度 [D]. 济南：山东大学，2017.

② 罗琳娜，陆阳. 论档案在建构自我认同中的作用机理 [J]. 档案与建设，2018 (06)：13-16.

③ 徐拥军. 档案、集体记忆与身份认同 [N]. 中国档案报，2017-09-25 (003).

④ 加小双，徐拥军. 档案与身份认同：背景、内容与影响 [J]. 档案学研究，2019 (05)：16-21.

究内容静态化等问题，为后续研究进一步明晰了方向。①

综观这一主题相关文献可以看出，学界对档案、身份认同、集体/社会记忆的综合研究渐趋成熟，集中研究三者的关系以及档案对身份认同和集体记忆的功用和价值，并形成了较为完善的关系网络与理论体系。这些研究为档案对身份认同作用的专门性细化研究奠定了较为坚实的理论基础，又留有一定的研究空间。

（2）关于社群档案与身份认同的主题研究

关于社群档案与身份认同的主题研究是档案与身份认同这一主题研究中成果最多（占30%左右）、流行最持久（2014年至今）的一种类型。这类研究文献主要以传统的家庭/家族档案和近年来兴起的农民工群体档案为典型研究对象，探讨这些档案类型与身份认同之间的关联。除此之外，少数文献的研究对象集中在社群口述档案。笔者认为究其原因，在宏观层面，流动的现代性与身份认同危机背景之下，社会寻根问祖热潮持续高涨，加之全球化和城市化进程中农民工及其他类型少数边缘群体的尴尬处境等社会现实给学术界带来了新的研究议题；在微观层面，由于档案学研究范式与视角的转变，我国档案学界部分学者受国外身份认同研究范式的影响，对以家庭/家族、农民工群体为代表的社群档案现象关注愈多，从身份认同视角研究社群档案的现实功用与价值成为一种流行趋势。

通过梳理相关文献可总结出以下特点。其一，在内容上，相关文献的研究题目多以某种社群档案的"功用""功能""作用""价值"等字眼命名，从题目便可清晰地明确此类文献主要研究（某种）社群档案对身份认同的功用与价值，进而分析档案在建构身份认同的相关路径或提出相关建议。如陈玉杰认为"档案凭借其凭证属性、记忆属性和文化属性，在农民工身份认同中发挥着重要作用"②；谢丽、冯惠玲和马林青以查尔斯·詹金斯（Charles Jenkins）和詹姆士·马西厄斯（James Marcia）关于身份的观点为基础建立分析框架，从自我身份认同和社会身份认同两个维度评估农民工群体当前的身份认同状态，并在此基础上分析农民工档案在农民工转型身份认同中的功用，

---

① 陆阳，蔡之玲. 档案与身份认同研究现状考察与进路展望 [J]. 档案学研究，2021（01）：32-39.

② 陈玉杰. 农民工身份认同中档案的作用 [J]. 浙江档案，2018（03）：19-21.

进而从档案角度对协助解决农民工身份认同问题提出相关建议。① 其二，在逻辑框架上，横观相关文献，并分别通读全文可知，相关文献的论述框架基本遵循"背景引入—概念解析—关系论述—路径探究"这一逻辑架构。如岳濛薇首先从中国工业化、城镇化与现代化进程中农民工这一社会现象的研究背景入手，引出社群档案与农民工群体身份认同的主题；其次，在理论层面分别解读社群档案的概念、特点及其对身份认同的价值；最后，在实践层面探讨社群档案价值开发路径。② 加小双以社会与日俱增的家族档案利用需求为背景，以档案、集体记忆、身份认同三者的关系为基本分析框架，以身份认同为视角理解家族档案的价值及其在当代身份认同中的价值延伸，分析家族档案认同机制，并探讨新时代如何认识家族档案的内涵、外延及其价值。③ 但以上相关文献更多地关注档案对身份认同的正向价值或功用，鲜少提及档案对身份认同的负面影响。如何辩证地看待档案在身份认同中的双向价值，为本书的相关研究留有余地。

（3）关于档案或档案工作/职业的身份认同研究

第三次信息技术革命后，社会发生剧烈变革，加之"身份认同与档案"议题在 2012 年第十七届国际档案大会上的提出，档案领域对身份认同的研究逐渐兴起，其中便包括对档案职业领域的身份认同进行探讨。④ 学界对档案本身或档案工作/职业认同的关注流行于 2013 年至 2018 年，相关研究基本按照"分析现状—探究原因—提出对策"逻辑框架展开，其中，施蕊所作《关于档案身份认同的探讨》便是这一研究逻辑框架的典型。⑤ 目前可检索到相关主题的国内最早文献是刘娜于 2013 年发表的《社会档案意识视野下的档案身份认同策略研究》，作者从社会档案意识的角度对身份认同内涵、社会档案意识与档案职业认同两者的关系进行剖析。⑥ 在此类主题相关文献中，有 2 篇同名

① 谢丽，冯惠玲，马林青. 转型身份认同过程中档案的功用：以中国农民工群体为例 [J]. 档案学通讯，2019（01）：4-8.

② 岳濛薇. 以农民工群体为例谈社群档案身份认同价值开发 [J]. 档案天地，2019（07）：48-50.

③ 加小双. 当代身份认同中家族档案的价值 [J]. 档案学通讯，2015（03）：29-34.

④ 徐丹丹，于元元. 信息技术对档案身份认同的影响研究 [J]. 档案与建设，2016（07）：13-16.

⑤ 施蕊. 关于档案身份认同的探讨 [J]. 黑龙江档案，2013（04）：39.

⑥ 刘娜. 社会档案意识视野下的档案身份认同策略研究 [J]. 湖北档案，2013（11）：18-19.

硕士学位论文——《档案工作者身份认同研究》，先后由张洁和徐丹丹写作。二者的主要不同之处在于研究方法各异，张洁采用问卷调查法展现档案工作者自我认同状况与大众对档案及档案工作者的认同状况①；而徐丹丹从档案职业认同的发展历程入手，分析当前背景下我国档案职业认同的特征与现状。②

（4）关于档案管理或档案信息资源建设与身份认同的研究

这类主题的研究常与现实的档案工作实践相结合。张坤嫒从分析我国档案馆工作、其他文化机构工作和国外档案馆工作的异同入手，对我国目前档案馆工作对实现身份认同存在的一些不足进行总结，针对身份认同背景下的档案馆各项工作转型提出解决思路。③ 朱莉则以档案、集体记忆和身份认同的相互关联为研究基础，探讨身份认同在档案信息资源建设中的影响，对我国身份认同理念参与档案信息资源建设进行评价，并探究身份认同参与档案信息资源建设的发展方向。④ 此外，也有研究人员以高校档案信息资源建设⑤或高校档案服务思政教育⑥为依托，根据高校档案工作的现实困境及身份认同对其提出的相关诉求，探究应对策略，提出相关意见。

（5）小结

综上所述，其一，我国学界对档案与身份认同的研究一定程度受国外身份认同的理论与实践影响；其二，档案、集体记忆和身份认同三者的相互关联是大部分相关文献的研究基础，记忆（集体记忆）是档案与身份认同研究不可跨越的研究背景；其三，现有研究多为档案对身份认同的功用、价值及实现路径的分析与探索，少有研究辩证地看待档案对身份认同的作用。

2. 国外相关学术成果

国外档案界对身份认同的关注与后现代主义思潮在档案学领域的渗透密切相关，并逐渐衍生为学界关注的焦点议题之一。2010 年底，英国邓迪大学（University of Dunde）召开了名为"记忆、身份认同与档案范式：基于跨学科

① 张洁. 档案工作者身份认同研究 [D]. 郑州：郑州大学，2016.
② 徐丹丹. 档案工作者身份认同研究 [D]. 哈尔滨：黑龙江大学，2018.
③ 张坤嫒. 身份认同背景下的综合档案馆工作转变研究 [D]. 沈阳：辽宁大学，2016.
④ 朱莉. 身份认同对档案信息资源建设的影响及其趋势 [J]. 浙江档案，2017（02）：17-19.
⑤ 刘佐成，刘睿潇. 身份认同诉求下的高校档案信息资源建设策略 [J]. 教育教学论坛，2020（07）：71-72.
⑥ 季梦佳，王裕明，俞皓耀. 身份认同视野下高校档案服务思政教育的思考 [J]. 高教论坛，2018（09）：11-13.

路径"的会议，与会学者探讨了档案与档案工作者在身份认同的形成与变迁过程中的角色，提出了"档案和档案工作者可以用来支持身份特权并为身份赋权"以及"档案不是国家建设或特定群体身份建构的简单工具，而是身份认同发挥作用的重要媒介"等学术观点。① 2012 年国际档案理事大会上，"档案与身份认同"成为大会三大主题之一被讨论，对于增进档案工作者的认知产生重要影响。②

目前，国外学界关于档案与身份认同的研究主要集中于以下四方面主题：一是档案与身份认同的关系研究，二是档案在身份认同中的作用机制研究，三是档案在身份认同中的功能实现路径研究，四是档案工作者在建构身份认同中的能动作用研究。

（1）档案与身份认同的关系研究

档案与身份认同的关系研究是这一议题颇受关注的领域，对相关文献进行梳理后可以发现，一部分学者倾向于将档案视为简单的工具，强调其在建构身份认同中的凭证价值和工具作用；而另一部分学者则强调档案在建构身份认同中的能动作用，认为档案可以呈现个体在集体中的价值感和归属感，为个体提供身份意义，促进身份认同。一方面，有学者认为档案作为过去历史记忆和集体记忆的记录和凭证，可以成为身份认同的建构性资源。关于这一问题，较早展开论述的是施瓦兹（Joan M. Schwartz）和特里·库克，他们提出"档案工作者评估、收集和保存的档案是用来建构身份概念的道具。反过来，身份的概念也因档案的保管而得到了证实，因为档案作为可信的历史文献，以其权威性和证据价值证实了如此建构的身份故事"③，二位作者明确指出档案作为工具和证据在构建身份认同中发挥的作用。布莱恩·布罗特曼（Brian Brothman）也强调档案在身份认同中发挥的凭证作用，提出"档案作为政治连续性和社会团结的代理人，通过充当社区身份和记忆的重要自我肯定象征，帮助他们各自所属社区随着时间的推移设法团结在一起"④。另一方

① BROWN C. Memory, identity and the archival paradigm: Introduction to the special issue [J]. Archival Science, 2013 (02): 85-93.
② FENG H L. Identity and archives: Return and expansion of the social value of archives [J]. Archival Science, 2017, 17 (02): 97-112.
③ SCHWARTZ J M, COOK T. Archives, records, and power: The making of modern memory [J]. Archival Science, 2002 (02): 1-19.
④ BROTHMAN B. Perfect present, perfect gift: Finding a place for archival consciousness in social theory [J]. Archival Science, 2010 (10): 141-189.

面，部分学者更进一步认为档案不是简单地为身份认同提供证据或者资料，而是通过建构与生成意义，在身份认同中发挥作用。丹尼尔·卡伦（Daniel J. Caron）和安德烈亚斯·凯勒哈尔斯（Andreas Kellerhals）探索了记忆机构在创造身份这一过程中所发挥的作用，鉴于当前野蛮生长的"信息洪流"，他们询问档案工作者在建立和维护群体身份方面的责任是什么，最终得出结论认为"档案不是国家建设或特定群体身份建构的简单证据，而是通过建构活动生成了身份的意义，进而发挥其认同作用"。① 埃里克·凯特拉尔（Eric Ketelaar）的观点与此相似，他认为身份的形成是一个四种关系互构的过程：主体、客体、社会伙伴和世界。其中，档案常常作为客体因素出现，"用户和档案管理员都建构了故事，这些故事确定了他们是谁，他们不是谁，他们适合什么地方，不适合什么地方，谁属于他们，谁不属于他们"，用户在档案中找到意义并赋予意义，而这些意义帮助他或她建构或重组自我和世界之间的关系，从而形成他或她的身份。② 珍妮特·巴斯蒂安（Jeannette Bastian）认为档案中记载着广泛的社会起源，通过以"事"为轴心的叙事和以"叙"为中心的反叙事之间定位溯源记录，实现过去和现在之间的交融汇合，从而建构起身份认同。③ 哈利法（Mahmoud Abdelhamid Khalifa）认为档案更多的是隐喻而非字面意义：它是压抑欲望和恢复记忆的光谱主题，档案可以使边缘化的群体通过挖掘过去的历史来弥补记忆的创伤，补救边缘化的身份。④

综上主题研究，第一类学者的观点较为统一，通过理论分析和案例研究证实了档案可以在身份认同中发挥凭证作用，成为建构性资源，但第二类观点更加聚焦档案工具价值外的能动作用，关注档案在身份认同中的主动性建构，无论是认知客体说还是叙事者说等观点，都表明了档案与身份认同的关系在不断走向深入。

（2）档案在身份认同中的作用机制研究

在确认了档案与身份认同的密切关系后，学者对档案如何在身份认同中

---

① BROWN C. Memory, identity and the archival paradigm: Introduction to the special issue [J]. Archival Science, 2013 (02): 85-93.

② KETELAAR E. Cultivating archives: Meanings and identities [J]. Archival Science, 2011, 12 (01): 19-33.

③ BASTIAN J A. The records of memory, the archives of identity: Celebrations, texts and archival sensibilities [J]. Archival Science, 2013 (03): 121-131.

④ KHALIFA M A. Feverish souls: Archives, identity, and trauma in Fihris and in Al-Turāb [J]. Arab Studies Quarterly, 2020, 42 (04): 287.

发挥作用做了较为详尽的论证。相关研究主要分为两大类，第一类是档案在身份认同中发挥作用的总体机制分析，主要的观点是强调档案—记忆—身份三者之间的密切联系，认为档案通过呈现历史记忆或集体记忆间接地实现身份认同，即记忆是档案实现身份认同的媒介；第二类为档案在身份认同中发挥的具体作用分析，相关研究往往借助具体案例，阐明档案在社区身份认同、少数群体身份认同等具体的身份认同中所发挥的作用。

关于第一类档案实现身份认同的总体机制分析需以身份认同的内涵剖析为基点。对于身份认同的内涵，从学者的不同表述中可以总结出两条基本线索：一是从主体角色出发，追问"我是谁"；二是从类别归属出发，确认"我属于哪个群体"。① 档案恰恰可以通过对集体记忆和历史记忆的追溯，帮助人们在异同分析中确认自己的主体角色和类别归属，从而实现身份认同。换言之，档案通过历史记忆和集体记忆来间接地实现身份认同。泰勒（Hugh A. Taylor）是第一个明确说明档案与集体记忆之间存在密切关系的学者，他认为："档案是一种文化遗产和集体记忆的体现，我们必须改变自满的、停滞不前的状态，将档案放在一个动态的社区、社会中进行考察。"② 此后，诸多学者开始对档案与集体记忆的关系以及记忆对身份认同的影响展开论述。卡伦和凯勒哈尔斯在文章中指出："档案与身份没有直接联系，实际上身份主要是由集体记忆来塑造或重建的。"③ 埃里克·凯特拉尔指出："集体身份的凝聚力必须通过时间，通过集体记忆，通过生活和共享的传统，通过共同的过去和遗产感来维持。"④ 珍妮特·巴斯蒂安也认为："我们的文化通过档案在过去和现在之间无缝编织，在叙事和反叙事之间不断定位，并在地方和国家创作者中进行调解。它支持集体记忆和社区认同，因为它包含了一种包容性的社会价值观，考虑了对整个社会记录至关重要的所有要素。"⑤ 以上几位学者

---

① FENG H L. Identity and archives：Return and expansion of the social value of archives ［J］. Archival Science，2017，17（02）：97-112.

② TAYLOR H A. The collective memory：Archives and libraries as heritage ［J］. Archivaria，1982（15）：118-130.

③ CARON D J，KELLERHALS A. Archiving for self-ascertainment，identity-building and permanent self-questioning：Archives between scepticism and certitude ［J］. Archival Science，2013，13（02-03）：207-216.

④ KETELAAR E. The archival image ［J］. The American Archivist，1995，58（04）：454-456.

⑤ BASTIAN J A. The records of memory，the archives of identity：Celebrations，texts and archival sensibilities ［J］. Archival Science，2013，13（02-03）：121-131.

均认为档案与集体记忆有着密切的联系，并且集体记忆对身份认同有着相当重要的影响。综上所述，在国外的有关研究中，档案通过反映历史记忆和集体记忆间接建构身份认同这一观点已经得到了普遍性认同，但是对于档案在这样一个链条当中承担的是载体角色、主导角色或是组成部分尚且存在分歧，学者们尚未达成共识，在论述中也各有侧重，相对含糊。

关于第二类档案在身份认同中作用发挥的实证研究，主要聚焦于档案与族群认同、社区认同和家族认同三个方面。其一，档案与族群认同。安西娅·约西亚（Anthea Josias）在研究南非种族隔离的案例时发现，档案在南非族群身份认同的区隔和重建中起到记录和建构作用，档案能够重建被压抑或丢失的记忆。① 伊丽莎白·卡普兰（Elisabeth Kaplan）在对美籍犹太人在美国社会中的身份认同研究中指出，档案作为身份认同建构工具，其具有的权威性能使身份的概念得以确认和证明，对重塑美籍犹太人在美国社会中的身份认同具有重要意义。② 普拉特（Vanessa Louise Platt）利用其关于档案的社会功能及基于网络的交互性研究来探索尼日利亚的社区档案项目如何提供集体创伤治疗的场所并为现有的社区发展计划作出贡献；他展示了 Ken Saro-Wiwa 数字档案项目是如何为社区提供难得的历史类数字化材料，让年轻人参与社区历史，并为社区里处于不利地位的少数族裔群体提供一个独特的机会，让他们重新拥有自己的故事，以及通过有意识地"恢复"他们的过去来塑造他们的未来。③ 索恩（Christopher C. Sonn）提出档案馆是使沉默的知识和不言而喻的记忆合法化存在的关键，它将提供一个基础，供人们探索如何在新的背景下结合历史、社会和文化资源，以重塑身份并通过话语和日常实践再现种族意识形态。④ 除了对少数族裔的关注，相关研究还关注了性少数群体。萨德勒（Rosa Sadler）和考克斯（Andrew Martin Cox）调查了女权主义活动家参与档案和记忆收集活动的情况，参与者将他们的活动视为女权主义活动的一部

---

① JOSIAS A. Toward an understanding of archives as a feature of collective memory [J]. Archival Science, 2011, 11 (01-02): 95-112.

② KAPLAN E. We are what we collect, we collect what we are: archives and the construction of identity [J]. The American Archivist, 2000, 63 (01): 126-151.

③ PLATT V L. Restor (y) ing community identity through the archive of Ken Saro-Wiwa [J]. Journal of the society of archivists, 2018, 39 (02): 139-157.

④ SONN C C. Engaging with the apartheid archive project: Voices from the South African diaspora in Australia [J]. South African Journal of Psychology, 2010, 40 (04): 432-442.

分，希望在档案记录中增加女性和女权主义者的存在。① 其二，档案与社区认同。卡斯韦尔（Michelle Caswell）聚焦社区档案物理空间与身份认同之间的关系，研究边缘化社区成员如何构想代表其自身的社区档案馆物理空间并从中获取身份认同。文章提出在不同的网站上，用户都可将社区档案空间称为具有象征意义和情感移动的空间，许多用户甚至将他们的社区档案网站描述为"家外之家"，从中获取代际对话和深刻的归属感。② 里亚·范德·梅韦（Ria van der Merwe）关注了弱势群体社区在身份认同上的努力，他发现在过去的几十年里，在南非以前处于不利地位的社区建立了许多刺绣项目，这些项目将关注焦点放在黑人妇女身上，鼓励社区中的弱势群体以他们自己的方式记录和获取他们特定群体的历史，以为他们提供以前被拒绝参与档案过程的机会。③ 在传统社区之外，罗伯·科弗（Rob Cover）还关注到了线上社区，他发现随着那些登载个人所拍城市的照片和文字纪念的在线网站的发展，一些基于 Facebook 功能的存档网站已被逐渐开发出来，以迎合纪念 LGBT（女同性恋、男同性恋、双性恋、跨性别）等群体的身份认同诉求，而以城市为基础的活跃社区和公共场所（例如 Lost Gay Perth 和 Lost Gay Melbourne）也大量出现。这种以社区为单位的纪念实践唤起了对"过去"的深刻感受和情感依恋，这些依恋对身份、归属感和能动性都有直接的影响。④ 其三，档案与家族认同。埃里克·凯特拉尔在探讨 14 世纪到 17 世纪欧洲的家族认同和家族档案之间的关系时，认为家族的后人往往通过家谱档案建构个人对于家族的观念和态度，并提出档案是欧洲文化遗产建构的介质。⑤ 格洛因（Liz Gloyn）使用考古和历史研究的跨学科方法，探索"家庭档案"的重要价值。在家庭档

---

① SADLER R, COX A M. "Civil disobedience" in the archive: Documenting women's activism and experience through the Sheffield Feminist Archive [J]. Journal of the Society of Archivists, 2018, 39（02）: 158-173.

② CASWELL M, GABIOLA J, ZAVALA J, et al. Imagining transformative spaces: The personal-political sites of community archives [J]. Archival Science, 2018, 18（01）: 73-93.

③ MERWE R. From a silent past to a spoken future: Black women's voices in the archival process [J]. Archives and Records, 2019, 40（03）: 239-258.

④ COVER R. Memorialising queer community: Digital media, subjectivity and the Lost Gay # archives of social networking [J]. Media International Australia, 2019, 170（01）: 126-135.

⑤ KETELAAR E. The genealogical gaze: Family identities and family archives in the fourteenth to seventeenth centurie [J]. Libraries & the Cultural Record, 2009, 44（01）: 9-28.

案与身份认同的论述中，他强调家庭、身份和道德之间似乎存在一致的交叉点，而家庭档案在调解各项关系中发挥着重要作用，它所承载的历史记忆可以创造一种跨越代际的家庭认同感。① 伍德姆（Anna Woodham）认为许多家庭都拥有"家庭档案"，文件、照片、传家宝、剪贴簿、食谱和一系列"揭示"的物品可以作为深入洞察家族过去数十代人故事的重要媒介，他们可能从未将这些组合视为"档案"，但通过保留和保存这些物质财产，这些物品有意识或无意识地塑造了一种家庭认同感。该文系作者在英国进行的一系列焦点访谈的初步调查结果，最终认为"家庭档案"是意义和身份建构的重要且被低估的文化场所。② 以上研究成果依托具体案例，对于档案在确认少数群体权益与地位、帮助构建社区认同与家族认同等方面的作用分析深入、体系完善。但也存在一定的不足之处，在对档案与身份认同之间的关系做实例研究时，学者们倾向于针对一个特定社群或族群展开，但对于更宏观的国家层面和更微观的个人身份认同的研究则相对匮乏。

（3）档案在身份认同中的功能实现路径研究

国外学者对档案在身份认同中的功能实现路径，主要从档案的收集利用环节进行探讨。在档案收集环节，学者多从档案内容的多样性和层次性强调档案在身份认同中的功能实现。例如，凯尔泰斯（Margaret Kertesz）、汉弗莱斯（Cathy Humphreys）和卡诺瓦勒（Cathy Carnovale）提出了生活故事金字塔模型，要求从基本身份和记录、历史与记忆保持以及治疗和意义三个层次建构群体档案。③ 伊丽莎白·卡普兰认为，应扩大档案的收集范围，延长档案保管寿命，以克服对身份记录的忽视，加强身份认同。④ 丹尼尔·卡伦和安德烈亚斯·凯勒哈尔斯要求档案馆在档案的收集鉴定过程中，注重收集、保留那些能实现身份认同的档案，并期待一些离散团体能够在电子网络时代长期保

---

① GLOYN L, CREWE V, KING L, et al. The ties that bind: Materiality, identity and the life course in the "things" families keep [J]. Journal of Family History, 2017, 43（02）：157-176.

② WOODHAM A, KING L, GLOYN L, et al. We are what we keep: The "family archive", identity and public/private heritage [J]. Heritage & Society, 2017, 10（03）：203-220.

③ KERTESZ M, HUMPHREYS C, CARNOVALE C. Reformulating current recordkeeping practices in out-of-home care: Recognising the centrality of the archive [J]. Archives and Manuscripts, 2012, 40（01）：42-53.

④ KAPLAN E. We are what we collect, we collect what we are: Archives and the construction of identity [J]. The American Archivist, 2000, 63（01）：126-151.

存记录它们自身活动的档案，使其内部实现身份认同。①

在档案利用环节，民众的参与性被格外强调，档案管理环节的参与式方式成为学界共识。特里·库克基于社群/社区范式提出了档案参与式模式，"允许社群管理自己的档案，通过档案专业知识和档案数字基础设施的合作，让社群对自己的遗产和身份有一种深深的责任感和自豪感"②。此外，档案在身份认同中的作用被与人权联系起来，档案知情权作为一种文化权利被要求得到充分保障。利维亚·艾科维诺（Livia Iacovino）将档案在身份认同中的作用与人权联系起来，将档案知情权视为一种文化权利。她认识到遗忘权与文化记忆和认同权的冲突，提出参与式的方法能够缓解这一矛盾。③ 斯温（Shurlee Swain）和马斯格罗夫（Nell Musgrove）认为，档案工作者应当建立网页资源路径，在共享权限的概念上，为群体成员提供必要的背景信息，以帮助他们识别、获取和理解记录了他们生活的档案。④ 斯特普尼亚克（Wladyslaw Stepniak）认为应当通过策展、开展教育活动和开设档案网站等手段，为用户接触档案提供更多契机，从而实现不同范畴的身份认同。⑤

（4）档案工作者在建构身份认同中的能动作用

档案在建构身份认同的过程中，档案工作者发挥了重要作用。特里·库克指出，档案工作者的角色已经从詹金逊式的被动管理者变成档案遗产的积极塑造者，他们是过去、现在和未来的中介，是形成者、记录者和研究员的中介。⑥ 这一角色的转变也意味着档案工作者在档案参与身份建构的过程中发挥着重要作用。伊丽莎白·卡普兰则直接指出档案工作者应当意识到他们是

① CARON D J, KELLERHALS A. Archiving for self – ascertainment, identity – building and permanent self-questioning: Archives between scepticism and certitude [J]. Archival Science, 2013, 13 (02-03): 207-216.

② COOK T. Evidence, memory, identity, and community: Four shifting archival paradigms [J]. Archival Science, 2013, 13 (02-03): 95-120.

③ IACOVINO L. Shaping and reshaping cultural identity and memory: Maximising human rights through a participatory archive [J]. Archives and Manuscripts, 2015, 43 (01): 29-41.

④ SWAIN S, MUSGROVE N. We are the stories we tell about ourselves: Child welfare records and the construction of identity among Australians who, as children, experienced out-of-home "care" [J]. Archives & Manuscripts, 2012, 40 (01): 4-14.

⑤ STEPNIAK W. Identity: Can archives and archivists contribute to fostering and preserving local, regional, and national identities? [J]. Comma, 2013 (01): 103-110.

⑥ COOK, T. Evidence, memory, identity, and community: Four shifting archival paradigms [J]. Archival Science, 2013, 13 (2-3): 95-120.

身份政治的主要参与者，身份的确认依赖于档案，而档案依靠档案工作者收集、鉴定和保存。① 而在现有成果中，关于档案工作者在建构身份认同中的能动作用的研究，与档案建构身份认同的方式息息相关。如上表明，档案一般通过记忆的构建来建构身份认同。身份认同的本质是确认个体或集体在社会上的身份感、地位感、归属感和价值感。其中一个重要前提即是个体对自己的认识和认同。没有对自我经历的认知，个体就难以发现自身的身份、地位、价值等，更遑论身份认同。档案作为历史的记录，恰恰能够在个体记忆的构建中呈现出生动、真实的生命力。不论是重现过往的经历，还是找寻回忆的凭证，档案都有自身的特殊优势。在这种情境下，档案工作者对个体或群体相关档案的发掘，就显得格外重要。另外，口述档案的收集过程也是帮助口述者建构身份认同的过程。口述者回忆与自述的过程，就是一种对身份认同的动态建构过程，它们塑造了口述档案的生命。例如，史蒂夫·埃斯特斯（Steve Estes）在研究中展示了其在档案工作中对退伍同性恋士兵进行的口述史访谈，访谈打破了"不问不说"的政策，建立起身份认同。②

（5）小结

由上述成果可见，目前国外相关主题研究内容主要包括档案与身份认同的关系、档案在身份认同中的作用机制、档案在身份认同中的功能实现路径以及档案工作者在建构身份认同中的能动作用四个方面。国外学者多从实际案例出发，对档案、记忆、身份认同之间的内在联系进行探索，对档案在建构身份认同中的功能和价值进行不同视角的解读，确定了档案通过参与构建和强化历史记忆与集体记忆来间接实现身份认同，从而认为档案是身份认同的权威性建构资源。在确定档案对身份认同价值的基础上，国外学者展开了对档案在身份认同中的功能实现路径探索，目前的研究成果主要集中在档案收集和开发利用两个方面。由此，目前国外档案学界对于档案记忆与身份认同的研究已颇具成果，研究范围较为广泛，研究内容较为深入，且重视实证性研究，对相关理论研究和实践活动具有较强的指导性和启发性，为该主题的深入研究和档案实践指引了方向。

但综合而观之，现阶段国外对档案与身份认同的研究仍存在以下三点不

---

① KAPLAN E. We are what we collect, we collect what we are: Archives and the construction of identity [J]. The American Archivist, 2000, 63 (01): 126-151.

② ESTES S. Ask and tell: Gay veterans, identity, and oral history on a civil rights frontier [J]. The Oral History Review, 2005, 32 (02): 21-47.

足之处：第一，存在概念界定不清的问题。身份认同作为一个跨学科概念，具有意涵的多面性和构成的复杂性等特点，且不同学科对身份认同的认识存在学科差异、背景差异、个体差异等问题。因此，目前对于身份认同这一概念的界定需根据研究领域、背景、具体要求进一步做出具体区分。第二，缺乏多层次系统性的身份认同研究。现有国外研究多集中于档案在特定群体认同建构中的作用，对于微观层次个体认同以及宏观层次国家认同的研究均比较少，更是鲜见关于档案从个体到群体再到国家层次系统建构身份认同的系统性论述。第三，已有成果局限于既有研究框架，档案的多维价值有待发掘。当前国外档案学者大都基于"档案—历史—记忆—认同"这一框架进行研究，侧重研究档案与历史、记忆之间的关联对于身份认同形成的影响。然而，身份认同的实现并不只依靠历史记忆和集体记忆的构建，档案也并不只有构建记忆的功能，这就需要跳脱现有研究框架，发掘档案的其他意义对于身份认同的多维作用。

三、研究方向：本研究的主要内容

（一）关键词梳理：后现代理论、档案、身份认同

本研究"后现代语境下的档案与身份认同"涉及的关键概念包括后现代理论、档案、身份认同。其中，后现代理论是研究的理论背景，奠定了研究基调；档案与身份认同是研究的关键概念，是本书的重点内容之一"档案与身份认同二者关系互辨"关涉的两个重要概念。故在研究前有必要对这几个概念进行一个相对细化的梳理。

1. 后现代理论与后现代档案学理论

约翰·霍兰德（John Holland）曾在《后现代精神和世界观》中对前现代性、现代性和后现代性进行对比分析，他认为前现代性强调权威主义和非职业主义，通过金字塔式的等级秩序与绝对化的规则对古典社会进行统治；现代性强调职业主义，通过理性化的官僚主义、操纵性的管理和职业竞争模式引导社会的进步；后现代性则强调创新原则，以一种螺旋式运动，通过艺术的想象管理，以社区为单位进行社会组织。[①] 由此可见，后现代似乎是通过与前现代和现代的决裂来达到其"重写"或"重构"的目的。同样，齐格蒙特·鲍曼将"后现代性"称为"流动的现代性"，将后现代性视为一种"永无

---

① 格里芬. 后现代精神 [M]. 王成兵，译. 北京：中央编译出版社，2011：83-84.

休止的改进"、没有"终极状态"的状态。① 詹尼·瓦蒂莫（Gianni Vattimo）将"后现代"概念中的"后"视为一种现代性的告别，是其自身意欲摆脱现代性固有发展逻辑的一切探索活动。② 安东尼·吉登斯（Anthony Giddens）用"晚期现代性"指代"后现代"，并称之为一个新的历史时期，是一个走向终结的时代。

　　纵观西方的后现代主义哲学，较有代表性的后现代理论诸如雅克·德里达（Jacques Derrida）的解构主义（后结构主义），米歇尔·福柯（Michel Foucault）的后结构主义或新历史主义，拉康的后精神分析，让-弗朗索瓦·利奥塔（Jean-Francois Lyotard）、吉尔·路易·勒内·德勒兹（Gilles Louis Rene Deleuze）、皮埃尔·布尔迪厄（Pierre Bourdieu）的后现代主义，以及弗雷德里克·杰姆逊（Fredric R. Jameson）的新马克思主义的后现代主义等均在文化领域掀起了阵阵思潮。到了 20 世纪 90 年代前后，后殖民主义、女性主义、新历史主义泛起，为后现代主义所标榜的"重写现代性"和"文化批判"加注了浓墨重彩的注脚。德里达的解构主义抨击了西方传统哲学的"在场的形而上学"，反对将目标固定在一个本原、一个中心、一种绝对真理，③ 通过对"异延"和"互文性"等术语的强调，德里达创建了"意义异延论"和"符号踪迹说"。福柯的"知识考古学"和"谱系学"将历史的断裂和知识的权力置于思想的核心位置，这种"反中心、反权威、反成规习见的特征，与解构主义明显有异曲同工的消解传统的旨趣"④，福柯对"差异性"（历史和社会的差异性）的强调强烈地对抗了"普遍性"和"普遍有效性"的形而上学。利奥塔的后现代主义思想凝结着他对"宏大叙事"的不信任，在他看来，现代性的自我超越与自我改变蕴含着后现代性的破土而出，"在现代中已有了后现代性"⑤。而以女性主义为代表的性别理论又在后现代主义中有了新的发展与衍生——"新女性主义"⑥。新女性主义相比于女权主义和女性主义所强

---

① 鲍曼. 流动的现代性［M］. 欧阳景根，译. 北京：中国人民大学出版社，2017：5.

② 瓦蒂莫. 现代性的终结［M］. 李建盛，译. 北京：商务印书馆，2018.

③ 朱立元，张德兴，等. 西方美学通史：第 7 卷［M］. 上海：上海文艺出版社，1999：402.

④ 朱立元，张德兴，等. 西方美学通史：第 7 卷［M］. 上海：上海文艺出版社，1999：368.

⑤ 利奥塔. 非人：时间漫谈［M］. 罗国祥，译. 北京：商务印书馆，2000：26.

⑥ 张弓，张玉能. 后现代主义思潮与中国当代文论建设［M］. 北京：北京师范大学出版社，2014：96.

调的男女平等、女性争取公民权与政治权，更进一步强调消弭两性的差别，坚决抨击"女性附属于男性"的陈词滥调，并要求各个领域不再有性别的区分。

　　自后现代主义思潮于 20 世纪中后期开始盛行以来，各个学科领域广受其所倡导的批判精神与解构主义思想内核①的影响。同样，置身其中的档案学界也无法忽视后现代主义思潮对整个社会科学乃至档案理论和实践的影响力。首先，后现代主义已对社会文化各行各业以及现有时代精神产生了广泛影响，而档案是社会发展的历史记录，客观反映了时代的缩影。置身于后现代主义思潮的档案工作者和档案理论家应尽可能地尝试理解这种理论现象。其次，后现代主义思想在北美及欧洲大学文化中颇为流行，几乎所有的档案工作者和档案理论家在进入档案行业之前都接受过人文社会科学的熏陶，其中必然受到后现代主义思想潜移默化的影响。最后，一些后现代主义作家逐渐将关注焦点转向档案，他们认为档案既是一种历史记录和集体记忆，更是一种社会现象。1996 年德里达的《档案热潮》（*Archive Fever*）就是一个很好的例证，不仅改变了社会公众对档案的看法和感官，还将档案现象拉进后现代主义思想大潮中。② 由此，越来越多的档案学理论家将后现代主义引入档案理论与实践的思考中来，并力图构建与拼接出能够指导档案实践的后现代档案学理论体系，总结与提炼出能够引领档案学未来发展方向的后现代档案学理论的思想实质。

　　纵观后现代档案学发展史，后现代主义已成为档案学的重要发展潮流。约翰·利登讷（John Ridener）在《从滩涂荒地到后现代主义：档案理论简

---

　　① 虽然后现代主义很难被定义且其内涵极富争议，但其中所蕴含的批判精神与解构主义的思想内核已为越来越多人所接受，这以米歇尔·福柯、雅克·德里达、安东尼·吉登斯等后现代主义思想家的学说为代表。后现代主义的批判精神集中体现在反基础、反本质、反主体、反绝对，倡导世界存在的多元化与人类活动的多样性，希望聆听霸权之外的边缘性声音，倡导在学术研究中吸纳关于性别、种族、阶层与地域性的多种问题。解构主义集中体现在对社会权力与社会进程关系的剖析与解读，认为历史是权力阶层为巩固其政治和社会地位而进行的一系列编造，并试图为新的认知与理论开辟新的空间。可以说，批判精神和解构主义是后现代主义的基本出发点和哲学立场。具体内容请参见：闫静，徐拥军. 后现代档案思想对我国档案理论与实践发展的启示——基于特里·库克档案思想的剖析 [J]. 档案学研究，2017（5）：4-10.

　　② COOK T. Fashionable nonsense or professional rebirth：Postmodernism and the practice of archives [J]. Archivaria，2001（51）：14-35.

史》（*From Polders to Postmodernism：A Concise History of Archival Theory*）①一书中就将后现代主义档案学视为与三位荷兰先驱的《荷兰手册》（*The Dutch Manual*）、希拉里·詹金逊（Hilary Jenkinson）的古典档案学、西奥多·罗斯福·谢伦伯格（Theodore Roosevelt Schellenberg）的现代档案学前后相继的重要档案学理论范式（书中称作"质疑性档案学范式"，即 questioning archival paradigm），是对传统档案学的质疑与批判。文化背景的多元发展、档案理论与实践的转型、批判性理论的盛行加之技术化倾向的普及，使得档案学和档案职业纷纷将后现代主义视为理论和实践重塑与变革的一剂良药。布莱恩·布罗特曼、特里·库克、卡罗琳·希尔德（Carolyn Heald）、埃里克·凯特拉尔、希瑟·麦克尼尔（Heather MacNeil）等是自 20 世纪 80 年代档案学受后现代主义影响以来的代表性后现代档案学家。布罗特曼认为后现代主义所带来的改变影响了档案信息的连续性，从这种意义上看，文件的历史并未在档案这一终端终止，反而是档案参与了文件的整个历史进程。库克质疑了"档案是毫无疑问的、直接的历史事实的来源"的观点，背景、原始顺序、尊重全宗虽在保护档案信息的完整性与真实性上发挥着重要的理论支撑作用，但却无法弥补"后真实"语境下对档案与权力关系的质疑。希尔德按照档案工作者角色的转变而重新界定了档案与文件的形式与功能，并认为如果从后现代视角重新界定文件，那么文件可视为背景知识的叙述来源。凯特拉尔则从档案与权力的视角出发，阐释了权力之于档案与档案职业的重要意义，他认为权力产生于档案的使用以及对档案的理解之中，档案本身并未被赋予权力，但在对其内容的解读与背景的重新界定中，档案成了权力的工具。麦克尼尔批判了那些不必要的档案专指概念，而这些档案专指概念在原有的档案范式中处于中心位置，据此，尊重全宗原则应在后现代语境下得以重新阐释。至于塑造、影响此种"质疑性档案学范式"的关键因素，这些档案学家在构建与阐述其档案理论时都毫无例外地将科技革命、公民意识、社会多元性铭记于心，并在他们所领导与指导的档案鉴定、社会记忆构建等档案职业实践中将后现代档案思想贯穿其中。② 至此，这种被称作"后现代档案学理论"的理论形态或档案现象开始主导着近几十年来档案界的学术研究和理论实践。

---

① RIDENER J. From Polders to Postmodernism：A Concise History of Archival Theory [M]. Duluth：Litwin Books LLC，2009.

② 闫静，徐拥军. 后现代档案思想对我国档案理论与实践发展的启示：基于特里·库克档案思想的剖析 [J]. 档案学研究，2017（05）：4-10.

后现代档案学理论带有后现代主义思潮的表达风格、表述策略和思想特质，在信息时代彰显出无尽的生命力，并与传统档案学理论区分开来。具体而言，后现代档案学理论的思想实质主要表现在三个方面，即理论批判性、思维更新性和多元主张性。其中，理论批判是后现代档案学理论的基本立足点，区别于传统档案学理论的僵化模式；思维更新是后现代档案学理论的发展活力源泉，区别于传统档案学理论的固有认知；多元主张是后现代档案学理论的认识论与方法论基础，区别于传统档案学理论的确定性倡导。[①]

2. 档案及衍生的档案价值

（1）呈现"往事本身"的档案

对于"档案"的理解，史学界、文献学界和管理学界（图书情报与档案管理领域）各有阐释、各有论述，也各有侧重、各有不同。如李大钊在阐释"实在的历史"中所论述的那般，档案即是李大钊所言"历史的记录"，是"研究历史必要的材料"，是"卷帙、册案、图表、典籍"，是"那活的历史一部分的缩影"，[②] 从此种意义上看，档案是记录的载体，是历史的呈现。但如要追溯"档案为何是呈现往事本身的必要材料"这一问题，就需要探究档案的本质以及档案的形成过程。

1987 年制定的《中华人民共和国档案法》将档案界定为"过去和现在的国家机构、社会组织以及个人从事政治、军事、经济、科学、技术、文化、宗教等活动直接形成的对国家和社会有保存价值的各种文字、图表、声像等不同形式的历史记录"。1996 年、2016 年的档案法修正案仍沿用这一界定。2020 年新修订的《中华人民共和国档案法》对"档案"定义的界定仍延续下来，但稍作修改："本法所称档案，是指过去和现在的机关、团体、企业事业单位和其他组织以及个人从事经济、政治、文化、社会、生态文明、军事、外事、科技等方面活动直接形成的对国家和社会具有保存价值的各种文字、图表、声像等不同形式的历史记录。"《档案学概论》在参照国家档案行业标准《档案工作基本术语》（DA/T 1-2000）档案定义的基础上，将这一概念进一步表述为"档案是社会组织或个人在以往的社会实践活动中直接形成的具有清晰、确定的原始记录作用的固化信息"。[③] 由此，"实践活动中直接形成"

[①] 闫静，徐拥军. 后现代档案学理论的思想实质研究 [J]. 档案学研究，2019（04）：4-12.

[②] 李大钊. 史学要论 [M]∥李大钊史学论集. 石家庄：河北人民出版社，1984：198.

[③] 冯惠玲，张辑哲. 档案学概论 [M]. 北京：中国人民大学出版社，2018：6.

"具有原始记录作用""固化信息"成为界定"什么是档案"的重要标尺。尽管这一标尺饱受"范围过大""指涉过宽"的诟病，但也反映出档案对往事本身的折射。尤其是对档案是实践活动中"直接形成的"而非"事后出于某种目的的结果"的强调，更加凸显了档案对"往事本身"的真实呈现。那么，从这一角度理解，档案可视为"往事本身"的呈现方式。

档案是"往事本身"的呈现，可追溯到档案的形成过程和形成规律。一般而言，档案的前身是各式各样的文件，而文件是伴随着所记载实践活动的起源、发展与完结自然形成的结果。随后，有机联系的文件经一系列手续自然转化为档案。文件的"自然形成"和文件的"自然转化"奠定了档案能够客观呈现"往事本身"的重要基础。1954年吴宝康在《山西政报》上发文《论档案工作的意义及目前存在的问题》就表示："档案是各个机关、团体、部队……在其全部工作活动中所形成并已处理完毕保存在档案馆（室、库）中的一切文件材料。"① 文件材料经过时间的洗礼成为档案，其几何形态、物质载体、相互之间的联系乃至所记录的内容文字均未发生改变，故而这种"自然形成""自然转化"使得档案在若干年后能够成为反映"往事本身"原本模样的最佳证明。尽管文件转化为档案的过程中伴随着留存和挑选的环节，会有人为干预的成分，但这种留存和挑选只是基于文件日后的保存价值而进行的去粗取精式的选择，就如同在历史的完整拼图中决定保留哪一块碎片而摒弃哪一块碎片那般，被保留的碎片并未因抛弃的碎片而失去呈现其所代表那部分历史的价值。由此，"自然转化"过程中的留存和挑选并没有否认从文件到档案的继承关系，文件因其"自然形成"的特性而被赋予的对实践活动的原始记载也一并继承到了档案的内容和文本之中，这也赋予了档案天然的凭证价值和证据作用。"记录历史发展过程的档案文献，与整个历史存在行为的完成时间捆绑在一起，作为曾经处在调查、讨论、处理过程中的信息的完成时态而存在，记录了从行为发出的那一时间点到行为结果产生这一阶段所有的信息。"② 这种"形成过程说"造就了档案呈现"往事本身"的可信度，增加了档案作为信史的效力。如学校的校史档案就如实地呈现了学校从创办到发展的过程本身及其过程之中的亲历者、参与者和其他相关情况，是校史

---

① 吴宝康. 论档案工作的意义及目前存在的问题 [J]. 山西政报，1954（12）：87-89.
② 马立伟. 档案研究中"过程说"的理论初探：以云南陆军讲武堂的历史和档案文献研究为例 [J]. 档案学研究，2020（04）：13-19.

存在过程的反映。马立伟在其研究中举例云南陆军讲武堂档案，说明"对档案原始性和完整性的维护与对历史存在过程的维护具有一致性：对档案内容原始性的维护就是对社会历史真实面貌的维护；对档案内容完整性的维护，就是对社会历史发展过程的维护；……档案内容与其记录主体（历史存在）的发展具有统一性"[①]。可以说，档案是历史存在原貌的过程呈现，是历史一连串发生的结果展示，是历史发展顺序的客观叙述，是历史事件产生、发展、结束自然而然的事实阐述，更是人类社会留存记忆的外化显现。正如保罗·利科（Paul Ricoeur）在《记忆，历史，遗忘》（*La Mémoire*，*l'Histoire*，*l'Oubli*）一书中写道的那样："记忆的外化结果就是历史""我们可以说记忆被档案化、被文件化"。[②] 档案呈现"往事记录"，为档案呈现身份信息、建构认同提供了概念基础。

（2）进行"往事记录"的档案

档案除了是呈现"往事本身"的极佳素材之外，还可被视为通向"往事本身"的"往事记录"。这源于档案的原始记录性的本质属性，尽管这一属性在学界仍存在争议，但档案是一种记录载体却是无争的事实。现有研究表明，"档案"一词从"档子"演变而来，从已有文献统计发现，"档子"一词主要出现在《满文老档》和《清实录》中。在顺治朝《大清世祖章皇帝实录》中，"档"字共在 13 条记录中出现了 18 次之多，内容都关乎"记录"，如"档册""档子""记档"等。《清实录》中最早出现"档"字在卷三："顺治元年，戊戌月，己亥。摄政和硕政亲王济尔哈郎集内三院、六部、都察院、理藩院堂官谕曰：嗣后凡各衙门办理事务或有白于我二王者，或有记档者，皆先启知睿亲王，档子书名亦宜先书睿亲王名，其坐立班次及行礼仪注，俱照前例行。"[③] 在这里，"档"字已蕴含有"记录"的含义了。康熙朝的《大清圣祖仁皇帝实录》中"档案"开始反复出现，多达 229 处，也多有"记录"之义。

如果再进一步追溯"档案"的词源，"档"来自清入关后实行"满汉同文"过程中对满文 dangse 的音译，该词是指"记录在木质材料上的档案"，

---

① 马立伟. 档案研究中"过程说"的理论初探：以云南陆军讲武堂的历史和档案文献研究为例［J］. 档案学研究，2020（04）：13-19.

② RICOEUR P. Memory, History and Forgetting［M］. Chicago：The University of Chicago Press，2004：178.

③ 韩李敏. 被人误解了几百年的"档案"［EB/OL］. 兰台拾遗公众号，2022-03-10.

汉译为"档子"。①《钝翁类稿》对"档子"一词的解释和描述是:"本朝用薄板五六寸,作满字其上,以代簿籍。每数片,辄用牛皮贯之,谓之档子。"② 杨宾在《柳边纪略》中对档案的来源也有较为清晰地描述:"边外文字,多书于木,往来传递者曰'牌子',以削木若牌故也。存贮年久者,曰'档案',曰'档子',以积累多,贯皮条挂壁若档故也。然今文字之书于纸者,亦呼为'牌子''档子'。犹之中土文字,汉以前载竹简,故曰简。以韦编贯,故曰编。今之人既书纸,为卷为部,而犹呼之为编为简也。"③ 到了顺治二年(1645年),由于用"木签""木牌"记录与传递信息的不便,则开始改用纸张,但"档子"这一说法仍延续下来。④ "案"在《说文解字》中被解释为"几属",通俗理解即为较小的桌子,后被引申为案卷,即记录有一桩事件的文件集合,被官方收存后称为"案""案卷""卷案"等。"档"与"案"连用,即表示存入档架收贮起来的案卷,而把放置档案的架子称作档架,把一格称为一档,这就是后来档案界所说的"立卷归档"。从词源可见,"作满字其上""多书于木"等都隐含有"记录"之意。

然而,进行"往事记录"的档案,最早指的是进入官府的案卷,并需要定期归档。按照吴佩林在《明确边界:清代地方档案研究的若干问题》一文中的分析:"档案,必须具备两个基本要素:一是官文书,包括诏令文书、上奏文书和官府往来文书。……二是文书工作者需定期立卷归档。"但需要注意的是,"官府往来文书不仅指衙门与衙门之间的行移往来,还包括普通百姓向衙门呈递的上行文书,如状、禀等;民间文书如果是官文书的附件文书(比如告婚姻时提供的婚书、告田宅时所附的田契),虽然原本不属于官文书,但因其进入了官府的案卷,也当属于档案的范畴;文书的书写或处理者是官府的文书工作者。"⑤ 这就将"档案"与"文书"甚至是"民间文书"进行了明确地区分,档案中所"记录的往事"也仅限于"官方"或"与官方有关"的历史过往,必然不能覆盖所有的社会景观。此种现象也与传统的国家治理模式密切相关,官方主导的历史之下,早期的文字资料绝大部分均与官方有

---

① 羽田享. 满和辞典 [M]. 台北:学海出版社, 1998: 81.
② 吴振棫. 养吉斋丛录 [M]. 北京:中华书局, 2005: 293.
③ 杨宾. 柳边纪略 [M]. 北京:中华书局, 1985: 55.
④ 张江珊. "档案"词源研究再探 [J]. 中国档案, 2010 (01): 40-42.
⑤ 吴佩林. 明确边界:清代地方档案研究的若干问题 [J]. 南京社会科学, 2021 (04): 173-180.

关也就在所难免了。北京大学赵世瑜教授在《何为档案与档案何为》中给档案"确权"时，谈到了史学界对档案的界定。按照章学诚的《校雠通义》中"学在官府""官守其书""私门无著述文字"的说法，早期文字资料都保存在官府，如"对档案做一个狭义的界定，即可以将其视同于官府文书"①。赵世瑜教授认为区分档案的一个重要标志是看其是否是官府制造的原始底本。这一狭义的档案定义不包括那些由民间制造出来后通过各种缘由变成官府文件一部分的档案，比如诉讼档案中作为证据提交的民间文献。但广义的档案范围就更大了，比如曲阜孔府档案不仅有官方文书，还包括孔府这一私人大家族保留下来的文书；再如龙泉司法档案，里面很多也不是官府原始底本的材料。并且随着时代的发展，尤其是随着档案事业由"国家模式"转向"社会模式"，"档案"在原有词源的基础上，其范围大大扩展，如侨批、清水江文书、水书、私人日记、私人手稿、私人信件等都被列入档案的范畴，也被各个级别的档案馆收入馆藏。无论采用狭义的档案定义还是广义的档案定义，无论是官府制造的原始底本还是私人留存的私家文书，都毫无疑问是一种文献记录形式，档案的记录性已成为其无可置疑的属性之一。档案进行"往事记录"，亦为档案呈现身份信息、建构认同奠定了概念基础。

3. 身份认同

"身份认同"作为一个名副其实的跨学科概念②，其在不同的学科领域内涵与外延亦有所偏重。在中国语境下，"身份认同"作为一个舶来词汇，系 identity 的译文。identity 的中译文可以有"同一性""身份""认同"多重含义。当作为"同一性"时，其与 sameness/oneness 含义相当，该含义的词源可追溯至拉丁语 identitas 和古法语 identité，取词根 idem "同一"的意涵。③当作为"身份"时，其表征了个体或群体在某种划分标准/尺度之下的地位与特征，如按照塞缪尔·菲利普·亨廷顿（Samuel Phillips Huntington）的划分，个人身份/特性的来源可划归以下六种：

> 一、归属性的，如年龄、性别、祖先、血缘家族、血统民族属性、人种属性；二、文化性的，如民族、部落、从生活方式界定的民族属性、

---

① 赵世瑜. 何为档案与档案何为［EB/OL］. 澎湃新闻，2020-01-16.
② 目前，有关身份认同的研究常见于哲学、文学、心理学、社会学、政治学和历史学等人文学科领域。
③ GURALNIC D B. Webster's New World Dictionary of the American Language［M］. New York and Cleveland：The World Publishing Company，1972：696.

语言、国籍、宗教、文明；三、疆域性的，如人所在街区、村庄、城镇、省份、国别、地理区域、洲、半球；四、政治性的，如集团、派别、领导地位、利益集团、运动、事业、党派、意识形态、国家；五、经济性的，如职务、职业、工作单位、雇主、产业、经济部门、工会、阶级；六、社会性的，如友人、俱乐部、同事、同仁、休闲团体、社会地位。①

社会中的每个人都可以从中找到自身的身份来源。当作为"认同"时，其描述了个体或群体寻求或承认某种身份的行为。查尔斯·泰勒（Charles Margrave Taylor）将认同界定为"主体间关系中确立自我意识，并在普遍有效的价值承诺和特殊认同意识的张力中获得自我归属感和方向感的过程"②。既然"认同"是一个"寻求"和"承认"的过程，那么上述亨廷顿划分的六大类可视作"身份"的来源，但并非都是"认同"的来源。至于认同的划归类型，如从身份主体数量的多寡来看，可分为个体认同与群体认同；如从主体范围的层次来看，可分为社区认同、族裔认同、民族认同、国家认同、种族认同等；如从文化内涵来看，可分为文化认同、社会认同、族裔认同、种族认同、地域认同等。③ 当"身份"与"认同"连在一起时，"身份认同"就成了同一性和差异性的统一体，这就意味着身份认同的确立"需要在自我和他者的同一与差异的参照体系中达成，他者（性）可以是自身性的有机构成部分，'身份'更强调的是差异性，'认同'更侧重于同一性"④。

在社会学中，对身份认同的追溯往往来源于对"我是谁""什么对我有意义"的溯源⑤，并常常借助于相互对立、非此即彼的两极被构建出来⑥。身份认同之所以逐渐成为一个值得深入研究的问题，就在于对于"我是谁"这个问题的回答，并非简单地通过姓名、性别、年龄、籍贯、家世等概述出来，而是需要深入挖掘"对于我什么是最重要的"根源所在。正如查尔斯·泰勒

---

① 亨廷顿. 我们是谁：美国国家特性面临的挑战 [M]. 程克雄，译. 北京：新华出版社，2005：25.
② 泰勒. 自我的根源：现代认同的形成 [M]. 韩震，王成兵，乔春霞，等译. 南京：译林出版社，2001：39.
③ 罗如春. 后殖民身份认同话语研究 [M]. 北京：中国社会科学出版社，2016：15.
④ MURRAY J A H, BRADLY H, CRAIGIE W A, et al. The Oxford English Dictionary：Vol. Ⅶ [M]. Oxford：Clarendon Press, 1989：620.
⑤ 吉登斯. 社会学 [M]. 赵旭东，等译. 北京：北京大学出版社，2003：272.
⑥ 伍德·沃德. 认同与差异 [M]. 林文琪，译. 台北：韦伯文化国际出版有限公司，2006：3.

在《自我的根源：现代认同的形成》中所界定的："知道我是谁，就是知道我站在何处。我的认同是由提供框架或视界的承诺和身份规定的，在这种框架和视界内我能够尝试在不同的情况下决定什么是好的或有价值的，或者什么应当做，或者我应赞同或反对什么。"① 而在缺乏这种框架和视界的时候，不安全感、无方向感、不确定性就会纷至沓来，认同危机随即出现。当然，这种框架和视界可以依据外在的诸如家谱、社会空间、社会地位、人际关系等加以勾勒，也可以依据内在的自我感知、道德责任或精神信仰来定义。但无论是基于外在的因素抑或内在的因素来进行身份认同的界定，自我所置身其中的关系网络和对话网络发挥了关键的作用，"我从何处和向谁说话"为"我是谁"这个问题提供了参考答案。这种关系网络和对话网络在查尔斯·泰勒看来可具化为四种相互关联的范畴："（1）我们关于善的概念；（2）我们对自我的理解；（3）某种我们据此使我们的生活有意义的叙述；（4）社会的范畴，即对人类众主体中的人类主体是什么的理解。"② 这四种范畴构成了认同的基础和前提。

目前，学界对身份认同的类型划分主要集中在两个方面，即按照"个人—集体"的维度将身份认同划分为自我认同和社会认同。如按照吉登斯所言，自我认同强调的是心理与身体体验，旨在自我发展的过程中所形成的对自身以及对我同周围世界的关系的独特感觉；社会认同则强调社会属性，既可以是社会赋予某个人的属性，又可以是某个人自觉地向具有共同属性的群体靠拢。③ 但自我和社会并非截然分开的，当自我融入社会的那一刻，自我认同与社会认同就不可避免地融合在一起，难分彼此。故又有研究者在自我认同和社会认同的基础上演绎出了个体认同和集体认同。④ 换言之，社会中的集体（他者）是界定自我的一种参照物，是用来映射自我的一面镜子，也是描述自我的语境。

但无论是自我认同还是个体认同，都更加强调"差异"的问题，即一个个不同的个体是如何区别于其他个体的，从而彰显自我的身份与地位；而社

---

① 泰勒. 自我的根源：现代认同的形成［M］. 韩震，王成兵，乔春霞，等译. 南京：译林出版社，2012：40.
② 泰勒. 自我的根源：现代认同的形成［M］. 韩震，王成兵，乔春霞，等译. 南京：译林出版社，2012：152.
③ 吉登斯. 社会学［M］. 赵旭东，等译. 北京：北京大学出版社，2003：27-28.
④ 陶家俊. 身份认同导论［J］. 外国文学，2004（02）：37-44.

会认同和集体认同，则更加强调"共性"的问题，即在共同体的维度下，个体是如何与集体内的其他人"相同"的。① 由此可见，身份认同在强调"差异"与"共性"的基础上将自我认同和社会认同紧密连接在一起。苏珊·斯坦福·弗里德曼（Susan Stanford Friedman）也多次围绕身份所蕴含的差异性和同一性展开讨论。一方面，她认为身份意味着同一性，这种同一性凝缩了个体和群体之间的共同品质，即"某种共性""共有的立场"；另一方面，她也承认身份是差异的产物，是"参照通过他人与自身之间的差异"而构建出来的，正是"差异性"的存在才更加突出了"同一性"。② 身份就是在"相异"与"相同"的关系中而逐渐得到认同，如性别认同、民族认同、阶级认同、国家认同等。但有时，"相同"和"相异"在身份认同中的地位孰轻孰重，并非有一个明确的答案。鲍曼认为，"我们之间都相同的那个方面，比起那些使得我们和另外的人彼此分开的任何东西，确实无疑，都要更具意义，更为重要；当它开始表明立场时，其重要意义足以压倒差异所带来的影响。"③ 这也不难理解，女性、少数族裔等边缘群体为何团结起来，力图以其"同一性"为逻辑起点，重新建构他们的身份认同，破解主流群体对他们既有身份的定位。

（二）拟解决的问题与研究框架

1. 研究对象

本书聚焦后现代语境中档案与身份认同的辩证关系，以及在这一背景下档案与身份认同研究的前景与困扰，并通过文本研究和田野调查，剖析个体或群体的建档行为及其身份认同的实现策略。研究中涉及的关键概念有身份认同、档案（价值、功能、理论、实践）、后现代理论等。在厘清上述概念的基础上，研究对象可细化为：①档案与身份认同问题的产生背景，此为研究前提；②档案与身份认同之间的关系互辨，此为理论基础；③个体或群体的建档行为及其身份认同的实现策略，此为实践归宿；④档案与身份认同研究的前景与困扰，此为趋势展望。

---

① 傅美蓉. 从"反再现"到"承认的政治"：女性身份认同研究［M］. 北京：中国社会科学出版社，2019：47.

② 弗里德曼. 图绘：女性主义与文化交往地理学［M］. 陈丽，译. 南京：译林出版社，2014：22-23.

③ 鲍曼. 流动的现代性［M］. 欧阳景根，译. 上海：上海三联书店，2002：274-275.

2. 内容框架

本书的主要研究内容和框架结构如图 3 所示，分为以下五部分。

（1）后现代语境下对档案与身份认同关注的背景及缘由

后现代语境下，身份成为一个"危机"，认同变得无比焦虑，确证如何作为个体、群体、公民的需求变得越发急迫。各个维度和各个方向的"身份危机"以一种潜在而深刻的问题意识召唤着档案界的阐释和回应。尤其是当固化的档案、流动的身份与多元的认同相互冲突时，档案与身份认同的关系如何、档案中的身份认同实现策略如何、后现代语境下的档案与身份认同研究何去何从、面临哪些挑战等问题亟待深入探究。聚焦以上问题的产生背景，该部分主要研究档案与身份认同议题产生的缘由——后现代主义对档案学的冲击，从理论和实践两方面剖析后现代主义背景下，档案与身份认同这一研究议题和实践话题与后现代主义理论思潮的同步共振。

（2）档案之于身份认同的功能和价值

本部分侧重理论研究，旨在探讨身份认同中的档案价值，明确档案之于身份认同的有效性与合理性。①呈现功能：档案文献中蕴藏着有关个体和群体的身份认同之链，档案是身份认同的重要载体。②建构功能：档案可为身份认同建构提供权益、性别、族群、宗教、文化等必要因素，对身份认同具有建构价值。同时以辩证的态度看待档案对身份认同的负相关作用，即档案中的消解、隐匿与遗忘在身份认同呈现和建构中的影响，为最后一章后现代语境下档案与身份认同的困扰提供理论支撑。

（3）身份认同之于档案的功能和价值

本部分侧重理论研究，意在剖析身份认同理论对档案理论及观念的价值与意义，以使档案界深度融入身份认同话语体系之中。总体而言，身份认同促使档案范式革新，为档案理论和实践带来全新图景。此部分将具体以后马克思主义的"多元认同说"、后现代身份主体观、身份建构论等后现代哲学、社会学、心理学所衍生的身份认同理论为指导，综合分析身份认同对档案领域的影响，为档案学术研究、档案观念升级、档案结构优化及档案职业拓展带来的革新。

（4）档案与身份认同的实现策略

本部分侧重以理论应用指导实践工作开展，旨在探讨个体和群体的建档行为及其身份认同实现策略，并为档案工作实践发展提供建设性、创造性意见。该部分将从文本和田野两方面着手，通过对华北乡绅刘大鹏的私人日记以及相关史学研究文本的挖掘，探析私人档案中展示出来的身份诉求与认同想象；通过对档案名人吴宝康的人物档案全宗以及相关研究文献的挖掘，探析个体的身份认同与其所处时代下更广泛的社会认同与学科认同的关联问题；通过对晋江侨批档案与华侨身份认同建构、北大荒知青档案的身份认同与群体书写、甘肃白银吴氏族谱编纂与女性身份建构、女书档案中所体现的女性身份认同和文化认同等几个例子的田野调查或文本研究，探讨个体与群体不同方式的建档行为，剖析其在身份呈现和表达中进行身份认同有效性、合法性的建构问题。

（5）后现代语境下档案与身份认同研究的前景与困境

本部分侧重研究档案与身份认同的发展趋向。档案与身份认同是一个较新的论题，其未来发展趋向及引申问题同样值得思考。该部分将主要分析其前景和困境，以为后续研究提供启迪。①前景：通过档案与身份认同研究对后现代精神的探讨，探索档案学的学科话语提升与跨学科对话的口径。后现代思潮并非单纯反主流、解构和颠覆，而是从无可替代的个体经验和群体记忆出发重现历史原有的丰富、矛盾、困惑和必然，为精神生存与身份认同提供更为整全的历史视野与认知架构。②困境：思考档案作为身份认同的判据和结果，在后真相、后殖民、后全球化时代背景下的"档案真实"问题，以及"档案真实"对身份认同的呈现或建构过程中有无"负作用"，如"档案虚构"中所呈现的身份困惑与迷思、档案去殖民化过程中如何处理档案中"不完整的身份缺陷"等问题的思辨，以及档案学的"认同范式"演进过程中如何规避后现代主义的虚无倾向和理论悖论。

3. 研究重点与难点

本书的研究重点包括两方面：其一，档案与身份认同的关系互辨。身份认同是一个跨学科概念，具有哲学、社会学与心理学等多学科理论内涵。档案学对身份认同的研究，涉及身份认同理论对档案观念的影响及身份认同中的档案价值与档案策略等问题。明确两者之间的互辨关系是后续研究的重要理论基础。其二，档案与身份认同的实现策略。通过档案参与身份认同以提升身份认同中的档案话语，从而有效回应实践需求并对档案实践工作的后续开展提供指导，乃是理论研究的归宿。本书将通过文本研究和田野调查，试图以具体个例为入口，探讨个体和群体建档行为及其身份认同的实现策略，希冀为未来档案收集、征集、管理、保存、开发利用工作的创新发展提供一个新的思路。

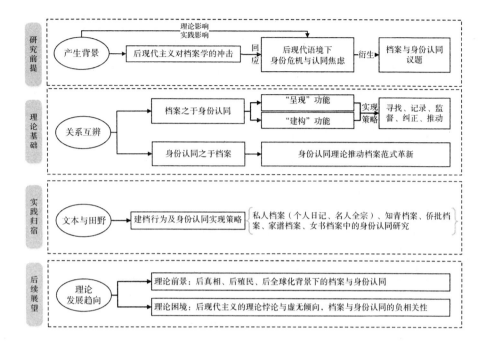

图 3　研究内容框架与思路图

至于难点问题，其一，后现代理论家对身份认同中的"主体性""碎片化"等特质的论述，及其对档案现象的思考，是后现代语境中档案与身份认同研究的思想基础，但由于他们的思想体系哲学意味深厚，理解起来有一定的困难。其二，已实施的实证调研及田野调查所展现的档案、记忆与身份认同之间的关联与矛盾，为文本解读和案例分析带来了一定的干扰。

（三）研究思路、方法及可能的创新

1. 研究思路与方法

本书的研究思路是：以理论研究为导向、以理论应用为目标、以逻辑关系思辨探讨为核心。首先，从后现代语境出发，研究档案与身份认同这一议题的产生背景；其次，具体探讨档案与身份认同的关系及相互作用，揭示档案之于身份认同的"呈现"和"建构"功能，探究身份认同之于档案理论转型与实践发展的促进价值；再次，落脚于档案与身份认同的实现策略，以期对档案工作创新发展提出建设性建议；最后，以档案和身份认同这一议题探究后现代精神及档案学的跨学科对话口径。

在这一研究思路的指导下，基于研究内容和研究框架，本书所采用的研究方法有文本解读法、案例分析法、理论建构法、文献调研法、跨学科研究法等。

（1）文本解读法。书中将对《梦醒子：一位华北乡居者的人生（1857—1942）》（Henrietta Harrison）、《档案中的虚构：16世纪法国的赦罪故事及故事的讲述者》（Natalie Z. Davis）等基于档案写作的历史文本，以及吴宝康档案全宗、侨批档案、女书档案、家谱档案、知青档案中的内容进行分析，挖掘其中蕴含的有关个体和群体的身份认同之链，以证明档案是身份认同的重要载体，进一步探究档案文献是如何界定微观的个体或群体在不同身份状态下的人生景观，并与宏观历史形成互证，从而实现身份认同的。

（2）案例分析法。书中将研究个人存档、记录与社区、群体建档的具体实践，适时选取甘肃省白银市吴氏家谱档案编纂情况以及福建省晋江市侨批档案保护情况进行调查研究；并辅之通过对黑龙江北大荒知青档案，湘南、桂北瑶族聚集区流传的女书档案进行解读，以期探讨档案是如何形成个体身份、实现身份认同的，从而证明档案对身份认同的呈现与建构功能。

（3）理论建构法。书中将从身份理论（identity theory）和社会身份理论（social identity theory）出发，研究身份认同的个体性与群体性、易变性和趋附性的二元辩证之于档案的影响和作用。

（4）文献调研法。书中将广泛调研国内外相关图书、论文和其他各类型文献资源，掌握已有研究基础，了解当前研究前沿和实践动态。

（5）跨学科研究法。书中将运用哲学、历史学、社会学、管理学和档案学等多学科的理论基础和研究方法，以实现对身份认同主题的多方位理解。

2. 可能的学术创新

在学术思想上，书稿首次专门研究档案与身份认同的辩证关系，以档案之于身份认同、身份认同之于档案的价值和功能为理论基础，以档案与身份认同的实现策略为落脚点，为档案工作创新性发展提出建设性、创造性设想。而且，身份认同折射出一个时代、一种社会形态下个体与群体的转型之痛，此种以"小身份"呈现"大时代"的人文关怀，可视为档案学与历史学、社会学跨学科对话的切入口。

在学术观点上，其一，进一步论证身份认同作为一种全新档案价值形态的合理性。正如档案具有凭证价值、记忆功能一样，档案作为呈现与建构身份认同的有力工具，蕴含着身份认同的信息基础与必要因素，身份认同可以成为档案的又一价值形态。其二，提出档案动态参与身份认同的机制及策略。在后现代语境中，"多元认同说"、后现代身份主体观、身份建构论等身份认同理论显示，主体在不同时空可获得不同身份，而非以统一自我为中心，甚至相互矛盾。因此，档案参与身份认同的机制及策略应随之变化。其三，提出档案对身份认同存在"负相关"作用，全面实现档案对身份认同影响的研究。档案之于身份认同不仅正相关，也存在一定程度的负相关倾向，处于身份认同困境与夹缝中的个体或群体有时对其原有身份持强烈的排斥与抵触心态，那么，档案应为类似的个体或群体构建何种身份，并在他们的身份认同中发挥何种作用，同样值得深思。

在研究方法上，创新性引入"文献+田野"相融合的研究方法，将"历史文献"的文本分析与"现实田野"的实证调查有机结合，在"纸田上"挖掘档案文献中有关个体和群体的身份认同信息基础，在"现实中"调查不同个体或群体的身份认同情境，以证明档案对身份认同的呈现与建构功能。二者结合既规避了文献的纸上谈兵，又弥补了田野的理论薄弱，通过回到"自身实际所处的情境"现场，发现身份认同所带来的情感温度，而非冰冷的标签，为本研究增添人文关怀。

第一章

作为一种理论思潮的后现代档案学：
时髦废话抑或专业重生？

　　自 20 世纪 60 年代开始，后现代主义思潮席卷了整个时代。1979 年，法国哲学家利奥塔在《后现代状态》（*The Postmodern Condition*）中首次给后现代主义以明确定义："极简而言，后现代主义就是对元叙事的怀疑。"① 作为一种理论思潮的后现代主义具有明显的跨学科性质，其思想内涵涉及人文社会科学的方方面面，利奥塔的里程碑式长文《后现代状态》也在文学、艺术、哲学等诸多领域有着广泛而深远的影响。受此影响的其他后现代理论家也非传统的文艺理论家或者美学家，例如，被誉为"后现代主义牧师"的让·鲍德里亚（Jean Baudrillard）就以社会学家自居，后现代理论集大成者米歇尔·福柯的理论涉猎更是广泛，从医学到哲学再到档案学，并含有一点政治学意味。在此背景下，后现代主义思想在跨学科的丰饶土壤中狂野生长，逐渐渗透到包括档案学在内的多个学科之中，成为跨学科研究的一个重要桥梁和理论基础，对档案学的学科范式也造成了广泛而深刻的影响，并衍生出了一种称之为后现代档案学的理论形态。然而，作为一种理论思潮的后现代档案学，究竟是一套攀附潮流的、赶时髦的理论话语形态，还是在后现代思潮影响下档案学专业的一次重生？这就需要以科学的态度客观审视后现代主义对档案学的几点冲击，以及受此影响的后现代档案学理论形态的思想内涵及其表征。

---

① LYOTARD J F. The Postmodern Condition：A Report on Knowledge ［M］. Minneapolis：University of Minnesota Press, 1984：29.

第一节 后现代主义对档案学的几点冲击

当后现代主义出现时，前面往往都会有一个前缀对其加以修饰，如本·阿格（Ben Agger）的建设性后现代主义和批判性后现代主义，托德·杰特林（Todd Gitlin）的热情的后现代主义和冷漠的后现代主义，格里芬（David Griffin）的建设性的或修正性的后现代主义和破坏性的或解构性的后现代主义，格拉夫（Gerald Graff）的"愤世嫉俗、悲观绝望"的后现代主义和"耽于幻想、放浪形骸"的后现代主义，哈尔·福斯特（Hal Foster）的反应性后现代主义和抵制性后现代主义、"新保守的"后现代主义和"后结构的"后现代主义，等等。① 但无论如何限定，后现代主义就像幽灵一般"出没于当今的社会科学"②，引导了一种新的学术范式。这种新的学术范式以批判性的态度，革命性地摧毁了现代社会科学构成的要素核心。③ 伊哈布·哈桑（Ihab Hassan）在《后现代景观中的多元论》一文中，将后现代主义的特征概括为11个词语，分别为：不确定性、零乱性或片段性、非原则化、无我性与无深度性、卑琐性与不可表现性、反讽、种类混杂与体裁的变异模仿、狂欢、行动与参与、构成主义、内在性。④ 这些特征尽管佶屈聱牙，但却高度契合了后现代主义拒绝现代的"合法化"和"科学化"倾向，与后现代主义批判性解构的思想内核不谋而合。

后现代主义的以上特征在档案学领域的渗透突出表现为一种被称为后现代档案学的理论形态。关于后现代档案学理论的思想实质，笔者曾在《后现代档案学理论的思想实质研究》⑤ 一文中做过阐述，认为后现代档案学理论

---

① ROSENAN P M. Post – Modernism and the Social Sciences ［M］. Princeton：Princeton University Press，1992：16.

② ROSENAN P M. Post – Modernism and the Social Sciences ［M］. Princeton：Princeton University Press，1992：1.

③ HASSAN I. The Postmodern Turn ［M］. Columbus：Ohio State Univisity Press（Txt），1987：169.

④ 张国清. 中心与边缘：后现代主义思潮概论 ［M］. 北京：中国社会科学出版社，1998：48-53.

⑤ 闫静，徐拥军. 后现代档案学理论的思想实质研究 ［J］. 档案学研究，2019（04）：4-12.

的思想实质体现在其理论批判性、思维更新性和多元主张性。其中，理论批判是后现代档案学理论的基本立足点，区别于传统档案学理论的僵化模式；思维更新是后现代档案学理论的发展活力源泉，区别于传统档案学理论的固有认知；多元主张是后现代档案学理论的认识论与方法论基础，区别于传统档案学理论的确定性倡导。至于后现代主义对档案学的冲击，此处还需补充几点内容。

后现代主义强调知识的权力属性，进一步增固了档案与权力的天然关联性。后现代主义对权力的关注与质疑还需从这一思潮产生的背景谈起。后现代主义这一社会思潮和文化思潮兴起于动荡的世界局势短暂趋于稳定之后全社会对官方叙述的质疑，尤其是对当权者记录信任的丧失。在后现代主义日趋兴盛的阶段，由于信息技术的快速发展，社会主体的发声渠道逐渐拓宽，记录形式不断迭变，这就进一步加剧了后现代主义对一切真实性的质疑与探究。后现代主义思想家对受到普遍承认的具有真实性和可靠性的事物进行解构与反思，以求反映当前世界的多样化特征。可以说，批判精神和解构主义是后现代主义的基本出发点和哲学立场，对真实性的质疑是后现代主义的初衷，集中表现在后现代主义思潮下学者们对社会权力与社会进程关系的剖析与解读，认为历史是权力阶层为巩固其政治和社会地位而进行的一系列编造，强调世界存在的多元化与人类活动的多样性，希望能够听见在权力裹挟下的边缘化声音。利奥塔进一步指出，在后现代主义的影响下，科学知识并非全部的知识整体，科学知识以"中性化""符号化"的特征与叙事学知识相互竞争并发生冲突，而作为科学知识权威掌控者与发布者的科学家也备受后现代主义者的质疑。[1] 福柯更是对知识与权力的关系做了进一步阐释，他认为，知识是权力的眼睛，知识与权力二者是相伴相生的，只不过通常知识是以真理的形式为权力做掩护，而权力则引导着知识生产和再产生逐渐走向政治化。[2] 后现代主义对知识权力属性的强调，无形之中渗透至受后现代主义影响深远的档案学及其理论形态之中。

约翰·利登讷将后现代主义档案学[3]视为诊治"旧"档案理论和档案工

---

① 利奥塔. 后现代状况：关于知识的报告 [M]. 车槿山，译. 南京：南京大学出版社，2011：45.

② 张国清. 中心与边缘：后现代主义思潮概论 [M]. 北京：中国社会科学出版社，1998：102.

③ 书中用的是"questioning archival paradigm"，即质疑性档案学范式。

作在日益变化的新时代所面临的种种困境的一剂救世良方，以求重建档案学基础理论，重拾档案工作者的职业认同，呼唤一场彻彻底底的档案变革。于是，在后现代主义影响下的档案学者们，在档案真实性、文件生命周期等诸多领域，尤其是权力与档案的博弈关系等方面，产生了百家争鸣的蓬勃景象。虽然这些论述并非系统、统一而明确，但是这些后现代档案学者们不约而同地将后现代思潮下的时代特点，即科技变革、多元社会、意识觉醒，尤其是档案与权力的天然关联性贯穿于他们对档案学理论和实践的认识当中，进而影响了档案理论与实践的发展。

后现代主义强调"主体的非中心化"，进一步增固了档案与边缘、反正统、多元化等的关联性。综观后现代主义思潮的兴起与发展，以及它对人文社会学科的深刻影响，虽然后现代主义理论学者们仍未就"后现代主义"的具体认知与解释达成公开的共识，但如前所述，这种将普罗大众整合在一起形成"思潮"的后现代思想起码是以质疑和否定为初衷，进而以一种倡导边缘化视角，以及反正统、认为事物是不确定以及多元的态度，强调一种非中心化的世界观和方法论。在这样一种视角和态度下，后现代主义对个体主义产生了巨大的冲击，表现之一即是后现代主义通过反对"中心化的主体"概念倡导打开边界、促进融合。但这种打碎"中心化的主体"与倡导"主体的非中心化"又难以避免地导致了一种"后现代主义的病状"。这又显示出后现代主义的矛盾之处：当主体的非中心化走向"零散化"时，就意味着已经没有一个自我的存在了。这又导致了新一轮的质疑、批判与反思，甚至如杰姆逊在《后现代主义与文化理论》（*Postmodernism and Theories of Culture*）中所言那般："在后现代主义中，一旦你感到非爆发出来不可的时候，那是因为你无法忍受自己变成无数的碎片。"①

这样的一种思潮影响了人们对事物的认知，尤其是影响了人们对档案的认知。而正是后现代主义对档案的去权力化、去中心化以及片段化处理使得档案的权威性受到了巨大的冲击。档案不再是权力代言的工具，不再是"帝王的甲胄和珍宝"，档案记录开始从传统的中心化转向非中心化，从根深蒂固的正统观念转向反正统观念，从权力一元化转向权利多元化，进一步增固了档案与边缘、反正统、多元化等的关联。首先，"档案与边缘"之间的关联不

---

① 杰姆逊. 后现代主义与文化理论［M］. 唐小兵，译. 北京：北京大学出版社，1997：176.

仅受档案学界的广泛阐释，也在社会学界、历史学界等其他跨学科领域引发了诸多讨论。其中的突出表现在于档案开始有意识地记录边缘群体的生活日常，档案中所记录的边缘群体开始受到更多的关注，档案为探究边缘群体甚至"边缘中的边缘"① 群体提供了更多可能。其次，"档案与反正统"之间的关联深受档案与权力关系的影响而逐渐深化，并在政治运动、文化运动的冲击中得以明确自身的立场。在后现代主义思潮中，以档案为工具和武器的反正统运动通常以温和的方式进行，并在对社会正义的诉求中悄然完成。而在社会和文化运动的推动下，在后现代档案学和媒介行动主义的影响下，以强化认同与维系情感、推动问责与揭示真相、谋求变革与伸张正义为表征的"档案行动主义"② 开始大显身手，成为档案维护社会正义、打破传统权力结构和等级观念的一股有力力量。最后，"档案与多元化"之间的关联延伸了档案多元论和档案多元宇宙观（archival multi-verse）的理念，在此基础上深化了档案记录的多元化视角，使得社会信息权力得以扁平化发展，社会发展样貌得以全景化呈现。档案与多元化旨在通过档案记录的多元化，打造包容社会多元面貌的多元记录景观，从而实现档案范式的变革，延展档案在社会中的价值形态。

后现代主义强调文化的大众化，进一步增固了档案的文化属性和档案的民间性。除了政治领域的影响外，作为一股思潮的后现代主义对文化的影响无疑是巨大的。后现代主义强调文化是一个无所不包的概念，是一个逐渐走向大众化的概念。在后现代主义者眼中，高雅文化和通俗文化、纯文学和通俗文学之间的隔膜正在消失，"后现代主义的文化已经从过去那种特定的'文化圈层'中扩张出来，进入了人们的日常生活，成了消费品"。③ 如受后现代主义思潮和后结构主义文论影响较深的文学理论领域，就开始反思传统上过分强调理论操作性而忽略文本鲜活性的"形式文论"，开始鼓吹以解构主义为代表的后现代主义文论，并从文化的大众性角度重新审视"作家—作品—读者"之间的关系问题。从作家（主体）角度看，后现代主义文论消解了传统

① 李尔岑. 清代"跨性别者"的日常生活、生计浅探［J］. 河北师范大学学报（哲学社会科学版），2022，45（03）：39-44.

② 苏立."档案行动主义"：内容、实践与实质探析［J］. 档案与建设，2022（05）：34-38.

③ 杰姆逊. 后现代主义与文化理论［M］. 唐小兵，译. 北京：北京大学出版社，1997：146.

意义上作者的地位和职能，实现了"去中心化"；从作品角度看，后现代主义文论使得现代意义上的"作品"让位于文本；从读者角度看，后现代主义文论强调了读者的地位，将他们与创作者置于平等的关系中。这种对读者或受众的强调，进一步凸显了文化的大众化，以期承载文化的文本真正融入社会、走入社会大众。作为"文本"重要类别的档案，无疑也在这股潮流下开始了对自身属性的反思，档案文本根深蒂固的内向性开始动摇，取而代之的是档案的社会性、文化性或民间性。

档案的文化属性自档案走向开放后得以不断凸显，随着档案记忆观、档案资源观的兴起与成熟，档案的文化属性开始成为建设社会档案资源、构建集体记忆、提升档案事业社会影响力的重要前提，档案中蕴含的文化价值与文化中的档案元素开始成为档案助推社会文化大发展与大繁荣中需要审视的重要议题。基于档案的文化属性衍生出的档案文化理论，既是文化理论的重要分支，又构成了档案理论体系的重要内容，反哺了档案理论的完善。档案的文化属性在助推档案资源建设、集体记忆构建、档案价值社会化的过程中，自觉地走向了认同。正如胡鸿杰在《再论档案文化及其建构》一文中所言："档案文化理论以中国特色社会主义文化观为基础，根本价值是建构档案学理论与参与包括社会记忆、国家治理等在内的各种社会活动，核心内容在于认同。"① 档案的文化属性及衍生出来的认同感又进一步增固了档案的民间性。而对于档案的民间性，可从两个方面进行理解。一是传统的官方档案不再是束之高阁的"故纸堆"，随着档案开放进度的加快、档案开发力度的加大和新兴技术在档案检索、档案编研中的应用，这些档案不再是为官方所有、为官方所用、甚至是为某些特定类型的利用者所掌握的高不可攀的历史文献，而是真正成为特里·库克所言"属于人民、为人民服务"的档案资源。二是随着社会档案观的兴起，档案的概念也发生了变化，很多可能属于地方文献或民间文献的资料类别也被拉进了"档案"的视野，如一直被视为民间文献的族谱，历史学家科大卫（David Faure）就主张将其视为"档案"，甚至是地方碑记也可视为地方上的"档案"，碑记所在的庙宇，可被视为地方"档案馆"的一类。② 由此可见，无论从哪个角度进行理解，档案的民间性使得档案在普通公民看来，"不仅要涉及政府的职能和保护公民个人利益，而且更多的还应

---

① 胡鸿杰. 再论档案文化及其建构［J］. 档案管理, 2020（02）：5-9.
② 科大卫, 贺喜. 地方文献中的族谱［EB/OL］. 澎湃新闻, 2020-01-16.

提供根源感、身份感、地方感和集体记忆"①。

第二节 档案与身份认同的关联：
后现代档案学的当代焦点

后现代主义强调知识的权力属性、强调主体的非中心化、强调文化的大众化，这些特点对档案学产生了或多或少的影响。在这股思潮的影响下，后现代档案学应运而生，成为继古典档案学、现代档案学后的重要档案学演进潮流。在这股潮流之中涌现出多种档案理论形态，如档案记忆观、社群档案理论、档案与社会正义、档案信任论、档案多元论、档案情感价值论等。而这些理论形态的最焦点问题又异曲同工地回到了档案与认同的话语中来，无论是通过构建集体记忆来构建身份认同，还是通过社群建档行为来实现身份认同，抑或挖掘档案中的情感价值来渲染身份认同，档案与身份认同这一议题无疑处于后现代档案学理论形态的重要环节。尤其是随着社会人口迁移与生活场景变迁的常态化、日常怀旧与眷恋乡愁的日常化、个体和集体对自身价值追寻的普遍化，档案记录渗透至社会生活的方方面面，身份认同议题更是成为关涉每个人个体权益和情感归属的重要问题。由此，档案与身份认同的关联，毫无疑问地成为后现代档案学的当代焦点。

近十几年来，"身份认同"议题随着后现代主义的发展而不断得以鼓吹和凸显。与此同时，学界对"身份认同"的认知从最早的"我们曾经是谁""我是谁"这种"过去式"的描述，逐渐转向"我们可以成为谁"或"我们将成为谁"这种"现在式"与"未来式"的追问，身份认同问题愈发复杂、多元、令人困惑却至关重要。随着相对封闭的本土环境遭遇全球化的侵袭，全人类的身份认同危机变得异常尖锐，"构建人类命运共同体"命题应运而生。追溯到政策层面，作为"中国方案"的核心内容，人类命运共同体中的"命"与"运"密切相连，其中，"命"是解决身份认同的问题，解决安全感和获得感的问题，"运"是解决发展的问题，解决态势和未来的问题。② 由

---

① 库克，李音. 四个范式：欧洲档案学的观念和战略的变化——1840 年以来西方档案观念与战略的变化 [J]. 档案学研究，2011（03）：81-87.

② 王义桅. 人类命运共同体的中共逻辑 [EB/OL]. 人民网，2018-03-22.

此，身份认同问题关乎人类命运的发展与演进。

　　档案作为社会发展的原始记录，承载着"我们曾经是谁""我是谁"的身份信息，也蕴含着"我们可以成为谁"或"我们将成为谁"的认同基因，经由档案定格的时间痕迹与烙印其中的历史记忆已成为身份认同的证明。由此可见，档案、记忆、身份认同三者密切关联：一则，档案通过参与建构与强化集体记忆来实现身份认同①；二则，档案中蕴藏的身份信息又反过来强化共同记忆。无论是集体记忆，抑或共同记忆，共同体成员在记忆建构、记录形成与记忆共享的反复过程中，不断巩固和强化其身份信息，从而实现最大程度的自我认同与社会认同。另一方面，档案作为身份认同的凭借与表达，通过记忆建构集体共性和身份认同时，也在某种程度上不可避免地受权力影响而抹去构成"我何以成为我"的个性化差异。换言之，档案中的真实信息是与自我价值相一致，还是与权力他者期望相一致，仍是一个值得思考的问题。从这一角度看，档案在建构集体身份认同时也一定程度上消解了个体差异与个性。另外，不可忽视的是，在身份认同过程中，档案通过记忆建构形成记录时也对未记录部分选择性"失忆"。其中，温和的遗忘往往为重建身份以获得新认同，而消极的记忆与遗忘则一定程度上与对他人身份的消解达成共谋。因此，作为一种选择性机制，档案对身份认同的作用机制呈现出一体两面的趋势，一是通过记忆建构、维系与重建身份认同，二是通过记忆消解、抹去与隐藏个体差异或破坏他者身份认同。而档案对身份认同的作用机制又伴随着记忆与遗忘的相伴相生。

　　档案与身份认同之间富有魅惑性的辩证关系，使得这一议题充满了理论探讨的诸多可能，也饱含着实践探索的热忱。正基于此，后现代档案学理论研究中将档案与身份认同视为其中的一个重要议题。尤其是随着21世纪以来后现代主义思潮在档案学界的渗透已趋于无形，档案记忆观、社群档案等议题开始成为学界的主流研究范畴，与之密切相关的档案与身份认同也开始成为档案界研究的焦点问题之一，并衍生出了诸多研究成果。如前文学术史梳理中所论及的，当前档案界对这一主题的探索主要集中在以下方面：档案对身份认同的意义与功用研究；档案、记忆与身份认同关系研究；社群档案与身份认同研究；档案工作/职业的身份认同研究；档案管理或档案信息资源建

---

① 冯惠玲. 当代身份认同中的档案价值［J］. 中国人民大学学报，2015，29（01）：96-103.

设与身份认同研究；档案在身份认同中的功能实现研究；等等。冯惠玲从历史主义和结构主义对档案在当代身份认同中的价值及其发展路径进行研究，认为集体记忆是连接档案和身份认同的纽带，档案通过参与建构与强化集体记忆来实现身份认同。① 加小双、徐拥军通过构建"档案—记忆—认同"模型来明确档案在身份认同中的价值，并总结档案的身份认同价值对档案理论与实践的影响。② 国外研究以特里·库克的证据、记忆、认同、社区/社会四大范式为典型，将档案视为关于过去、历史、遗产、文化、个人根源与家庭联系及关于我们作为人类身份的记忆建构。③ 此外，随着档案话语变革，越来越多的学者关注到档案对身份认同作用时蕴含的权力与权利因素。如凡尔纳·哈里斯（Verne Harris）致力为边缘群体发声，认为档案是记忆、遗忘和想象的非凡创造，既可以是权力身份合法化的工具，也可以是权利抗争与伸张正义的记忆凭借。④ 以上典型性观点表明：一方面，档案学界已对身份认同主题及其不可跨越的因素——记忆予以充分关注，并对档案所蕴含的权力与权利因素进行考量；另一方面，现有对档案与身份认同的研究更多地涉及档案记忆而鲜有档案遗忘，更多地涉及档案建构而鲜有档案消解，更多地涉及档案对身份认同的正向价值而其对身份认同的选择性机制及负向作用提及较少且含混暧昧。

但不管怎样，档案与身份认同的关联性受到越来越多的理论承认，也得到越来越多的实践验证，二者之间的联系也在理论和实践的紧密结合中不断加固。尤其是在后现代语境下，前现代"天赐的身份链条"（divine chain of being）⑤ 被彻底粉碎，以至于鲍曼直接将认同这一概念与后现代性相联系，他甚至勾勒了一幅阴霾图景，质问何为这个世界所允许的道德可能性，公民投身志业又何以可能。⑥ 在此背景下，身份认同的建构乃至重构成了后现代性

① 冯惠玲. 当代身份认同中的档案价值 [J]. 中国人民大学学报, 2015, 29 (01)：96-103.

② 加小双, 徐拥军. 档案与身份认同：背景、内容与影响 [J]. 档案学研究, 2019 (05)：16-21.

③ COOK T. Evidence, memory, identity, and community: Four shifting archival paradigms [J]. Archival Science, 2013, 13 (2-3)：95-120.

④ HARRIS V. The archival sliver: Power, memory, and archives in South Africa [J]. Archival Science, 2002 (01)：63-86.

⑤ 鲍曼. 流动的现代性 [M]. 欧阳景根, 译. 北京：中国人民大学出版社, 2017：73.

⑥ BAUMAN Z. From pilgrim to tourist-or a short history of identity [M] // HALL S, GAY P. Questions of Cultural Identity. London：Sage, 1996：18-36.

的附加议题。尽管如鲍曼所言："身份的建构与每一社会中的权力运作密切相关，因此绝不是一种纯学术的随想。"① 但学术与理论的探讨仍可为实践探索提供思想或观点支撑。后现代档案学中的档案与身份认同议题，就是希冀通过理论的追问来为实践提供指引，使档案的认同价值真正成为档案融入社会、走近社会的切口。换言之，身份认同理论形态中强调的情感上的归属与满足不仅为认同建构注入了活力，也为档案理论的革新注入了活力。档案通过把现在与过去甚至未来关联起来，把过去的伟大传统延伸到现在的文化实践中来，使今天的共同体获得了情感上的坚实依托。于此，档案可被视为象征认同的渠道与媒介方式之一，档案是更加日常的、持续的和手边的认同性话语实践，对认同的影响更加广泛、深入和持久。

---

① 赛义德. 东方学 [M]. 王宇根，译. 北京：生活·读书·新知三联书店，1999：426-427.

第二章

档案之于身份认同的效用：
归属感的救赎抑或矛盾的导火索？

　　曼纽尔·卡斯特（Manuel Castells）在《认同的力量》一书中认为"所有的认同都是建构起来的"，但"现实问题是：它们是如何、从何处、通过谁、为了谁而建构起来的"①。具体到档案之于身份认同的效用，一方面，档案参与身份认同的建构；另一方面，建构起来的身份认同又可以通过档案这类文献信息载体呈现于世人。由此，档案既可是建构身份认同的信息载体，又可是呈现身份认同的记忆凭证，档案为身份感、归属感、认同感的获得提供媒介支撑。但不可忽视的是，档案之于身份认同的效用并不总是正向的，档案这一人为建构的历史记录，不可避免地蕴含着消解、隐匿和遗忘。这对身份认同的建构和呈现而言，有时又带来一定的负向影响。

第一节　档案是建构身份认同的信息载体

　　身份认同具有强烈的社会建构性。身份认同的建构需要依靠一定的话语工具和媒介，话语工具和媒介在实践的交融中构建出立体而动态的身份认同。档案作为媒介的重要类别，以其原始记录性、历史叙述性等特征在参与身份认同建构中具有独特的优势。

一、档案是建构身份认同的凭借和表达

　　如前文概念界定中所述，"身份认同"作为舶来品，源自英语词汇identity。在汉语语境中，identity具有两种基本含义：一是指某个个人或群体

---

　　① 卡斯特.认同的力量［M］.曹荣湘，译.北京：社会科学文献出版社，2006：6.

据以确认自己在一个社会里之地位的某些明确的、具有显著特征的依据或尺度，在这种意义上，我们可以用"身份"这个词语来表示；二是当某个人或群体试图追寻、确证自己的"身份"时，identity 也被称为"认同"。① 由此，身份认同作为一种心理建构或叙事，关乎个体或群体的社会意义与内心秩序，档案则可成为其叙事的实体表征。而个体或群体的社会意义与内心秩序是两种因素的结果，一是与生俱来的、既定的情感规约，二是后天形成的、被建构的产物。通常，原生性认同仅存在于血缘祖先的主观情感延续之中，但随着时间的推移，这种原生性认同会逐渐被建构性认同所取代，正如本尼迪克特·理查德·奥格曼·安德森（Benedict Richard O'Gorman Anderson）在《想象的共同体》中所言："认同可以多种共存，是在行动者之间互动的过程中、在一定情景中建构的，而不是预先给定的。"② 建构性认同随时间推移逐渐占据主导，可以说，身份认同主要是社会建构的产物。既然身份认同是社会建构的产物，那么一些记忆符号或叙事媒介即参与了身份认同的建构过程。档案作为一种记忆符号或叙事媒介，是联系人类社会过去、现在与未来的纽带。档案所承载的信息，"为身份认同提供至关重要的合法性依据，深化和凝固认同的厚重感"③。换言之，档案因其原始记录性、相对较高的真实性、可信性与稳定性，可以成为个体和集体身份认同的凭借与表达载体。

　　档案是建构个体和集体身份认同的凭借。档案中丰富的身份信息可以成为追溯"我是谁""我属于哪个群体"的重要凭证。近年来，"寻根"成为每一个现代人挥之不去的心结，而家/族谱档案则以精确的地理细节和清晰的历史洞察力将个体与其所在的家族集体紧密相连。世代的人们从家/族谱档案中寻根、问祖、归宗，从中了解家族的血脉源流，找寻"我之所以为我而非他者"的根源并明确定位自己的家族归属，保持与家族过去、现在和未来的联系。在传统意义上，家/族谱档案是最朴实、最有力的身份认证，个体凭其获得身份认同的情感归属，集体则通过家/族谱档案共享家族的世代记忆，传承家族文化。我国常州市家谱档案馆以及美国犹他州家族历史图书馆、澳大利亚新南威尔士州立档案馆等机构均以"帮助公众发现家族历史、获得身份认

---

① 陆炜. 意识形态、宗教与认同问题论纲［M］// 王永和. 多元文化背景下的国家认同研究. 银川：宁夏人民出版社，2016：73-77.

② 安德森. 想象的共同体［M］. 吴叡人，译. 上海：上海人民出版社，2003：187.

③ 冯惠玲. 当代身份认同中的档案价值［J］. 中国人民大学学报，2015，29（01）：96-103.

同”为宗旨，使社会中的微小个体通过档案实现其对根源感的追寻。

档案是建构个体与集体身份认同的表达。由于档案是人类社会实践过程中形成的可信赖的原始记录，真实地反映了社会百态，因此，档案中的丰富内容所呈现的可能是个体的心路历程，也可能是集体的精神与情感依托。从此角度而言，档案便成为个体展现自我风采或集体传递我群精神的表达载体之一。华北士绅刘大鹏长达半个世纪的“退想斋日记”，描绘出其人作为儒者、孝子、商人、议政者、农民等不同身份状态下的人生景观，生动展现了世纪之交的微观个体在特殊时代背景下经由手稿档案表达的多样身份认同。①在英国伦敦，毕晓普斯盖特学院（Bishopsgate College）的档案管理员从2011年开始收集LGBT（Lesbian, Gay, Bisexual, Transgender）群体的相关历史资料，在这些形形色色的LGBT收藏中，徽章档案尤为引人注目，徽章档案上的刻字诸如 *"Gay is Good" "YES, I'M HOMOSEXUAL TOO" "KISS ME I'M Gay"*② 等话语是定义与亮明其个体与集体同性恋身份的最佳明证，是传递其态度和立场的鲜明表达，正如Queer Nation组织口号向世人传达的那样：“我们是酷儿，我们在这里。”③ 由此可见，档案可以成为个体或集体宣示身份以赢得他者认同或尊重的重要载体，甚至可以反映时代变迁过程中身份的流动性。

二、档案是建构身份认同的历史文化承载

在后现代，人们对身份认同的关注，更多地集中在文化领域。傅美蓉认为，在身份认同的形成过程中，文化是一个非常重要的因素，因为所有关于文化的现代问题都可以转化为身份认同问题。④ 卡尔霍恩（Craig J. Calhoun）认为：“没有名字、没有语言、没有文化，我们就不知道有人。自我与他人、我们与他们之间的区别，就是在名字、语言和文化当中形成的……”⑤ 而在霍尔看来，关于“文化身份”至少有两种观点相互佐证，一种观点是把“文

① 沈艾娣. 梦醒子：一位华北乡居者的人生［M］. 赵妍杰，译. 北京：北京大学出版社，2013.

② LesPark. 伦敦建立LGBTQ+历史档案馆［EB/OL］. 微博，2020-02-14.

③ WAKIMOTO D K, BRUCE C, PARTRIDGE H. Archivist as activist: Lessons from three queer community archives in California［J］. Archival Science, 2013, 13（04）：293-316.

④ 傅美蓉. 从“反再现”到“承认的政治”：女性身份认同研究［M］. 北京：中国社会科学出版社，2019：47.

⑤ 卡斯特. 认同的力量［M］. 曹荣湘，译. 北京：社会科学文献出版社，2006：6.

化身份"定义为一种共有的文化，集体的"一个真正的自我"；另一种观点把"文化身份"看作一种"存在"和"变化"。① 按照霍尔的观点，文化身份的塑造和建构要基于共同的文化符码和历史经验，文化和历史可以为群体中的个体和个体构成的群体提供一个"稳定、不变和连续的意义框架"。② 换言之，基于具有历史源头和文化意涵的身份而构建起来的认同感，更加能够超越时空的变迁而稳定存在。如按照霍尔的观点来看档案是如何参与身份认同建构的，一则，档案通过历史塑造身份、建构认同，为身份认同的塑造和建构提供历史经验；二则，档案通过文化塑造身份、建构认同，为身份认同的塑造和建构提供文化符码。

档案通过历史塑造身份、建构认同，为身份认同的塑造和建构提供历史经验。乔纳森·弗里德曼（Jonathan Friedman）在《文化认同与全球性过程》一书中，将历史视为文化认同建构的重要基础，将明确历史视作树立自我观以及自我定位的前提条件。"制造历史就其产生了在过去被假定发生的事情与当前的事件状态之间的关系而言，是生产认同的一种方式。"③ 对于任何一个主体而言，其自身的历史和所在群体的历史饱含着富有意义的叙述和文化符码，个体和群体通过历史将不断发生的现在铭刻为值得书写的过去。可以说，历史使"过去进入现在"并使"现在进入过去"，在这一循环的过程中，身份得以塑造，认同被不断建构和强化。在弗里德曼看来，"过去—现在"和"现在—过去"的路径也是希腊认同的形成过程和夏威夷人的运动方式。④ 档案是人类社会活动的原始记录，承载了个人、组织、国家的历史过往，真实地记录了社会主体的历史活动和历史事实。档案以翔实的历史记录和丰富的历史书写与历史叙事，成为建构认同的多种实践的重要一种。

如果将认同的建构比作"一个精致的至为严肃的镜子游戏"⑤，镜中身份的识别实践需要与历史事实达成复杂的时间性互动，那么档案无疑是这场识别实践的重要文献承载，是认同的历史话语的重要组成部分，通过档案这一历史记录识别的历史过去勾勒出了一定时空范围内自我和他者的形象，蕴含

---

① 罗钢，刘象愚．文化研究读本［M］．北京：中国社会科学出版社，2000：209-211．
② 傅美蓉．从"反再现"到"承认的政治"：女性身份认同研究［M］．北京：中国社会科学出版社，2019：47．
③ 弗里德曼．文化认同与全球性过程［M］．郭建如，译．北京：商务印书馆，2004：177．
④ 弗里德曼．文化认同与全球性过程［M］．郭建如，译．北京：商务印书馆，2004：178．
⑤ 弗里德曼．文化认同与全球性过程［M］．郭建如，译．北京：商务印书馆，2004：213．

着自我和他者的身份界定和希冀向社会传递的"我之为我"的历史渊源。这种蕴含在档案中的历史之源饱藏着社会主体的历史过往和身处的历史情境，构成了自我根源的基础，而对自我根源的追问恰恰促成了身份认同的形成。查尔斯·泰勒在《自我的根源：现代认同的形成》中就着重强调了历史与认同二者之间的关联性："这就是我为什么必须通过历史来组合现代认同的肖像的一个理由。瞬间的快照会遗漏很多东西。另一个理由是，只有增加对历史的深度的透视，才能发掘出隐含的但却仍在当代生活中起作用的东西。"① 档案对历史客观忠实的记录，为我们理解过去、连接现在和未来、塑造身份、建构认同提供了基础，档案通过"历史塑造了我们的身份"②"我们是由历史塑造的"③。

　　档案通过文化塑造身份、建构认同，为身份认同的塑造和建构提供文化符码。认同是个体化和内在化的结果，个体化和内在化的过程通过文化的渗透而不断刻画。文化是一个虚实结合的概念，通过流传对后世产生影响，从而帮助我们认识自身、历史和社会，帮助我们建立起身份认同、历史认知以及时代图景。流传下来的文化通过不断地刻写、演练而成为某一共同体内的共识，从而被共同体内的成员内化于心，成为长远留存的集体记忆。换言之，唯有被记住的、流传下去的文化方可塑造我们的身份认同。萨摩亚作家艾伯特·温特（Albert Winter）就尖锐地指出了这一点："社会就是它记住的东西，我们就是我们记住的东西，我就是我记住的东西，自我就是记忆的把戏。"④但记忆又有主动和被动之分，被描写、被刻画、被表述的受支配的他者话语与占有记忆或拥有过去、自主表达或识别自我和他者的我者话语相比，前者"借别人之口"表达自我、识别自我，而后者"以自己为名"表达自我、识别自我。随着后现代语境下觉醒意识的激增，如前者那般"通过说他或为他说话，最终强迫他用我们的范畴说话"⑤ 的运作方式开始受到挑战并不断瓦解，他们不再也不允许被简单地表述，他们的自我识别逐渐代替了别人对他们的识别。从他者话语到我者话语的转向，既是文化权力博弈下的产物，也

① 泰勒. 自我的根源：现代认同的形成［M］. 韩震，王成兵，乔春霞，等译. 南京：译林出版社，2012：727.

② 麦克唐纳. 后真相时代［M］. 刘青山，译. 北京：民主与建设出版社，2019：60.

③ 麦克唐纳. 后真相时代［M］. 刘青山，译. 北京：民主与建设出版社，2019：67-68.

④ 弗里德曼. 文化认同与全球性过程［M］. 郭建如，译. 北京：商务印书馆，2004：214-215.

⑤ 弗里德曼. 文化认同与全球性过程［M］. 郭建如，译. 北京：商务印书馆，2004：296.

是边缘群体自我觉醒的体现，继而他们将这种觉醒物化为刻写于载体上的记录符号，以彰显自我的身份，以自我识别来建构认同。这种被刻写于载体上的记录符号经过历史的沉淀就成了档案，档案既是文化的记录载体，又构成了文化的表现形式。后现代语境中涌现出的自我建档行为，就是希冀通过自我记录、自我书写的方式来实现"以自我为名"，进而使自我或我群的文化留传下去被后世铭记。

此外，档案通过文化塑造身份、建构认同，并非将文化表征冰冷地记录下来，形成毫无温度的历史承载物，静静地躺在档案架或数据库里。在某些情境中，档案中的文化意涵为身份认同的主体性建构提供了情感阐释，档案的情感价值赋予人们与文化之间的互动以无限温情。在身份认同理论中，主体性（subjectivity）与身份认同问题息息相关。主体性是主体的能动属性，在认同领域则指的是主体的感受能力、认知能力、共情能力等。"主体性包括了我们对自我的观感，它涉及了意识与无意识的思维和情感，这些思维和情感构成了我们对'我们是谁'的判断和感受，而且这些判断和感受也为我们带来了在文化中的各种认同位置。"① 由此可以认为，身份话语的建构需要基于一定的情感来源，以为主体性感受和体验的获得提供情感支撑，这与档案的情感价值不谋而合。档案作为记录人们与社会文化关系互动的符号化载体，是一种包含"文化文本"的"情感仓库"②；档案利用者在阅读档案文本时往往会带着人性中的共情融入情感体验，使自身"可以见证个体的生活和情感，并见证该历史和保管背景下更大范围的生活和情感"③。从上述中档案和档案利用者两方面的情感元素来理解，档案是情感记录、情感内化、情感迸发的符号化载体和媒介。在档案管理和利用中，通过情感唤醒、情感互动、情感标记和情感内聚等作用机理，档案实现了触发和理解身份认同的目的。④

---

① 伍德·沃德. 认同与差异 [M]. 林文琪，译. 台北：韦伯文化国际出版有限公司，2006：54.

② CIFOR M. Affecting relations：Introducing affect theory to archival discourse [J]. Archival Science，2016，16（01）：7-31.

③ LOWRY J. Radical empathy, the imaginary and affect in (post) colonial records：How to break out of international stalemates on displaced archives [J]. Archival Science, 2019, 19 (02)：185-203.

④ 刘志森，耿志杰. 情感仪式视域下档案与身份认同：理论阐释、作用机理及提升路径 [J]. 档案学研究，2022（03）：13-20.

第二节　档案是呈现身份认同的记忆凭证

利科将认同分为两种类型，一种是"固定认同"，即自我在某一既定的传统与地理环境下被赋予认定之身份，进而借由镜映式的心理投射赋予自我定位，这种认同基本上是一种固定不变的身份和属性；另一种认同是"叙述认同"，透过文化建构、叙事体和时间的积累，产生时空脉络中对应关系下的叙述认同。① 叙述认同一般是建构的结果，需要通过一定的材料、一定的叙述语言和叙述策略来建构符合心理预期的认同；而固定认同相比而言则是呈现的结果，关于身份的信息已既定存在，那么就需要一定的载体将其记录、呈现、铭刻与流传。档案就是记录、呈现、铭刻与流传固定认同的重要载体，这得益于档案的记忆属性。

一、档案是朴素的记忆承载

档案是如何呈现身份认同的呢？阿尔弗雷德·格罗塞（Alfred Grosser）认为，"无论是主动追求还是被迫塑造，有限制的身份认同几乎总是建立在一种对'集体记忆'的呼唤之上"②。档案馆作为"记忆之场"中"实在的场"③，其所藏档案中蕴含着丰富的记忆资源，承载、形塑和传承着社会的集体记忆。在某种意义上，"所有档案文献的最终目标都是长时间地传播和保存信息，实现记忆的传承，这也构成了档案作为一项客观存在在社会记忆体系中的独特地位"④。然而记忆具有时效性，心理学以记忆的持续时间为依据将之划分为瞬时记忆、短时记忆与长时记忆，档案则是将瞬时记忆与短时记忆捕捉、固化成文并将之转换为长时记忆的有效方式。未来学家阿尔温·托夫

----

① 罗秀美. 游移的身体·凝视的文本：由女诗人秋瑾的变装观看其身份认同［M］//何成洲. 跨学科视野下的文化身份认同：批评与探索. 北京：北京大学出版社，2011：291-311.

② 格罗塞. 身份认同的困境［M］. 王鲲，译. 北京：社会科学出版社，2010：34.

③ 皮埃尔·诺拉在《记忆之场》中认为："记忆之场的'场'一词有三种特征：实在的、象征的和功能的（功能性在于承载形塑和传承记忆的职能）。如，档案馆是实在的场。"参见：孙江. 皮埃尔·诺拉及其《记忆之场》［M］//诺拉. 记忆之场：法国国民意识的文化社会史：第2版. 南京：南京大学出版社，2017：10.

④ 徐拥军. 档案记忆观的理论与实践［M］. 北京：中国人民大学出版社，2017：85.

勒（Alvin Toffler）认为："第二次浪潮文明冲破记忆的障碍。它传播了群体文化，保存了系统的记录，建造了上千座图书馆和博物馆，发明了档案柜。一句话，它把社会记忆扩展到人们的大脑之外，找到了新的储存方法，这样就冲破了原来的局限。"① 由此可见，档案是承载记忆的重要凭证。如侨批档案承载的便是华侨的集体记忆，档案中的内容见证了华侨的家国贡献与民族情感，也为后人追忆那段岁月构建了一片充满温情的记忆场域。

（集体）记忆与身份认同密切相关，因而档案可以成为追溯与呈现身份认同的源泉。一方面，身份认同离不开社会集体记忆的形塑。因为个体几乎无法脱离社会关系而存在，总是需要在集体中与他者对比寻找"同"与"异"，并确认自我的独特性、唯一性及其与集体的一致性、同一性。"档案并不直接形成身份认同，其作用于身份认同需通过集体记忆这一中间环节。集体记忆为主体对于自己的界定和认同构建了一个强有力的想象化情景，进而为后继者提供了身份认同中最重要的心理基础与认同依据。"② 另一方面，档案虽不等同于记忆，但档案作为记忆的承载因而被赋予了记忆属性，为呈现身份认同提供了现实凭证，让个体和集体从中"找回身份认同的源头和秘密"③。如在纳粹大屠杀时，上海犹太难民纪念馆（前身为犹太摩西会堂）成为庇护犹太难民、守护记忆与正义的场所，现已是犹太人到上海的必访之处与精神慰藉。"无论是一张暂居上海的居住证明，还是当时在上海办理的结婚证书，甚至是保存下来的具有犹太特色的七星烛台，无不展示着这个群体曾在上海生活过的历史与痕迹。这份借由纸质档案与实物档案保留下来的记忆，也再次跨越了时间、空间的界限，不断被犹太难民后裔所铭记，传递着祖先记忆，架构独一无二的记忆空间。"④ 上海对犹太难民记忆的守护使得犹太后裔能够从留存的档案遗产中追忆先辈、铭记苦难，从而找到个体与族群世代之间的同一性、连续性与完整性以增强犹太民族的身份认同与凝聚力。

---

① 托夫勒.第三次浪潮［M］.朱志焱，潘琪，张焱，等译.北京：生活·读书·新知三联书店，1983：237-239.

② 加小双，徐拥军.档案与身份认同：背景、内容与影响［J］.档案学研究，2019（05）：16-21.

③ 孙江.皮埃尔·诺拉及其《记忆之场》［M］//诺拉.记忆之场：法国国民意识的文化社会史：第2版.南京：南京大学出版社，2017：10.

④ 张晶，陆阳.档案的群体认同强化功能分析［J］.档案学通讯，2019（01）：9-14.

二、档案是"再现""生产"的重要媒介

后现代语境下衍生出的再现理论，不仅将"再现"视为符号学的专属概念，还将其视为一种突出的文化现象。以雅克·德里达为代表的解构主义者从解构主义的视角出发，强调文本的重要性，认为再现是当代最重要也最富于生产性的问题，文本之外一无所有，唯有再现之花永不凋零。① 而自身份认同议题产生以来，身份的再现与认同的实现便如影相随。正如霍尔所言，身份可以被视为一种"生产"，这种身份的生产"永不完结，永远处于过程之中，而且总是在内部而非外部构成"②。由此，再现成了一种文化权力，再现权的掌控关乎身份认同的实现，这也就意味着谁拥有再现权，谁就能最大限度地在文本中介入其身份意义信息，并延展其身份认同的文化基因。"如果把再现行为看成是文化内部权力关系的一种体现，那么，只有那些拥有权力的人才能够再现自身和他人，而那些处于无权地位的人非但不能再现自身和他人，而且只能听凭他人来再现自己。"③

档案中的故事、历史、场景、人物和情节是"再现"身份、"生产"认同的极佳媒介。档案对身份的"再现"和对认同的"生产"往往通过档案叙事来实现。档案叙事是借助一定媒介记录和再现社会实践活动中特定事件的过程和成品。作为一种叙事过程，档案叙事被视为一个建构性的过程，叙事主体、叙事结构、叙事方式、叙事媒体等共同作用于档案叙事；作为一种叙事成品，档案叙事的表现形态为小说、日记、影视、绘画等。值得说明的是，档案叙事的内容并不完全等同于档案内容，受到权力、技术、认知等因素的影响；叙事的主体也不局限于档案形成者，还包括其外在的建构者和利用者等，如档案工作者对档案内容的组织、档案利用者对档案内容的利用和阐释行为都是档案故事编码和解码过程的组成部分，影响叙事话语表达和内容呈现。档案叙事的主观性和可塑性特征，为"再现"身份和"生产"认同提供了合理化的理论基础。

档案叙事通过强化身份话语表达，实现某一特定身份的"再现"和认同

---

① 傅美蓉. 从"反再现"到"承认的政治"：女性身份认同研究 [M]. 北京：中国社会科学出版社，2019：56.
② 罗钢，刘象愚. 文化研究读本 [M]. 北京：中国社会科学出版社，2000：208.
③ 傅美蓉. 从"反再现"到"承认的政治"：女性身份认同研究 [M]. 北京：中国社会科学出版社，2019：56.

的"生产"。一则，档案叙事视角或叙事元素的选择在一定程度上反映了身份话语表达的立场、态度和倾向；二则，档案叙事结构按照一定的逻辑关系对档案中蕴含的身份元素进行排列、组合，从而重构身份话语表达的内在逻辑；三则，档案叙事方式的选择也会影响身份话语讲述的效果。为了达到叙事效果，档案叙事往往采用以小见大的视角，通过解读档案背后的故事以增强叙事的生动性和感染力；在叙事结构上，档案叙事往往采用板块式叙事方法，以多层次叙事模式诠释主题，在时空联系中推演叙事线索；在叙事媒介上，档案叙事多采取多种媒体共进的方法，以多渠道并行凸显叙事效果。此外，档案叙事无论借助文本或图像等媒体，最终都以一定的物质形态呈现，如书籍、纪录片、影视剧、图画等。这些叙事形态在展现档案文本内容时，也一定程度上强化了隐含其中的身份话语，实现了身份的"再现"。如历史学家沈艾娣基于华北乡绅刘大鹏的个人日记，用历史的方法和微观史学的笔法，再现了刘大鹏五种身份状态下的人生景观，这种档案叙事的书籍（著作）式呈现，通过二次甚至多次创作的方式，将读者带入刘大鹏本身的生活场景和时代背景，感受刘大鹏在日记书写中所彰显出的自我认同的同时，也从阅读者的视角体会他者对刘大鹏的社会认同。再如基于吴宝康人物档案全宗创作出的纪录片《他是一座山》，是对吴宝康人生经历及其对档案事业毕生贡献的浓缩与提炼，使观者在真实可感的档案和历史交融中，深入了解吴宝康的几种身份转变及其对档案学深沉的热爱，体会到吴宝康"干一行、安一行、爱一行、钻一行"的革命者姿态，以及他为档案教育事业发展殚精竭虑、不计待遇、淡泊名利、心胸开阔、一身正气的高尚品格，[①] 从而使后学产生出一种深深的学科归属感和认同感。

第三节 档案中的消解、隐匿与遗忘

作为记录社会发展的一种原始性记忆符号或叙事媒介，档案对身份认同的作用机制呈现出一体两面的趋势，一是通过记忆建构、维系与重建身份认同，二是通过记忆消解、抹去与隐藏个体差异。而档案对身份认同的作用机

① 邵枫，朱丹娜. 他是一座山：写在纪念新中国档案教育奠基人吴宝康先生百年诞辰之际 [J]. 浙江档案，2017（11）：30-31.

制又伴随着记忆与遗忘的相伴相生，即档案选择性记忆以建构身份认同，同时选择性遗忘以消解身份认同。如今，身份认同话语从权力神坛转向更广泛的个体性语境，这对档案事业提出了新诉求，即构建一个全景的档案世界，尊重个性、包容差异。

一、档案建构身份认同也消解个体差异

社会心理学家发现，人类社会生活中主要有两种认同需要：其一，通过寻找"我"与"我群"的差异而获得"自我认同"，它使个体获得一种与众不同的独特性和唯一性；其二，通过寻找"我群"与"他群"的差异而获得"社会认同"，它使个体获得一种与众相同的一致性和同一性。① 档案既可以是联结自我与我群、通过寻找同一性而获得社会身份认同的凭借，又可以是区分我群与他群、通过寻找差异性而获得自我身份归属的依据。但无论是通过同一性还是差异性的寻找，最终目的均在于使个体逐渐获得一种与我群相同的一致性。与此同时，这一过程不可避免地致使"他者或个体差异被粗暴地排斥了"②。档案作为一种社会—文化现象，通过某种层级的系统运作，并受权力的制约与影响，有时便成为排斥他者或差异的武器。此外，个体自身出于某些原因曲意逢迎共性而放弃自我个性的现象同样不容忽视，正如福柯所认为的"个体，包括他的身份和特点，都是权力关系对身体施加作用的结果"，以及哈贝马斯（Jürgen Habermas）所提出的"身份'不是给定的，同时也是我们自己的设计'"③ 所共同揭示的那样，档案作为权力的产物在建构身份的同时也可能消解个体的差异。

档案在建构身份认同时存在消解、抹去与隐藏个体差异的可能。这种可能由两种原因造成，一是集体权力的作用，二是个体主动放弃的结果。一方面，档案中折射的权力隐喻会无声地影响其所记载的内容。以古代社会官方记录为例，档案作为权威媒介，大人物的身份威严在其中得以展现，小人物的声音则淹没于历史长河。然而当权者的记录所反映的社会面貌仅为冰山一角，社会的多样还需以展现微观个体的个性和差异为基础。另一方面，受某

① 陈世联. 文化认同、文化和谐与社会和谐 ［J］. 西南民族大学学报（人文社科版），2006（03）：117-121.

② CAHOONE L. From Modernism to Postmodernism ［M］. Oxford：Blackwell. 1996：15-16.

③ 何成洲. 跨学科视野下的文化身份认同：批评与探索 ［M］. 北京：北京大学出版社，2011：前言（1）.

些因素影响，个体在一定程度上会有意或无意地选择性记录其部分经历。例如，在主流叙事既定规约下，为找到自我与集体的同一性，缩小差异性以实现处在集体中的自我认同，个体在记录时常有意或无意地隐藏自身突出个性以向集体共性接近，从而获得集体身份的归属感与认同感。这在那些成长于城市中的"农二代"身上体现得尤为明显。在城市化进程中，"农二代"陷入农民与市民身份的尴尬处境。虽然目前户籍政策已有所放宽，但他们要彻底融入城市生活，充分实现市民身份认同还需依靠社会与个体的合力。对个体而言，借由语言、文本（档案）等媒介有意或无意地隐藏或消解个性和与集体的差异便成为他们最便捷、最现实却又最无奈的选择。

二、档案是温和的遗忘方式

档案虽是朴素的记忆承载，但档案所承载的记忆却是选择性的结果。众所周知，记忆是有选择的——无论是个人的还是集体的记忆，与记忆相伴的是遗忘。记忆也必然造成某些文件、文件形成者、职能、活动以及社会群体受到优待，而另一些则被边缘化或沉默化①，记忆与遗忘在档案中相伴相生。阿莱达·阿斯曼（Aleida Assmanns）在"遗忘的七种形式"演讲中将遗忘划分为七类：自动遗忘、为保存而遗忘、选择性遗忘、破坏性与镇压性的遗忘、保护加害者的防守和共谋性遗忘、建设性遗忘、治疗性遗忘等。② 按此分法，不能排除档案会成为助推遗忘的工具。

遗忘不仅发生在档案形成时，还体现在档案的选择性鉴定与销毁中。档案形成者、档案工作者共同作用于档案的选择性遗忘。对档案形成者而言，档案的遗忘是记录内容的选择性结果，是自我意义层面的遗忘，这也决定着后续档案工作者与公众视野的"不可见"区域；对档案工作者而言，他们所"从事的工作纯粹'是在构建未来的文献遗产'，他们决定'哪些社会生活将传递给后代'，他们才在真正地形成档案，决定着什么被记忆，什么被忘却，谁能够声名远播，谁最后无声无迹"③，这属于社会意义层面的遗忘。无论是自我意义层面抑或是社会意义层面的遗忘，档案都参与了既有身份的消解或

---

① 库克，李音. 四个范式：欧洲档案学的观念和战略的变化——1840 年以来西方档案观念与战略的变化 [J]. 档案学研究，2011（03）：81-87.
② 刘芳. 人类的文化记忆该如何保留 [EB/OL]. 腾讯文化，2015-11-29.
③ 库克，李音. 铭记未来：档案在建构社会记忆中的作用 [J]. 档案学通讯，2002（02）：74-78.

是重塑，以获得新的认同。

　　档案之所以成为一种温和的遗忘方式，常常与无法记录在册的隐私、难以言表的苦衷和无法名状的情感/情绪等缘由相关。合法的遗忘也逐渐被社会以法律的形式承认和保护，即"被遗忘权"的法律认证。例如，美国加州于2015年生效"橡皮"法律，该法要求"科技公司需应用户要求删除涉及个人隐私的信息，否则可能催生相关诉讼"①。因此，在考虑档案与身份认同问题时，更不应忽视档案的选择性遗忘。如果说档案的选择性记忆成就了人们此刻的身份认同，那么档案的选择性遗忘则蕴藏着过去的、潜在的甚至未来可能被拾起的，更为真实、完整的身份认同建构因子。通过温和的遗忘重构身份以获得新认同，在后现代语境下则契合了身份的流动性与多元化特征。例如，跨性别群体为构建内心所认同的性别身份，而选择性地遗忘掉由生理特征界定的性别身份。又如在城市化浪潮中，农民工背井离乡投身城市建设，他们及他们的后代起初为应对城市生活而暂时隐藏乡村身份，到后来欲寻求固定的城市身份而选择性地遗忘掉原有身份。正如《怀旧——永恒的文化乡愁》书中描述的那样："他们曾经从乡村走出来，由于各种理由不能回去，而最终再也不愿意回到乡村，这种从'不能'到'不愿'的态度转变使其自为地排斥了乡村以及由乡村所能带来的一切感觉，在思想意识的层面上彻底逃离了过去的根。"②

　　有时，人类对遗忘的恐惧并不亚于死亡，死亡不是真正的逝去，遗忘才是永恒的消亡。正如电影《寻梦环游记》所言："人有三次死亡：第一次是生物学意义的死亡，第二次是社会宣布死亡，第三次是被遗忘。"因此，需特别指出的是，档案的记忆与遗忘不应歪曲或掩盖事实，不应为建构自我身份认同而消解他者身份认同。20世纪90年代以来，日本部分组织和学者编辑出版了多部宣扬、美化、掩饰日本侵略战争的书籍。在历史真相面前，选择性记忆与遗忘的目的，其实就是要剥离自己与罪恶的关系。③ 历史档案作为民族认同形成和塑造的重要媒介，在记录中对侵华暴行事实的回避甚至"美化"，畸形地塑造了日本民族身份认同，对中华民族的情感认同来说则是进一步侵害。此外，非法销毁档案也是消极的遗忘方式。在人类文明史中，"档案的空缺"

---

① 鼎宏. 欧洲法院：谷歌必须尊重用户"被遗忘权"[EB/OL]. 新浪科技，2014-05-14.

② 赵静蓉. 怀旧：永恒的文化乡愁 [M]. 北京：商务印书馆，2009：177.

③ 胡澎. 日本人战争记忆的选择、建构：兼谈中日如何共享战争记忆 [J]. 东北亚学刊，2016（03）：52-58.

酿就了许多遗憾，这种空缺可能源自统治者和档案工作者的故意，也可能是由于档案管理者在狭隘资源观引导下的某种无意。① 但可以十分肯定的是，非法、故意地破坏和销毁档案都与正义背道而驰。

三、档案中的显性"身份"与隐性"认同"

如果将身份等同于社会学中的角色②③和角色设定，那么身份则可被视为社会制度、组织规则这一横纵向坐标轴编织的大网中的某一个节点，节点中被赋予了个体的角色设定和身份定位。而认同更多的是强调自我对某种角色的意义赋值，换言之，"认同"一定与"意义"的构建和承认相关，个体"只有在将自身的社会角色作为自身的意义来源而主动内在化加以接受的时候才能算作'认同'"④。如此比较，"身份"更倾向于是显性的、被动的、客观的、描述性的，"认同"则更倾向于是隐性的、主动的、主观的、建构性的，正如曼纽尔·卡斯特所言："认同所组织起来的是意义，而角色组织起来的是功能。"⑤ 另一方面，显性"身份"是隐性"认同"的来源，隐性"认同"反之又强化了某种身份的显性呈现。

在这样的语境之下，档案中的显性身份设定有意无意地引导了主体对该身份的认同，这就不可避免地导致了认同可能并非尊重内心情感的产物，而是档案引导下的产物。究其原因，档案虽然是社会活动的原始记录，但这并非意味着档案中所记录的事实是无所不包的。历史学者曾指出，那些"具体的、个别的、活生生的个人生活史、家庭生活史、社区变迁史乃至精神生活史""个体的'情感'"以及"某一个群体的'心路历程'"、历史过程中呈现的"个人的'生命史''心灵史'"，甚至是一些"被忽视、被禁止公开

———————

① 冯惠玲. 档案记忆观、资源观与"中国记忆"数字资源建设 ［J］. 档案学通讯，2012（03）：4-8.

② 身份和角色并非完全同等的概念，按照林顿的研究，身份和角色是描述个人与社会关系的两个术语。身份被用来表示一个人在其社会的声望体系中的位置；角色，是指与某一身份相联系的文化模式的总和，因此它包括社会赋予任何一个占有这一身份的人所拥有的态度、价值和行为。一个角色是身份动态的一面，也就是一个人如何通过行动正确地占有身份。

③ 林顿. 人格的文化背景：文化社会与个体关系之研究 ［M］. 于闽梅，陈学晶，译. 桂林：广西师范大学出版社，2006：63-64.

④ 罗如春. 后殖民身份认同话语研究 ［M］. 北京：中国社会科学出版社，2016：14.

⑤ 卡斯特. 认同的力量 ［M］. 曹荣湘，译. 北京：社会科学文献出版社，2006：6.

的历史事实"，官方档案中要么就没有记载，要么虽有记载却被加以歪曲。①
在此类档案记录中，官方档案中的角色设定和身份定位就不可避免地引导了
社会主体对该角色和身份的认同感。这里举判决书档案为例，判决书档案是
对犯罪分子供认犯罪事实的记录，里面所载内容为我们勾勒出了犯罪分子的
身份和形象。判决书档案中的身份呈现使得社会主体很难产生心理认同，换
言之，社会主体的认同感往往受到判决书中简单的事实描述的引导。但记者、
小说家须一瓜在《所有的判决书都是人生剪影》中陈述了其"反常识"的观
点，她认为，"所有的档案都是在简单地简略地呈现和进行着巨大的遮蔽……
判决书或者裁定书（档案）只能告诉我们什么东西不能做"，而无法让我们洞
见背后"那个生命蒸腾的丰沛世界"，判决书档案中简略地呈现是无法帮助我
们"停留在人性的万花筒面前，去凝神、去思考，让我们获得更深刻的、更
广阔的理解力，去把握真实、去认识同类、去接纳万物"；反之，她认为文学
"才是世相人心的工笔画"，带我们全面地深刻地去理解、去知觉、去触摸
"人生的幽微凹凸与裂隙"。② 须一瓜也坦言，她之所以这样讲并非为罪犯平
反，但不可否认的是，在某些情况下，档案中呈现的单一身份及相关描述是
无法建构或呈现多元的认同的。

　　此外，从内容上看，现存的档案可能只是某一历史片段的记载，即使是
关于某个人和某一群体的档案记录也只是涵盖了其中极个别的相关性资料，
无法全面地、整体地形成对这个人或这个群体的连贯性认识。此外，档案是
有选择的记录，是选择性机制影响下的结果。这种选择在档案形成起即开始
伴随其左右，直至进入档案馆前，档案要经过档案工作者的鉴定、淘汰和整
理等诸多程序，而在这一过程中，档案工作者会根据已有的标准和规则、根
据惯常的历史传统、根据自身的经验甚至是主观认识将部分"没有价值"的
档案排除在馆藏之外。"在一些档案整理人员看来，只有一个地区或社区的名
人的历史档案具有珍藏价值，而那些记载着普通人的生活经历往往是一个地
区或社区绝大多数人经历过的，实在是司空见惯，因而也不足珍惜。"③ 然
而，正是这些关乎看似普通的芸芸众生的记录才更能反映他们的身份表征、
折射他们的心理认同，但这些记录因在传统档案文献中渺不可寻而无法成为

---

① 董建波．史学田野调查：方法与实践［M］．上海：上海辞书出版社，2013：11.

② 须一瓜．所有的判决书都是人生剪影［EB/OL］．搜狐网，2017-07-04.

③ 董建波．史学田野调查：方法与实践［M］．上海：上海辞书出版社，2013：76.

身份认同的佐证与素材来源。

第四节 几点思考

在宏观的时代背景层面，18 世纪以来的启蒙运动及其所带来的启蒙现代性，因其对理性的片面张扬和工具化运用愈演愈烈，在特定的历史时期激化了人的个体生命与社会的整体文化诉求之间的矛盾。[1] 而在微观的档案层面，过去的 20 世纪发生了一次集体转移，即从以国家为基础的"司法—行政"档案话语转向以更广阔的公共政策和公共利用为基础的"社会—文化"档案话语。[2] 这种转向与后现代主义思潮相辅相成。在后现代语境下，身份认同话语也从往昔"权力的政治"转向"差异的政治"，从公众话语转向个人话语。因而档案亦不能也无法仅为权力代言，而应顺应趋势为权利和正义发声。

一、档案的隐喻与身份认同的"话语转向"

档案是语言文字载体，可将其隐喻为"文件""信息""知识""记忆"并形成相关的档案管理理论或范式。[3] "在后现代语境中，档案虽不是权力的化身，但却一直存在权力的隐喻。"[4] 归根结底，档案是权力的博弈场，档案在建构身份认同时也消解个体差异，档案在参与社会记忆时也加速时代遗忘，这里即透视着权力的影子。20 世纪 30 年代，西式医疗空间向生活区域扩张，使百姓生活轨迹开始被纳入"档案化"的管理方式，"吉祥姥姥"（产婆）、"阴阳生"等传统职业受到威胁。与此同时，国家权威亦借助卫生示范区的隔离手段，重新创造和形塑传统社区内操持生老病死职业之人的旧有形象，想方设法压抑、排斥乃至分割这类人的原有生存空间，在国家权威（集体权力）施压与西医（他者权力）挑战之下，操持生死的"吉祥姥姥"和"阴阳生"

---

① 赵静蓉. 怀旧：永恒的文化乡愁 [M]. 北京：商务印书馆，2009：3.

② 库克. 李音. 铭记未来：档案在建构社会记忆中的作用 [J]. 档案学通讯，2002（02）：74-78.

③ 黄新荣，吴建华. 论档案学隐喻与档案学范式 [J]. 档案学研究，2014（04）：8-11.

④ 闫静，徐拥军. 后现代档案学理论的思想实质研究 [J]. 档案学研究，2019（04）：4-12.

（个体权利）在档案卷宗里变成了魑魅迷信的象征。① 在档案的权力表述中，"吉祥姥姥"和"阴阳生"的职业身份被"污名化"，他们的身份在档案中尽管经历了无声的抗争，但却最终消失在历史长河之中。再如种族隔离背景下西方人在各类档案中只记忆、呈现黑人和其他人种的"反面"形象以固化甚至"妖魔化"他者身份。"西方人对黑人以及其他人的'反面'形象"如此顽固持久，这可能是西方文化的产物。这种产物是为了确保集体认同的整体关联和集体成员的认同感。②

"当下的身份认同已全然不同于过去，日益呈现出一种碎片化趋势，因此，身份认同的话语实践绝不会是单一或统一的，往往跨越了许多不同的、复杂的甚至互相敌对的话语实践。"③ 在身份认同话语从稳定、单一与统一转向动态、多元与差异，从权力神坛走向更广泛的公众化和个体性语境背景之下，档案不再仅仅是当权者的武器，而是积极转型成为权利抗争的据点。进入 21 世纪以来，随着市场经济体制的不断健全和政府改革的深入进行，中国社会正从"总体性社会"向多样性的现代"公民社会"转型，个体的话语表达、经济活动、自我组织和自我管理等空间被逐渐释放出来……个体认同逐渐超越群体认同和群体成员的身份成为首要因素。④ 个体与集体的关系已不再是传统的集体对个体的控制与个体对集体的依附，而是个体与社会共同体这一新型集体的良性互动与和谐共生。社会治理模式创新与构建社会共同体成为时代呼唤，构建一种社会多方参与协商与开放的"社会档案治理共同体"是其具体路径之一，这能有效平衡档案中权力与权利的博弈关系，缓和个体与集体的矛盾，有助于实现动态化、多元化与差异化的身份认同。

二、档案中的全景世界与身份认同的"差异逻辑"

身份认同一方面关乎同一性，即自我与他者之"同"；另一方面关乎差异性，即自我与他者之"异"。同一性是身份认同的内核，差异性则是其外在表

---

① 杨念群 . 再造"病人"：中西医冲突下的空间政治：1832—1985 ［M］. 北京：中国人民大学出版社，2006：138，151.
② 亚霍达 . 图像的延续：论心目中他人形象的连续性 ［M］∥韦尔策 . 社会记忆：历史、回忆、传承 . 季斌，王立君，白锡堃，译 . 北京：北京大学出版社，2007：205.
③ 周宪 . 文学与认同：跨学科的反思 ［M］. 北京：中华书局，2008：186-187.
④ 洪波 . "个体—共同体"关系的变迁与社会治理模式的创新 ［J］. 浙江学刊，2018（02）：82-89.

征。但在大多数情况下，身份认同是差异的产物，"从民族的、种族的文化差异，到阶级的、社会分层的差异，再到性别的差异，各种亚文化的差异，甚至区域文化地方性的差异等，都可以包容在这一范畴之下"①。且在后现代语境中，差异的合法化得到普遍认可。档案作为人类社会的原始记录，在记录同一、共性的同时，更应将视角触伸到差异与个性之中，遵循一种"兼容并包"的差异逻辑，构建一个全景的档案世界，"在公共问责、开放政府、文化差异性和社会正义承诺等方面发挥积极作用，全面描述各种声音，赋予各种话语权力"②。

随着社区档案的建设热潮，每一个体都能在档案组织结构的细化中获得关注，找到自己的方位，以明确自身的档案权利和义务，强化其对个体与集体身份的认同感。特别是在后现代和后保管时代，社区档案运动以文件社区（community of records）为特征，在世界范围如英国、美国、加拿大、澳大利亚、非洲等国家和地区蓬勃兴起。社区档案为那些不被主流所关注的边缘群体提供了发声媒介，他们的个体记忆经档案固化而成了维护其个体自我身份并寻求社会认同的有力工具。

三、身份认同带给档案事业的机遇与挑战

随时代发展，档案的价值和功用得以不断延展——从原始凭证到记忆承载再到身份认同的凭借与表达，这也对档案事业提出了新的机遇与挑战。认同范式把我们从以文件为核心的档案视域拉进了更具思维张力的全新世界，不断促进档案理论的革新。但另一方面，身份认同带给档案事业巨大的挑战。在日益复杂的社会背景下，人类的身份随之变得不确定与多样化，身份认同问题亦愈发难以解答。如城市化背景下的农民工与"农二代"身份认同、恐怖主义背景下的难民身份认同、全球多国同性婚姻合法化背景下的性少数群体身份认同等，均是当前社会热点。在如此纷繁复杂的身份认同危机中，档案应如何参与其中仍值得不断探索。

对此，立足全球视野，顺应构建人类命运共同体的时代潮流，共享档案记忆以迎接机遇和挑战。只有记忆得以充分共享，个体的身份、利益和价值

① 周宪. 文学与认同［M］∥周宪. 文学与认同：跨学科的反思. 北京：中华书局，2008：181-182.

② 安小米，郝春红. 国外档案多元论研究及其启示［J］. 北京档案，2014（11）：16-20，34.

才能得到确证、保障和肯定，从而增强个体的自我认同感和对共同体的归属感。档案记忆共享的前提是档案信息资源向社会的开放与利用。温莎大学（University of Windsor）档案馆研究员布莱恩·欧文斯（Brian Owens）称："档案机构开放文件可触发社会记忆，无论是阅览这些文件还是传递开放这些文件的消息。"① 社会共同体成员在共享信息资源过程中通过被触发的社会记忆去塑造自我与作为共同体成员的身份认同。此外，档案工作者也应在全局观的基础上深入微观，更多地关注那些从前"被遗忘的角落"。我们或许可从加拿大档案宏观鉴定经验中获得些许启迪，即"颂扬差异而不是单一，坚持多元化的叙述而不是主流叙述，要关照整个社会和人类全体的历史经验而不只限于充当国家和公共文件的保管者"②。

---

① 欧文斯，李音. 档案馆：记忆的中心与传承者 [J]. 中国档案，2011（04）：59-61.
② 库克，李音. 铭记未来：档案在建构社会记忆中的作用 [J]. 档案学通讯，2002（02）：74-78.

第三章

身份认同之于档案的影响：
理论深化与实践拓展

身份认同作为一个名副其实的跨学科概念，有着深厚的跨学科理论内涵。在跨学科研究"走进去"与"看回来"两个基本原则指引下①，既需要在深入了解其他学科的基础上实现学科之间的借鉴与整合，也需要在坚守学科本身理论的同时合理地进行学科范式的革新。在探讨档案与身份认同这一议题时，我们不仅需要关注档案之于身份认同的效用，亦需要关注身份认同理论对档案学的影响，以期进一步在跨学科对话中深化档案学的理论内涵，拓展档案理论的实践疆域。

第一节　几种身份认同理论及其内容

目前，有关身份认同的理论主要集中在两个学科领域：心理学和社会学。百余年来，心理学的社会身份理论和社会学的身份理论已对身份认同进行了诸多有益的理论探索，二者从不同视角对个体身份认同和集体身份认同的形成机制和反馈机制进行了研究。社会身份理论是一种社会心理学理论，强调个人在群体中的身份归属和身份建构的心理机制，并阐述了群体外部/群体内部的社会身份与集体认同建构之间的关系。当然，这种关系包含正反向两个方面，这也就解释了个体并非永远属于某一个群体，个体的自我归类标准会随着心理变化和参照体系的变化而发生变化。身份理论是一种微观社会学理论，强调个人与角色的关系并解释了身份和角色对个人社会行为的影响，该

---

① 杨果. "跨学科"非"解学科"：文学研究中的数字人文应用 ［J］. 中国文学批评，2022（02）：167-174，192.

理论的最大贡献之处在于辩证地阐释了角色在身份认同中的约束力和制约作用。由此，身份的多元性和不稳定性导致了不同程度的认同危机和认同焦虑。

　　如从历时视角纵观身份认同理论的发展，西格蒙德·弗洛伊德（Sigmund Freud）最早以"自居理论"为切入口从心理学角度探讨了认同的几种类型及其背后的实现机制。随后，埃里克·埃里克森（Erik Erikson）继承了弗洛伊德的心理学研究衣钵，并结合自身的心理学实践经验和对人在不同生命周期阶段中所存在的冲突与矛盾的关注，而发展出了一套系统的"同一性危机"理论。雅克·拉康被誉为"法国的弗洛伊德"，他从精神分析的角度提出了著名的"镜像理论"（image theory），从而在世界范围内掀起了一阵自我意识觉醒的浪潮，拉康的镜像理论将自我与他者之间的对立视为自我认同建构的起点，并将弗洛伊德的本我、自我和超我等概念发扬成了更具哲学色彩的镜像、心像和主体等概念，进而提出了原发性认同和继发性认同两个不同阶段。斯图亚特·霍尔继承了拉康的精神分析理论精髓，开始从后现代和后殖民语境下思考身份认同问题，霍尔将身份认同聚焦于文化认同问题，并从德里达的延异理论中汲取营养，深入剖析了身份认同的文化属性，霍尔还从自身"两栖人"的成长背景出发提出了身份认同的族裔散居问题，继而以其随后发展的"族裔散居美学"为起点，将身份认同问题进一步提升到未来式、而非过去式和现在式的理论形态。齐格蒙特·鲍曼的"共同体"理论将共同体视为身份认同的生产条件，并从差异性的视角出发，将身份认同视为差异的产物，继而引入社群研究探讨"少数民族"的身份认同问题。后马克思主义的多元认同说从后现代主义和后结构主义出发，将阶级分析和认同政治结合起来，重点关注社会中个体和群体的多元化主体性塑造，强调"政治先于社会"，更加突出身份认同的"建构性"和"多方向的肆意性"与"多元蔓延性"。叙事认同（narrative identity）理论形成于保罗·利科的叙事认同概念，该理论将叙事视为身份认同的中介，重点回答了叙事是如何通过描述、叙述和规范等环节与程序形塑个人的自我认同和集体认同的，该理论引入了"施动者"这一概念，将情节和人物的关系以及生命故事的讲述视为回答"谁"之身份认同的重要问题。玛格丽特·萨默斯（Margaret R. Somers）进一步发展了叙事认同理论，从一种关系和网络的路径探讨了认同的叙事构成，并以表征性叙事和本体性叙事两个维度论证了身份认同形成的策略和方式、条件与前提等方面问题。下文将对这几种典型的身份认同代表性理论予以一一解说。

一、弗洛伊德的自居理论

弗洛伊德的自居理论探讨了自居（identification）作用在自我塑造中的地位，以及"（效仿）对象是被置于自我的地位还是置于自我典范的地位"① 对自我的不同影响。在该理论中，"自居是最不为人所理解的概念之———尽管它更受人欢迎，但它几乎和'认同'本身一样令人捉摸不定"②。自居的令人费解之处在弗洛伊德的三方面论述中也体现出了诸多难以理解的地方。下面将从这三方面阐述弗洛伊德的自居理论。

其一，弗洛伊德从二元辩证的视角界定了个人与集体的关系。在弗洛伊德的著作中，个人和集体是相辅相成、相互成全但有时又是相互抵牾的。在其心理学成名著《自我与本我》（The Ego and Id）一书中，弗洛伊德尤其论证了集体对个人品格和道德的消解作用，以及集体对个体独特的、具有差异性的个性的抹杀。弗洛伊德深谙勒邦对个人与集体关系的阐释，并多次援引其著作中的主要观点。勒邦认为："一个人成为一个有组织集体的成员这一纯粹的事实，就使他在文明的阶梯上跌落了好几级。在孤身独处时，他或许是一个有教养的人，但在一群人中，他却成了一个野蛮人，一个按其本能行事的人。"③ 这种观点颇有"乌合之众"的意味，颠覆了传统观点中对集体与个体正向关系的认知。此外，集体心理学的另一重要观点之一，即探讨个体的个性是如何在集体的共性中逐渐消失和隐匿的，尤其是个体个人化的、异质性的、特殊习性在集体同质化的影响下逐渐丧失，而这种心理机制对自我和本我的维持其实是不利的。

其二，弗洛伊德从精神分析理论出发探讨了自居作用的具体内容。自居符合奥狄帕司情结，是以他者为参考对象塑造自我的一个过程，弗洛伊德给自居作用一个标准化的概念是"一个人试图按照另一个作为模特儿的人的样子来塑造他自己的自我"④，效仿的对象可以是自我想要成为的人或者是自我喜爱的人。由此，自居作用会产生情感联系，将自我的情感状态自觉地与他人（想要成为的人或喜爱的人）的情感状态紧密联系在一起；自居作用会塑造自我形象，通过模仿的方式将效仿对象的外在与内在特点归入自我；自居

---

① 弗洛伊德. 自我与本我 [M]. 林尘，译. 上海：上海译文出版社，2011：151.
② 周宪. 文学与认同：跨学科的反思 [M]. 北京：中华书局，2008：3-20.
③ 弗洛伊德. 自我与本我 [M]. 林尘，译. 上海：上海译文出版社，2011：100.
④ 弗洛伊德. 自我与本我 [M]. 林尘，译. 上海：上海译文出版社，2011：139.

作用有时会使个人的情感状态突然发生转变，自我在完成了对他人的模仿后，有时会将模仿对象本身抛弃，继而以这个被抛弃或丧失了的对象自居，幻想自己成了那个对象的替身，这种自居作用完全丧失了自我，最终导致了自我的瓦解。

其三，弗洛伊德明确了自我和本我的联系与区别。"自我"是"心理过程的连贯组织"，是"控制着它自己所有的形成过程的心理力量"①，是自居作用的产物。意识是自我的重要组成，而意识的前身——前意识形成于物体的词表象（word-presentations）和记忆的残余（residues of memories），弗洛伊德继而提及了一个"似乎是新的发现：只有曾经一度是意识知觉的某物才能够变成意识，任何产生于内部的某物（除开感情）要想成为意识，必须试图把自身变成外部知觉——这只有依靠记忆痕迹（memory-traces），才有可能"②。由此可见，自我与前意识的记忆残余密切相关，记忆残余是自我知觉系统的重要元素之一。"本我"是"自我"中较低级的部分，是自我中那些无意识的、未知的心理状态。弗洛伊德认为自我与本我并未明显地分开："我们可以补充说自我并不全部包住本我，而只是包住了一个范围，在这个范围里知觉系统构成了它的［自我的］表层，多少有些像胚盘依托在卵细胞上一样。"③而在"自我"中比较高级的那部分可以称为"自我典范"或"超我"，超我又起源于生物本性和历史本性，是自我更高级的、超个人方面的发展表征。1920 年弗洛伊德在其第二精神模型的语境中，再次将精神划分为三个机构：本我（das Es, the Id）、自我（EGO）与超我（superego），本我则是对应着弗洛伊德在第一精神模型中的无意识系统。

二、埃里克·埃里克森的"同一性危机"理论

埃里克·埃里克森的"同一性危机"理论将"同一性"（identity）视为其理论研究的逻辑起点和概念基础，并基于此发展了自我同一性、同一性危机、心理社会合法延缓期等诸多理论阐释。埃里克森将其一系列有关同一性的理论论述集结成了 1968 年出版的《同一性：青少年与危机》一书，该书与其早年的《童年与社会》（1950）和《青年路德：一项精神分析与历史的研究》

---

① 弗洛伊德. 自我与本我［M］. 林尘，译. 上海：上海译文出版社，2011：202.
② 弗洛伊德. 自我与本我［M］. 林尘，译. 上海：上海译文出版社，2011：207.
③ 弗洛伊德. 自我与本我［M］. 林尘，译. 上海：上海译文出版社，2011：212.

（1958）共同构成了同一性研究的姊妹篇著作。埃里克森继承了弗洛伊德的古典精神分析理论基础，但又深感弗洛伊德的精神分析不能解决两次世界大战以来欧洲和美国在经济萧条和社会动荡之中产生的认同性危机，继而发展出了一套以自我同一性为核心的八阶段生命周期理论。由此，埃里克森也被誉为"弗洛伊德之后自我心理学的杰出代表人物"①。

纵观埃里克森"同一性危机"理论的形成与发展，能鲜明地感受到该理论带有埃里克森个人人生经历和社会变迁的影子。其一，埃里克森基于"理解我自己"的初衷界定了我（I）、我的自身（self）和我的自我（ego）三者的区别与联系，为其理论的形成奠定了概念基础和研究边界。在埃里克森看来，自我（ego）不同于生物学的本我和社会学的"群众"，是"作为有组织的经验和有理性的计划的个人中心部分，受着原始冲动的无政府状态和藐视法律的集体精神的双重威胁"②。自我既来源于生物学过程，也来源于社会过程中文化、历史、地理等诸多因素在个体身上的附加。自我是个人同一性的前提，只有在"自我过程"实现后，自我才能在自我体验和他人审视中保持人格的一致性和连续性。自身（self）往往与自我概念（self-concept）、自我系统（self-system）或自我经验（self-experience）、自我表象（self-representation）相连接使用，表示自我"对待自身的态度"，这种态度的整合与加强汇集成了自我意象（self-image），而自我意象又构成了同一性的重要基础。埃里克森在讨论这个概念时认为："没有其他内部力量能够完成整个儿童期具有重要意义的自居作用选择性的加强和自我意象在同一性方面的逐渐整合。正是由于这个原因，我才首先称呼同一性为'自我同一性'（ego identity）。"③ 当然，埃里克森有时也会使用"自身同一性"（self-identity）这一概念，但他认为自身同一性更多的是基于经验产生的，而这些经验可能只是暂时的。我（I）是一个主观性极强的词汇，是个人和集体中的他人沟通的先决词汇，是指代自身角色的指向名词。埃里克森将"我"定义为"反映在它所看到或考虑的身体、人格和依附着生命——不知以前来自何处，也不知将去何方——的角色，

---

① 美国心理学史家墨菲（G. Murphy）对埃里克森的评价。

② 埃里克森. 同一性：青少年与危机［M］. 孙名之，译. 杭州：浙江教育出版社，1998：34.

③ 埃里克森. 同一性：青少年与危机［M］. 孙名之，译. 杭州：浙江教育出版社，1998：199.

就是构成我们合成的'自身'（composite self）的各个不同的自身"①。作为"自身"的"我"可能是随时发生转变的，但无论是高尚的"我"还是卑劣的"我"在得到认同的时候，是需要一个健全的人格、一个合理的和连贯的"自身"作为支撑的。由此可见，"自身"是"我"的客体，是更具主观能动性的意象概念。

其二，埃里克森将个人的同一性和集体的同一性视为两个紧密联系的概念，二者相辅相成。在埃里克森看来，"同一性"和"同一性危机"是两个可互换使用的词汇，而"同一性"又有多重含义，"有一个时期它似乎指的是个人独特性的意识感，另一时期指的是经验连续性的潜意识追求，再一时期则指的是集体理想一致"②。同一性又可分为个人的同一性和集体的同一性两种类别，其中"一个人或一个集体的同一性可以和另一个人或另一个集体的同一性相联系；获得一种强有力的同一性的自豪感意味着从一种更占优势的集体同一性，如'紧密的大多数人'的同一性中解放出来"③。个人同一性又称自我同一性，是自我主观上对个人风格一致性和连续性的感知；集体同一性则是社会集体认同个人的程度和个人在集体中获得一致性与连续性的程度。个人同一性和集体同一性有时可相互转化，社会集体认同个人的方式，在埃里克森看来"多少成功地符合于个人自己认同别人的方式"，"如果一个年轻人在'被承认'的关键时刻引起不愉快和不舒适，社会集体有时便似乎建议这个年轻人，要他改变无助于增加'等同于自己'的那些方式"④。由此，集体同一性会一定程度上篡改个人同一性，而个人同一性也会为了"迎合"集体同一性而发生改变。自我的外部环境是塑造同一性的重要因素之一，外部环境也是产生意义的重要变因之一。

其三，埃里克森基于生命周期理论提出了"同一性的渐成说"。埃里克森将生命周期视为同一性的生理坐标，应用有机体生长的渐成性原则（epigenetic principle）来比拟同一性的形成与确立（承认）过程。婴儿期与互

①　埃里克森. 同一性：青少年与危机［M］. 孙名之，译. 杭州：浙江教育出版社，1998：207.

②　埃里克森. 同一性：青少年与危机［M］. 孙名之，译. 杭州：浙江教育出版社，1998：198.

③　埃里克森. 同一性：青少年与危机［M］. 孙名之，译. 杭州：浙江教育出版社，1998：22.

④　埃里克森. 同一性：青少年与危机［M］. 孙名之，译. 杭州：浙江教育出版社，1998：167.

相承认，儿童早期与表现自主意志，儿童期与角色预期，学龄期与任务自居发挥作用，青年期、青年后期与成年早期的超出同一性等生命时期，在埃里克森看来均伴随着同一性和同一性危机的产生与生产，而这些生命的历程不仅受世代相传的教化影响，也依赖于社会结构和特有的人生经历。早期同一性生产的连续性不仅贯穿于从婴儿到青年的各个时期，也连接了遥远的过去和无限的未来，埃里克森将其称为"同一性都包含了对过去和未来的互补性：它连接了生动的过去实际和有希望的未来实际"①。

三、雅克·拉康的"镜像理论"

雅克·拉康的"镜像理论"是基于其精神分析学、哲学、人类学和语言学的跨学科研究而发展出的一套有关身份认同的理论形态，该理论中所阐释的"镜像"概念启迪于弗洛伊德的"那喀索斯情结"（"自恋情结"），关注外界映射物所折射的自我映像对确立自我形象的反作用，继而将自我与他者区分开来。这也是拉康"认同"（identification）概念的由来，1949 年，拉康在苏黎世的第十六届国际精神分析学会上做的报告《助成"我"的功能形成的镜子阶段——精神分析经验所揭示的一个阶段》中，就将"镜子阶段"等同于"认同过程"，并将认同过程界定为"主体在认定一个影像之后自身所起的变化"②。随后，拉康的诸多著作中将认同定义为"当主体承担一个形象时在主体身上所发生的转变"，认同的过程就是在"承担"的形象中体认自身的过程，最后将那一形象当作其自身并据为己有。③

在"镜像"概念提出之前，拉康的自我分裂理论抨击了现代对"独立的自我"的拥趸，通过"解构"自我以达到个人对自我认证之目的，这为西方身份认证理论的提出奠定了基础，也标志着认同理论的后现代转向。随后，拉康将自我认证（identity）视为精神分析的自我意识理论的重要基础概念，并将主体认证视为一个生成性概念，是镜子映像的意义所在。主体认证包括前镜子阶段的初级认证以及进入镜子阶段后基于现实的高级认证两个重要阶段。认证过程是一个以幻想形式存在的、精神的主体转变为一个有具体形象

---

① 埃里克森.同一性：青少年与危机［M］.孙名之，译.杭州：浙江教育出版社，1998：299.

② 拉康.拉康选集［M］.褚孝泉，译.上海：上海三联书店，2001：90.

③ 埃文斯.拉康精神分析介绍性辞典［M］.李新雨，译.重庆：西南大学出版社，2021：155.

的、自然的与符号相结合的文化性主体的过程，"它一方面是人的自我认证，即显示了个性存在，另一方面也是人成为人的认证，即从肉体的人、幻想的人、变成现实的人"①。在镜子阶段，个体通过镜中物的形象，开始意识到自身的整体性，这个"认同"阶段是自体知觉为一个整体或完整存在的阶段，也是想象性认同阶段，是"自己第一次将自身称为'我'的阶段"②。但在这一过程中又同时出现了"异化性"（alienating）的形象，即自体成为他者，而他者又成为自身的镜像。在拉康看来，自我便出现在这个异化并迷恋自体形象的时刻——"自我既形成于形象的组织性与建构性，又通过这些形象的特性获得其自身的形式。"③ 正是因为"异化性"的存在，在自我认证的过程中，他人（the Other）、他者（l'Autre）、他人性（otherness–alte'rite，he'te'ronomie）等概念时常出现在拉康的论述中，这些概念尽管有细微的差别，但均用于表示自我认识过程中的参照物或镜像物，表示与主体本身之间的差异，正是从差异中才产生了主体的认证意识。"对于拉康来说，他人是最重要的概念之一，这个概念出现于符号级之上也不是偶然的，它表明只有在符号的、社会的、法律的体系中才能真正理解他人的概念。"④ 他人等概念的引入，意味着个人在镜像阶段的自我投射（小他者）之后，还需与具有根本相异性的他人（大他者）进行关系互辩，并在这种辩证关系中得到认同并客观化。

　　拉康将其镜像理论的成果浓缩成了《镜子阶段》（*Le stade du miroir*）一文，并历时 13 年之久⑤修改、补充、完善，该文通过充分论证"自我经由认同于其自体的形象而形成的过程与机制"⑥ 等内容奠定了拉康思想的基础。镜子阶段概念也从婴幼儿自我镜中像的认知实验拓展为了更富有隐喻性的想象界（imaginary）秩序的范式，"镜子阶段是一个'竞技场'（stade），主体

① 方汉文. 后现代主义文化心理：拉康研究 ［M］. 上海：上海三联书店，2000：75.

② 福原泰平. 拉康：镜像阶段 ［M］. 王小峰，李濯凡，译. 石家庄：河北教育出版社，2001：42.

③ 霍默. 导读拉康 ［M］. 李新雨，译. 重庆：重庆大学出版社，2014：37.

④ 方汉文. 后现代主义文化心理：拉康研究 ［M］. 上海：上海三联书店，2000：112.

⑤ 拉康在 1936 年向举办于马里安巴（Marienbad）的第十四届国际精神分析大会提交了这一论文，但 1936 年的论文原稿并未出版，于是 1949 年时隔 13 年后拉康又一次修改了该论文并最终发表。

⑥ 霍默. 导读拉康 ［M］. 李新雨，译. 重庆：重庆大学出版社，2014：27.

在其中被其自身的形象永久地捕获并迷惑"①。此外，拉康的学术思想还从后殖民主义的自我认证观念和社会政治思潮中汲取了养分，其性别差异理论也对英美女性主义产生了深远影响。拉康性别理论本身所强调的女性与男性界限的消弭，即认为女性和男性之间不存在以固定身份为基础的性别分化，恰好为女性主义者提供了身份认同建构的思想武器，她们认为"性别差异"是通过社会实践并在社会关系之中被组织起来的。② 性身份定位也成了拉康的一大理论贡献，拉康从人作为具有性别的主体（sexed subjects）如何在社会中获取地位的角度来为性立场下定义，并认为性立场受到语言和言语的阉割，"我们说话，所以我们获得存在"，固定化的认同（fixed identification）就此形成。③ 拉康主义的性别差异论也为诸如露西·依利加雷（Lucy Irigaray）、朱迪斯·巴特勒（Judith Butler）等后拉康主义者提供了精神分析和学术批判的理论基础。

四、斯图亚特·霍尔的认同理论

斯图亚特·霍尔的认同理论继承了拉康的精神分析理论，并从马克思主义传统和后结构主义中汲取了营养，是后现代和后殖民语境中的代表性认同理论。霍尔的认同理论形成于英国伯明翰学派（The Birmingham School）④ 的鼎盛时期，起源于霍尔本身的族裔散居属性，发扬于其对"文化霸权"的系统阐释与理论延伸。

其一，霍尔的认同理论聚焦于文化认同问题。霍尔早期在研究青年亚文化与道德恐慌问题时继承了福柯理论中的话语、权力和主体概念，并将德里达的延异理论吸纳其中。福柯和德里达的理论形态启发霍尔将其研究视角从"国家""政治"等宏观层面缩小到"族性""差异""身份"等具象层面，这就使得霍尔认同理论内涵的文化所指不断凸显。霍尔认为正是文化的冲突和差异导致了不同文化语境中的主体的认同焦虑和身份错位，文化是身份认同问题产生的根源。为了证明这一论证结果，霍尔基于自身少数族裔及第一世界"他者"的身份定位，在研究中不断追问为何"文化身份"与"文化认

---

① 埃文斯. 拉康精神分析介绍性辞典［M］. 李新雨，译. 重庆：西南大学出版社，2021：224.
② 霍默. 导读拉康［M］. 李新雨，译. 重庆：重庆大学出版社，2014：158.
③ 赖特. 拉康与后女性主义［M］. 王文华，译. 北京：北京大学出版社，2005：57-58.
④ 又称作"英国文化研究学派"或"英国文化批判学派"。

同"会对他们产生如此大的影响和冲击。霍尔在《文化认同的问题》中就坦言："这种自我意识的丧失有时被看成是主体的错位（dislocation）和去中心化（de-centring），这一套双重的置换（displacement）——来自他们在社会和文化的立场与他们自身的去中心化——构成了个人的'身份危机'（crisis of identity）。"①

其二，霍尔的认同理论带有明显的族裔散居属性。霍尔的认同理论不是虚构的或是完全的理论式构建，而是基于其自身的成长背景与心路历程，及其作为"两栖人"在研究和思考时的社会观察与调研的结果。霍尔确立其认同理论研究领导者地位的一篇文章是1994年发表的《文化身份与族裔散居》，该文系统阐释了族裔散居（diaspora）与身份认同之间的关联，并将族裔散居与身份认同、族性与种族置于一个同心圆中加以思考。族裔散居是指人类历史上出现的种族或人种在较大范围内的迁徙移居现象，从而产生的移居种族与当地居民在社会、经济、文化交流中产生的适应、冲突和融合等一系列问题②，其中就涉及文化的融入、接受和反抗等诸多问题。霍尔出生于加勒比海岛国牙买加，是加勒比海非洲黑人的后裔，成年后一直在英国求学并开展学术研究。这种成长背景和族缘结构使他对身份的源文化和源意识与认同的现文化与现意识之间的冲突与分裂体会得更深、更透彻。霍尔将其对身份不确定性以及认同感漂泊不定的迷思付诸几十年的学术研究和思考过程中，激发了他日后对"族裔散居美学"的强烈表达。霍尔在多次采访中屡次谈及其本人的异国他乡游子的身份、生存于第一世界的第三世界学者的身份以及他对祖国和家乡的思念之情。由此，霍尔的认同理论与乡愁记忆具有天然的关联性。从某种意义上说，族裔散居理论中的文化身份和文化认同的形成也是一种历史上、文化上和心理上的"寻根"过程，是对人类历史上种族迁徙、冲突、共生和融合的反思。③

其三，霍尔的认同理论将过去式与未来式紧密关联。霍尔否定了认同是自然形成的产物，而是从未完成性和过程性视角思考了认同的开放性和可塑

---

① HALL S. The question of cultural identity [M] // HALL S, HELD D, MCGREW T, et al. Modernity and Its Futures. London: The Open University, 1992: 275.

② 张冲. 散居族裔批评与美国华裔文学研究 [J]. 外国文学研究, 2005 (02): 87-91, 173.

③ 邹威华. 斯图亚特·霍尔的文化理论研究 [M]. 北京: 中国社会科学出版社, 2014: 232.

性特征。霍尔将认同的形成放置于特定的历史化和语境化情境之中，通过追溯认同的历史形成过程来达到解构认同、重构认同的目的。在霍尔的认同理论中，话语和表意实践这两个要素是界定传统的"我们是谁？"到现代的"我们会变为谁？"的关键。"认同不是我们是谁或我们从哪儿来的问题，更多的是我们会成为谁、我们如何再现、如何影响到我们去怎样再现我们自己的问题。……认同来自自我的叙事，这一过程的必然虚构性绝不会瓦解其话语的、物质的和政治的效果，虽说那种归属感，那种'缝合进'认同借以出现的'传说'部分是想象性的（也是象征性的），但它们也是部分地在幻想中的，构成或至少是在幻想的领域中构成的。"① 霍尔反对本质主义的认同观，从反本质主义的立场出发强调认同的不稳定性、易变性、未完成性、过程性、再生产性与认同的构建性和持续发展性，他认为认同总是"屈从于历史、文化和权力的不断'嬉戏'"②，是永远进行时的状态，是不局限于过去而是面向未来的设想和展望。

五、齐格蒙特·鲍曼的共同体理论

齐格蒙特·鲍曼的共同体理论将"身份认同"视为"共同体"的变异和替代品：身份认同"是那个所谓'自然家园'的替代品，或者是那个不管外面刮的风多么寒冷，但待在里面都感觉温暖的圈子的替代品"③。鲍曼的共同体（community）概念是一个富有"感觉"的、充满温馨氛围的、安全的、使人身心放松的、总是处于褒义状态的词汇。总之，共同体与一切美好的形容词有关。

鲍曼的共同体理论有三点内涵。其一，共同体是安全感的代名词，是身份认同的生产条件。鲍曼认为，如果共同体瓦解了，那么安全感就自然丧失了，但共同体又是一个可望而不可即的、人人都在追寻的精神家园。正如霍布斯鲍姆（Eric Hobsbawm）所言："在一个其他所有东西都在运动和变化，其他所有东西都不确定的世界中，男人和女人们都在寻找那些他们可以有把握地归属于其中的团体。"④ 佐克·杨（Jock Young）进而对霍布斯鲍姆的观

---

① HALL S, GAY P. Questions of Cultural Identity [M]. London：Sage，1996：4.
② 罗钢，刘象愚．文化研究读本 [M]．北京：中国社会科学出版社，2000：211.
③ 鲍曼．共同体 [M]．欧阳景根，译．南京：江苏人民出版社，2007：12.
④ HOBSBAWM E. The Cult of Identity Politics [M]. London：New Left Review，1996：40.

点予以解释："正是因为共同体瓦解了，身份认同才被创造出来。"① 身份认同由此也成了高度私人化、个体化和全球化世界中人人追求的对象，是"希望"的代名词。"身份认同是在共同体的坟墓上生根发芽的，但它之所以能枝繁叶茂，是因为从它身上能看到死者复活的希望。"②

其二，身份认同是与众不同（差异）的产物，将导致进一步地分离和脱离。在鲍曼看来，身份认同是脆弱的、不稳定的，也是独一无二的，是需要一个特定的"钉子标"将其固定下来，这个"钉子标"可以拴住个体的体验、可以连接个体与群体中的他人，并为之提供一个建构而成的"钉子共同体"（peg communities）③ 的基础。然而，固定身份认同的"钉子标"是随时可变的，并不能永远保护身份的独特性，以致"钉子共同体"中的"集体"身份认同也是不稳定的，其边界可能随时发生变化，甚至这一边界从一开始就划定不清。因此，如此构建出来的共同体更像是一个"想象的共同体"。鲍曼以忽视国家边界的世界主义者为例，认为世界主义者的身份认同瓦解于"世界范围的消遣娱乐的一致性和世界主义者常去之地的全球性的相似性"，这些"一致性"和"相似性"表面上看上去并无差别，却"在文化意义上，理解和支撑着他们从各种各样的当地人中集体性脱身"④，这就导致了这部分人对共同体的逃离和身份认同的瓦解。

其三，身份认同研究是文化左派的重要题材，并对社群研究产生影响。在鲍曼看来，"文化左派"（Cultural Left）的许多成员"专注于他们所称的'差别政治'（politics of difference），或'身份认同政治'（politics of identity），或'承认政治'（politics of recognition）"⑤。文化左派以妇女历史研究、黑人、同性恋者、西班牙裔美国人为研究对象，并将研究焦点对准这部分群体为其身份认同奋斗的历史故事。但身份认同建设并非一蹴而就的，也并非一劳永逸的，且身份认同的实现还需以其他群体的"社会同意"作为前提，所以社群追求身份认同的过程是异常艰难的，也是变幻莫测的，而获得与建构的身份认同也并非坚不可摧的，"用韦伯著名的比喻来说，它是一件被追求的

---

① YOUNG J. The Exclusive Society [M]. London：Sage, 1999：164.
② 鲍曼. 共同体 [M]. 欧阳景根, 译. 南京：江苏人民出版社, 2007：14.
③ 鲍曼. 共同体 [M]. 欧阳景根, 译. 南京：江苏人民出版社, 2007：14.
④ 鲍曼. 共同体 [M]. 欧阳景根, 译. 南京：江苏人民出版社, 2007：67.
⑤ 鲍曼. 共同体 [M]. 欧阳景根, 译. 南京：江苏人民出版社, 2007：74.

轻便的披风，而不是铁笼"①。此外，多元文化主义之下的"少数民族"
（ethnic minorities）身份认同问题也是鲍曼关注的重点问题之一，他认为少数
民族是基于差异而建构或归类的一个有别于多数民族的群体，而少数民族建
构身份认同所基于的差异现象，"与从现代性的民族国家建设阶段向其后民族
国家阶段的过渡转移，可以说是相互关联的"②。少数民族是民族多样化下的
产物，是"地方的"和"部落的"的代名词，兼具民族主义阴暗的、悲惨的
和残酷的一面以及自由主义友好的、仁慈的、诱人的一面，故而少数民族的
身份认同也会导致两方面结果，于此，身份认同被赋予了"同化"或"异
化"的双重内涵。

六、后马克思主义的多元认同说

后马克思主义的多元认同说继承了后现代主义对多元文化（反对一元性
的、统一性的、一致性的存在，鼓吹多样性、差异性、个体性）的倡导，转
而以政治认同取代传统马克思主义的阶级观念。后马克思主义的代表人物如
福柯、利奥塔、德里达、德勒兹、加塔利、鲍德里亚、詹姆逊、哈贝马斯、
吉登斯等，尽管并非以多元认同作为其理论阐释的基点和主要内容，但他们
都在其后马克思主义学说中或多或少地涉及身份与认同的相关问题。这里仅
以几位后马克思主义者的代表性学说为例，以管窥后马克思主义多元认同说
的理论内涵和主要表征。

作为后马克思主义旗手的恩斯特·拉克劳（Ernesto Laclau）和尚塔尔·
墨菲（Chantal Mouffe），以二人共同发表的《领导权与社会主义的策略》
（1985）一书正式拉开了后马克思主义思潮的序幕，并为后期后马克思主义概
念、理论、学说的兴起与繁盛奠定了基础。二人理论的立足点在于对马克思
主义的解构，其中对马克思主义阶级和阶级斗争理论的解构孕育了他们对身
份认同后现代转向的学术倡导。传统马克思主义认为，身份概念是由生产关
系所决定的阶级地位彰显出来的，但拉克劳和墨菲在福柯、德里达等后现代
主义学者的影响下，摒弃了阶级身份认同说，而是认为"社会是依照话语规
则而构成的非稳定的差异系统，构成这种差异系统的是各种不同身份的群体，

---

① 鲍曼. 共同体 [M]. 欧阳景根，译. 南京：江苏人民出版社，2007：78.
② 鲍曼. 共同体 [M]. 欧阳景根，译. 南京：江苏人民出版社，2007：111.

而并非由生产关系决定的具有共同的客观利益的阶级"①。这既呼应了后现代主义所主张的基于政治认同的身份概念，也与后现代主义所倡导的不谈阶级转而宣扬身份的观念不谋而合。在解构了马克思主义的阶级概念后，拉克劳和墨菲又建构了一套基于话语认同的身份概念，换言之，是对话语的认同产生了身份，对不同话语的认同就形成了不同的身份。而话语认同不仅包括原生的种族与性别等方面的认同，也包括了次生的文化认同。由于话语认同的多元，由此产生的身份也是多元、异质、参差、开放的，这就打破了恒定不变的阶级界限，延展了身份之间的边界地带，身份也随着话语认同的革新与变化而不断流动，身份不再像阶级那般固定、死板。基于政治认同的身份概念也导致了各种"新社会运动"的兴起，如女权运动、同性恋运动等，阶级政治的主体也被身份政治的主体逐渐取代，一些少数民族的和种族的，如地区性的少数派，以及少数群体的和特殊偏好的主体，如妇女、同性恋者，开始来到了后现代社会的话语体系之中，他们与现代传统社会的"中心"分庭抗礼。如在对女权主义"主体"的研究中，拉克劳和墨菲就认为"有可能对男人和女人之间根本对抗、本质上存在性区别的观念进行批评"②，因为"后天的社会实践之中提出的固有性别区分是绝对正确的"观念正受到质疑，这就需要我们系统地意识到"多样化的性差别中存在的多元决定产生了性区分的系统化影响"③。此外，墨菲作为后马克思主义女性主义的代表人物，将马克思主义的批判精神与后现代主义和女性主义相结合，发展并丰富了新女性主义理论，其中《女性主义、公民身份以及激进民主政治》（*Feminism, Citizenship and Radical Democratic Politics*）一文生动阐释了其女性主义理论与思想，对西方女性主义及女权主义生态运动产生了深远影响。

后马克思主义另一代表人物是被誉为欧洲社会理论"三驾马车"之一的安东尼·吉登斯，他从马克思主义出发，又超越马克思主义对历史唯物主义难以逾越的化约论、功能论和目的论进行解构，并基于对权力的理解重构了社会分析模式。吉登斯认为，传统的现代性发展已威胁到人类本身，并给人类的"信任危机"和"自我认同机制"带来了空前的挫折，使现代性语境中

---

① 陈炳辉. 后马克思主义的理论 [M]. 北京：中国社会科学出版社，2011：26.

② 拉克劳，墨菲. 领导权与社会主义的策略：走向激进民主政治 [M]. 尹树广，鉴传今，译. 哈尔滨：黑龙江人民出版社，2003：132.

③ 拉克劳，墨菲. 领导权与社会主义的策略：走向激进民主政治 [M]. 尹树广，鉴传今，译. 哈尔滨：黑龙江人民出版社，2003：131.

的人们濡染在焦虑之中。① 在吉登斯的现代社会理论中，"自我"是其理论分析的起点，旨在"发现自我，成为直接与现代性的反思性相关联的'项目'"②，其代表作《现代性与自我认同》一书更是重点关注了自我认同的新机制。吉登斯继承并批判了弗洛伊德、埃里克森和戈夫曼（Erving Goffman）等对"自我"理论的解释，最终将自我的心理结构解剖为本体安全系统、实践意识和话语意识三个部分。③ 其中，本体性安全是基石，是产生自我经验的信任基础，而本体性安全又需通过实践意识和话语意识进行维护；本体性安全既来自自然环境和社会环境，也来自人的内心深处对外在环境变化的认知、解释、调整与反应。而身份认同的焦虑则是不确定性和不信任感的结果与产物，"传统为'基本信任'提供了一种确认方法，这种基本信任对连贯性认同是至关重要的，而且传统还是其他信任关系的指导性机制"④。在吉登斯看来，自我对外界和自身认知的轨道是具有连贯性的，这种认知来源于对个体生命周期种种阶段的认知结果。⑤ 但个体为缓解身份焦虑而对确定性的追求，与全球化语境下不确定性的加剧，又加深了身份认同的现实困境，这些不可回避的现实困境正是吉登斯自我认同新机制所要解决的问题，即运用社会学研究方法，从社会心理学角度对现代社会的起源、动力和后果做出连贯性解释，其解释的核心观点可概括为"本体安全是现代社会所围绕的核心，确定性追求是现代社会发展的持久动力，而自我的磨难则是高度现代性社会的悖谬性结果"⑥。

七、叙事认同理论

叙事认同理论是有关"认同是如何形成的"的理论，回答的是"认同形成的取向和常见策略"的问题。作为概念的"叙事认同"于1985年被正式提

---

① 吉登斯. 现代性与自我认同 [M]. 赵旭东，方文，译. 北京：生活·读书·新知三联书店，1998：216-230.
② 吉登斯. 现代性的后果 [M]. 田禾，译. 南京：译林出版社，2000：107.
③ 吉登斯. 社会的构成 [M]. 李康，李猛，译. 北京：生活·读书·新知三联书店，1998：110.
④ 吉登斯. 为社会学辩护 [M]. 陶传进，周红云，徐阳，等译. 北京：社会科学文献出版社，2003：37.
⑤ 吉登斯. 现代性与自我认同 [M]. 赵旭东，方文，译. 北京：生活·读书·新知三联书店，1998：86.
⑥ 陈炳辉. 后马克思主义的理论 [M]. 北京：中国社会科学出版社，2011：273.

出，彼时世界著名现象诠释学家保罗·利科基于"受伤的我思"之困境开始思考"去中心化"的主体性问题，并在当年出版的《时间与叙事》（第三卷）中首次提出这一概念。在随后的几年间，利科又将这一概念系统阐释，尤其是在其 1990 年出版的专著《作为他者的自身》中将这一概念延展成为一个可供探讨的理论问题，继而，叙事认同理论初现并逐步趋于规范。利科认为"叙事理论"对"自身构成"具有重要贡献，"正是在叙事理论的框架里，有关自身性与相同性的具体辩证法——不仅仅是至今所提到的这两个术语之间名义上的差别——得到了完满的阐释"①。

按照利科的研究，叙事是身份认同的中介，叙事认同就是通过叙事的中介作用而获得的身份认同，叙事通过描述、叙述和规范这"三件套"强加于自我身上，并在话语和文本层面通过情节和人物形塑了个体的自我认同与集体认同，即利科所言的"个人同一性问题"。叙事在身份认同中的作用机理可以理解为以下两个问题的回答："这是谁做的"和"谁是施动者，谁是发起人"。要回答这两个关于"谁"的问题，就必须讲述某个生命的故事，"讲述一个故事就是述说谁做过什么和怎样做的"，而在所讲述的故事中呈现出问题中的这些"谁"，并由此得出"谁"之身份，就是一种叙事认同。② 为了便于对叙事认同理论的阐释与理解，利科在论述该理论时所举的例子大都来自文学领域，他将文学视为一个巨大的思想经验实验室，并在这个实验室中验证其对叙事认同理论的种种假设。

叙事认同理论在其后的发展中得到了以玛格丽特·萨默斯等为代表的学者的进一步延伸。萨默斯在其论作《认同的叙事构成：一种关系和网络的路径》中强调了叙事在形成认同、构建认同中的作用："我们所有人，之所以能够成为我们所是（无论这种所是如何的短暂、多元或变动不居），乃是因为我们被置身于（通常也是不自觉地）社会叙事之中，尽管这些叙事很少出自我们之手。"③ 萨默斯认为叙事认同经历了表征性叙事向本体性叙事的转变，前者是将叙事作为表征知识的符号，是讲述故事、呈现历史、传递经验的手段和外在形式；而后者将叙事视为社会生活（故事、历史、经验）本身，"社会

---

① 利科. 作为一个他者的自身 [M]. 佘碧平，译. 北京：商务印书馆，2013：170-171.

② 刘惠明. "被叙述的自身"：利科叙事身份/认同概念浅析 [J]. 现代哲学，2010（06）：81-88.

③ SOMERS M R. The narrative constitution of identity：A relational and network approach [J]. Theory and Society，1994，23（05）：605-649.

生活本身就是故事化了的""人们通过置身于或被放入一个情节化的故事库存来建构认同""人们的行动，在一定程度上受到从现有的社会叙事、公共叙事和文化叙事中提取出来的欲念、期望和记忆的指引"①。由此可见，表征性叙事将叙事视为认同形成的策略和方式，而本体性叙事将叙事视为认同形成的条件和前提。基于叙事概念衍生出来的叙事认同理论将叙事视作认同的一个维度，认为只有将某一个体和群体置于一定的叙事情节中方可产生认同，而关涉的叙事情节包含了社会实践、制度约束、小到家庭大到国家的关系场景等。

第二节　身份认同理论深化了档案理论的思想内涵

从弗洛伊德的自居理论到保罗·利科的叙事认同理论，尽管各理论所基于的逻辑基点有所差异，但均聚焦于对身份认同话语的关注和阐释。在档案与身份认同研究中，身份认同理论也潜移默化地对档案理论的发展产生了多方面的影响，尽管有时并非显现地或直接地呈现在档案理论内涵之中，但身份认同理论中的思想要旨润物无声地渗透至档案理论和实践的革新倡导之中。具体而言，在学科发展方面，认同范式逐渐成为档案理论的新兴范式；在价值理论方面，认同价值逐渐成为档案载体的衍生价值；在思想文化方面，档案叙事逐渐成为文化领域的新兴议题。

一、认同范式成为档案理论的新兴范式

"范式"（paradigm）是托马斯·库恩（Thomas Samuel Kuhn）科学观的核心概念之一。库恩在《科学革命的结构》（*The Structure of Scientific Revolutions*）一书中第二章，第一次正式使用"范式"这一概念，并认为这一概念是"通向常规科学之路"的开端。在书中，库恩认为范式具有如下两个特征的科学成就："空前地吸引一批坚定的拥护者，使他们脱离科学活动的其他竞争模式……足以无限制地为重新组成的一批实践者留下有待解决的种种问题。"②

---

① SOMERS M R. The narrative constitution of identity: A relational and network approach [J]. Theory and Society, 1994, 23 (05): 605-649.

② 库恩. 科学革命的结构 [M]. 金吾伦, 胡新和, 译. 北京: 北京大学出版社, 2012: 8.

在库恩的范式理论中，科学共同体、科学成就、团体承诺、科学传统、不可通约性、常规科学、科学革命等概念提及最多，构成了范式理论得以成立的前提和基础。自范式概念提出以来，不同学科的学者以范式为概念框架，积极思考学科的发展阶段问题、学科内科学活动的塑形问题、学科革命的分界点问题等。

档案学者受库恩范式思想的影响，也开始将范式引入档案学研究中，开始思考档案学术共同体内共同信奉和拥护的"学科常识"等问题。而将档案范式理论发扬光大的，当属已故知名档案学家特里·库克，其所提出的西方档案观念与战略的四个范式转型，至今仍持续影响档案理论的发展。笔者曾在《后现代档案思想对我国档案理论与实践发展的启示：基于特里·库克档案思想的剖析》① 一文中剖析了特里·库克的档案学范式思想。受后现代解构主义的影响，库克从西方英语世界档案理论与档案史发展历程出发，借助库恩的范式理论思考一个多世纪以来的档案学框架，积极对档案学范式进行思考。库克认为在证据与记忆的不断斗争中，档案观念与战略已经经历或正在经历四个范式的转移：证据、记忆、认同、社会/社区。② 其中，证据范式始于法国大革命，强调前现代档案与司法遗产；记忆范式发展于 20 世纪 30—70 年代，强调将现代档案作为历史和文化记忆资源；认同范式兴起于 20 世纪 70 年代后期，焦点在于社会资源型的档案信息，既能记录国家政策也能记录文化表达；社会/社区范式则认识到档案馆收藏能力的不足以及证据、记忆和认同的多样性，主张通过参与式描述建立档案资源的维基百科（Wikipedia）。这种范式或观念的转变不仅引发了档案理论的革新，也为档案实践指引了新的方向。

四个范式的发展并非此消彼长或前后相继的，而是相互关联甚至融为一体的。随着档案资源的社会化发展，档案逐渐成为全面社会记忆建构与身份认同塑造的重要资源，认同范式开始成为继记忆范式之后档案学术共同体共同信奉的档案价值指引。尤其是不同于证据范式过于强调档案的原始记录价值和证据属性，认同范式将理论视角延伸到社会生活的各个角落：少数族群、原住民、亚文化圈等边缘群体逐渐进入档案视野，他们的声音开始得到记录；

① 闫静，徐拥军. 后现代档案思想对我国档案理论与实践发展的启示：基于特里·库克档案思想的剖析 [J]. 档案学研究，2017（05）：4-10.

② COOK T. Evidence, memory, identity, and community: Four shifting archival paradigms [J]. Archival Science, 2013（13）：95-120.

公民档案工作者、网络归档、社交媒体在档案实践中正逐渐得以广泛应用；社群建档实践如火如荼地开展，使得社会中的每一类群体都有机会主宰自身记录的历史，并通过保留自身历史的记录参与更广阔的社会、文化、政治生活之中；等等。这些无疑是受后现代主义"去中心化"思想的影响，同时也体现了认同范式与记忆、社会/社区范式的交叉融合。在库克的阐释中，认同范式对应的正是后现代档案。库克虽然没有开宗明义地解释何谓"后现代档案"，但他认为在这一范式影响下，"档案馆藏、档案活动以及档案业务开始更直接地反映社会，呈现其复杂性、多样性以及偶然性。档案中没有待发现或保护的那一个大写的'真相'，而是存在许多个真相、许多种声音、许多的认识以及许多的故事"①。认同范式下的档案理论正是要解决如何将复杂、多样、偶然的社会现实浓缩至档案记录中，如何使档案记录反映更多的真相、更多的声音、更多的认识与更多的故事，从而使档案真正成为社会正义的工具，成为社会运行中不可或缺的要素。

二、认同价值成为档案载体的衍生价值

我国档案学者陈兆祦生前根据美国档案学家西奥多·罗斯福·谢伦伯格的文件双重价值论，提出了更适用于我国档案实践的档案双重价值论，指出文件的第二价值（亦称为保存价值或档案价值）可再分为双重价值，其中的第一价值指的是档案对于档案形成者所具有的利用价值，而第二价值指的是档案对于档案形成者之外的组织或个人所具有的利用价值。② 刘东斌、吴雁平在此基础上又进一步阐述了馆藏档案的两种价值，一是处于封闭期以及延期开放的档案的凭证价值，二是可以开放的档案的参考、历史、文化等价值，前者的第一价值体现了档案的政治性、行政性和保密性，后者的第二价值体现了档案的参考性、历史性和文化性。③ 无论如何衍生，档案的双重价值一直在凭证、参考、历史、文化等价值形态中回旋。随着档案记忆观理论的兴起与成熟，记忆开始与证据共同成为档案这枚"硬币"的两面，档案的记忆价

---

① 库克. 李音. 四个范式：欧洲档案学的观念和战略的变化——1840 年以来西方档案观念与战略的变化 [J]. 档案学研究，2011（03）：81-87.

② 陈兆祦. 关于"文件与档案双重价值论"的背景资料 [J]. 档案管理，2008（03）：31-32.

③ 刘东斌，吴雁平. 基于档案双重价值的档案馆性质的两重性分析 [J]. 山西档案，2022（07）：78-84.

值开始受到越来越多的阐述，档案成为建构社会记忆的重要资源。在认同范式之下，认同是否可以成为档案载体的另一种衍生价值形态呢？换言之，认同价值是否能进一步充实档案双重价值论的理论内涵呢？

从范式演进来看，档案的认同价值是记忆价值的承续，又连接着档案的情感价值。档案的记忆价值是以档案记忆观为理论基础的。一则，档案是记忆的重要形态，承载着记忆功能，具有记忆属性。档案的记忆价值辅助其证据价值，成为发挥档案资政、存史、育人功能的极佳媒介。二则，文化记忆、口述记忆、记忆空间理论中都留存有档案的身影：文化记忆观和文化范式观强调的记忆的文本化馆藏以构建群体的连接，突出表现为档案的文化记忆价值；口述记忆理论中的口述史料亦可视为一种口述档案类别，用以弥补官方档案文献的不足；记忆空间理论的"记忆之场"亦需档案等文字史料的辅助说明，以实现记忆的"空间隐喻"。① 在档案的记忆价值内涵中，不难发现档案通过记忆在留存证据和历史的同时，也为个体和群体提供了记忆的连接，而正是通过记忆留存下来的共同经历与历史，塑造了我/我们的身份和认同。档案记忆价值不仅拓展了档案与社会连接的维度，也使得"档案价值得以投射到更广泛的社会文化领域之中，身份认同这一关乎公众身份感、归属感的深层认知问题是上述理论的延展和验证，促使档案与更多学科、更广泛人群发生新的联系"②。此外，档案的认同价值又连接着档案的情感价值。认同关乎"我们是谁"，情感关乎"我们感受到什么"。"我们是谁"决定了我们的立场，有时又左右着"我们的感受"，而"我们的感受"又反过来塑造了"我们是谁"的身份归属，这两者决定了我们自我感受的心理状态和自我界定归属的群体类型，为我们提供了精神的家园感和身份的归属感。

从社会效应来看，档案的认同价值加深了档案与社会中的群体和个体的联系。认同范式之下，档案自觉地充当了维系自居所需的物质资源和象征资源。其一，档案作为自我认识的基础和理解他人的基础材料，是生产认同的重要物质性资源。例如，档案中对他者的记录为"个体以他者为参考对象塑造自我"提供了一个模型或模特儿，个体在阅读或利用档案时会自觉地将情感映射至档案所记录的内容之中，并形成情感联结。在这个过程中，既形成

---

① 闫静. 档案与记忆：中共党史研究的两个维度 [J]. 档案学通讯，2021 (03)：12-17.
② 冯惠玲. 当代身份认同中的档案价值 [J]. 中国人民大学学报，2015，29 (01)：96-103.

了对档案中所记录他者的认同，也塑造了自我形象。其二，档案作为社会活动过程中文化、历史等诸多信息的真实记录，为自我同一性的塑造提供了象征性资源。正如埃里克森所认为的那样，自我既来源于生物学过程，也来源于社会中文化、历史、地理等诸多因素在个体身上的附加。档案在自我态度的形成和自我意象的塑造过程中，隐含着有关自我概念、自我系统、自我经验、自我表象的"潜台词"，在档案表层所记录字句背后附着的档案制作者和档案形成者的主观意图，就自然成为实现"如何再现我/我们"这一目的的重要工具。

于此，从价值形态来看，档案的认同价值既属于档案的第一价值，又属于档案的第二价值。一则，档案的认同价值体现出了档案对其形成者身份的记录、呈现与彰显，无论档案是开放的还是封闭的，对档案形成者而言，档案中的记录不仅可以作为其身份的凭证，也充当着其个体与外界连接的桥梁。而通过情感投射，档案记录还反映了形成者本身的内心秩序，并在这一过程中完成并实现了身份认同的塑造。二则，档案的认同价值深化了档案对社会的有用性，扩充了档案历史、文化、参考等价值形态的维度。档案的认同价值除了涉及"再现"这一问题之外，还涉及"承认"的问题。"承认"关乎我者与他者、我群与他群、个体与社会之间的互动、联系、交融。无论是通过历史书写获取承认，还是通过文化渗透获取承认，抑或是通过提供参照获取承认，档案以其参考性、历史性和文化性为社会不同主体/群体之间的承认与和解提供了工具。

三、档案叙事成为文化领域的新兴议题

随着身份认同理论的渗透，尤其是叙事认同理论在档案领域的衍生，档案叙事逐渐成为近年来学界探讨的热点议题。档案叙事的兴起也应和了后现代主义整体的叙事转向。以福柯、利奥塔为代表的后现代主义者拒斥包括德国唯心主义的精神辩证法，法国关于人类解放及其历史哲学的启蒙叙事等都被斥为参照某种原话语以获得自身合法化的"宏大叙事"；由此，各种被解放了的小叙事就借着差异政治、承认政治获得了现实的载体。① 档案叙事本着叙事认同理论中倡导的"讲述故事、呈现历史、传递经验"等理念，希冀通过档案中蕴含的历史线索、故事情节和鲜活例证来产生认同。

---

① 罗如春. 后殖民身份认同话语研究［M］. 北京：中国社会科学出版社，2016：18.

　　追溯近年来档案与叙事的合流，亦彰显出档案本身价值的回归。档案与叙事从来就不是割裂的，而是自档案产生起，二者便紧密联系在一起。档案以记事为目的，这就意味着档案自形成之时便被作为叙事的产物，具有叙事性的特征和功能。随着人文社科领域"叙事转向"的出现，在叙事无所不在的"泛叙事观"影响下，档案叙事便受档案界所关注。而有关档案叙事的研究，虽然仍处于探索阶段，但部分学者已开始注意到档案的叙事性特征，并开始探索叙事在档案事业发展中的意义和应用。尤其是在后现代主义思潮的影响下，档案学者开始重新审视以宏大叙事风格为主导的传统叙事体系，将档案叙事主体焦点从官方、精英阶层转向民间、大众阶层，并试图探索新的档案叙事体系。如张润兰就指出："'叙事性'是档案内容的一个重要属性，利用档案叙事能够引发公众的情感共鸣，维系个人与民族、社会的感情。"① 余厚洪指出叙事是档案"真实"的表达，档案在对历史进行叙事时"都在无意识地追求'趋近真实'"②。张斌、王露露认为在历史记忆建构中，空间叙事是档案参与历史记忆建构时"达成真实性与客观性的最优选择"③。以上研究聚焦档案叙事在还原历史、维系情感中的作用，突出了档案叙事的实践指导意义。此外，还有学者关注到档案叙事体系重构等问题，认为档案叙事关乎权力与正义。如李孟秋基于社群档案的视角，阐释了档案叙事体系④中主流与非主流走向融合和共生的两个发展阶段，他指出："谁掌握了档案叙事体系，谁就掌握了权力，获取建构记忆、传达信息、传递知识的能力，从而实现社会控制。"⑤ 贺兴义则将研究视角转向微观层面，他认为口述档案的采集是一种内视角的个体叙事方式，以口述的叙事方式再现历史事件，更容易激发群体成员的同理心，刺激成员进行回忆，以强化集体记忆，发挥集体记忆在群体认同建构中的中介和桥梁作用。⑥

① 张润兰. 档案资源的叙事性开发研究［J］. 档案天地，2021（11）：30-34.

② 余厚洪. 基于"真实"的档案记忆构建与识别［J］. 档案与建设，2017（08）：11-13.

③ 张斌，王露露. 档案参与历史记忆构建的空间叙事研究［J］. 档案与建设，2019（08）：11-15，40.

④ 李孟秋在《论档案叙事的发展演变：基于社群档案的分析》一文中以后经典叙事学研究内容为基础，将档案叙事体系概括为叙事者、受叙者、载体、叙事目的和叙事内容五个要素。

⑤ 李孟秋. 论档案叙事的发展演变：基于社群档案的分析［J］. 浙江档案，2021（06）：23-26.

⑥ 贺兴义. 个体叙事的群体认同建构：社会学视阈的高校口述档案价值［J］. 兰台世界，2021（06）：73-75.

国外学者也在档案叙事研究中提出了诸多见解，进一步丰富了档案叙事相关研究的理论内涵。在档案与叙事的关系研究中，国外学者一般将叙事视为档案组织的手段之一，并强调档案组织结构对叙事阅读的影响。坦尼娅·扎尼什-贝尔彻（Tanya Zanish-Belcher）认为"档案叙事在各方面都依赖于记录的证据和记忆"，她指出档案的功能之一就是帮助人们了解过去的经历，而讲故事是了解我们是谁和我们是什么的工具。① 埃亚尔·赞德伯格（Eyal Zandberg）认为历史和记忆是以叙事的形式建构的。② 加斯·史蒂文斯（Garth Stevens）阐释了个人记忆与被排除在官方历史和档案之外的边缘群体和次边缘群体的声音之间的关系，指明叙事作为一种边缘记忆技术，既有助于个人记忆作为过去的碎片和痕迹重构现在，也提供了对未来的想象。③ 瑞纳特·迈耶（Renate Meyer）则聚焦口述历史叙事内部结构及其关系，以及这种结构如何影响个人和集体口述历史的阅读，他认为档案馆藏结构的流动性影响档案叙事阅读和理解。④ 此外，如前所述，在后现代主义的影响下，宏观叙事被注重个体的、边缘的微观叙事拆解和重构，以社群档案等为代表的微观叙事成为档案学者关注的焦点。坦尼娅·扎尼什-贝尔彻强调档案及其利用对于多样性叙事的重要意义，她认为"档案及其利用促成了一个有多个角色和视角、不同结局，甚至永不结束的故事循环"。而这也是档案工作者收集那些未被充分代表的社区，创建一个文档策略，或者采访和捕捉那些被历史记录遗漏的人的故事的重要原因。⑤ 贝琳达·巴蒂（Belinda Battley）同样强调档案叙事在社群建构中的多面性。⑥ 安娜·罗埃施莱（Ana Roeschley）等认为揭示参与

① ZANISH-BELCHER T. Keeping evidence and memory：Archives storytelling in the twenty-first century ［J］. The American Archivist, 2019, 82（01）：9-23.

② ZANDBERG E. The right to tell the（right）story：Journalism, authority and memory ［J］. Media, Culture & Society, 2010, 32（01）：5-24.

③ STEVENS G E, DUNCAN N E, HOOK D E. Race, memory and the Apartheid Archive：Towards a transformative psychosocial praxis ［M］. London：Palgrave Macmillan, 2013.

④ MEYER R. What lies below：Exploring constructions of collective memory in archival collections：on method：research, dissemination and archiving ［J］. South African Historical Journal, 2008, 60（02）：209-225.

⑤ ZANISH-BELCHER T. Keeping evidence and memory：Archives storytelling in the twenty-first century ［J］. The American Archivist, 2019, 82（01）：9-23.

⑥ BATTLEY B, DANIELS E, ROLAN G. Archives as multifaceted narratives：Linking the "touchstones" of community memory ［J］. Archives and Manuscripts, 2014, 42（02）：155-157.

式社群档案馆的捐献者背后的故事有助于集体记忆的建构，她指出："当档案参与者描述他们贡献的物品和与这些物品相关的故事时，他们呼唤社区的共享记忆和价值观。在基于社区的参与性档案中共享这些记录有助于进一步支持社区社会化、身份认同和集体记忆。"①

档案叙事议题的兴起，不仅是后现代思潮下档案界"叙事转向"结出的理论果实，也暗合了档案记忆观的理论内涵。更重要的是，档案叙事中所讲述的个体或集体的故事正是身份认同的源泉活水，为身份认同的呈现和建构提供了鲜活而生动的叙事来源。而在后现代理论思潮下，档案叙事的价值判断"由公域转向私域、由多数转向少数、由建构转向解构、由工具理性转向价值理性"②，又势必会引发崭新的档案实践，促进新一轮的建档热潮。

第三节　身份认同理论拓展了档案实践的职业疆域

身份认同理论不仅对档案理论产生了影响，也引发了档案实践的变革。档案实践在"记忆转向"之下方兴未艾的档案记忆工程带动下，迎来了"身份认同转向"下的社群建档热潮以及档案资源在收、管、存、用等各环节一系列的变革。这些变革不仅为传统固化的档案实践活动增加了情感温度和人文关怀，也进一步拓展了档案实践的职业疆域，有助于增进档案工作者的职业认同。

一、拓展了档案实践的关注面向

如前所述，档案作为一种日常的表意实践，在认同建构和差异自觉的过程中，扮演了不可或缺的重要角色。为实现档案在身份认同中的作用与功能，发挥档案在社会中的身份认同价值，就需要档案实践对档案理论予以回应。特里·库克曾巧妙地将理论与实践比作"剧本和演出"的关系，并将观众

---

① ROESCHLEY A, KIM J. "Something that feels like a community": The role of personal stories in building community-based participatory archives [J]. Archival Science, 2019, 19 (01): 27-49.

② 李孟秋. 论档案叙事的发展演变：基于社群档案的分析 [J]. 浙江档案, 2021 (06): 23-26.

（利用者乃至整体的社会环境）的反应视为调整表演形式及剧本内容的关键因素。① 后现代档案思想也要求一种开放式的、创新型的、善于自我反省的、秉承负责理念的档案实践观。以上均为档案实践关注面向的拓展培植了生长的土壤。"身份认同转向"之下，在档案归集方面，除官方档案之外，反映公民身份感、归属感、家园感的社会档案资源需应收尽收；在档案管理方面，需革新传统档案管理视角，加强档案与公民的互动关系，提升公民对档案事业的参与感；在档案存储方面，那些反映公民个人身份信息与认同归属的档案资源，可采取社会化存储方式，并在电子时代下创新存储模式；在档案开发利用方面，档案检索系统的人情味、档案展陈设计的沉浸式、档案编研成果的切身感、档案文化开发中的故事性等形式，可进一步增强档案资源与社会公众的情感联结。

首先，在档案归集方面，拓展档案归集范围，反映公民身份感、归属感、家园感的社会档案资源应收尽收。《"十四五"全国档案事业发展规划》的发展目标中，着重强调了档案资源建设在 5 年内迈出新步伐，"档案资源覆盖面更加广泛、内容更加丰富、形式更加多样、结构更加优化，档案'应归尽归、应收尽收'有效落实"②。而反映公民身份感、归属感、家园感的社会档案资源是档案资源体系的重要组成部分，关乎公民的切身利益和合法权益，理应做到应归尽归、应收尽收。目前，全国各级综合档案馆已开始注意到这类档案的归集工作，如 2021 年以来，在建党百年的时代背景下，从中央到地方档案部门，形成了"省、市、县、镇"四级红色档案收集体系，通过发布红色档案征集通告，以及通过捐赠、复制、征购、邮寄等多种方式广泛向社会征集反映党在革命、建设、改革过程中的重大事件、重要精神的文献、图片、奖章、证书、日记、信件、报纸等各类档案材料。同时，各档案馆积极寻访红色人物，走访革命遗迹、旧址、革命纪念馆等，采集口述史、收集红色档案资源。如浙江省丽水市景宁县档案馆邀请13位老革命战士讲述自身革命经历，录制口述视频，同时建立百岁女民兵唱红歌等 11 个红色系列口述档案，

---

① COOK T, SCHWARTZ J M. Archives, records, and power: From (postmodern) theory to (archival) performance [J]. Archival Science, 2002, 2 (3-4): 171-185.

② 中办国办印发《"十四五"全国档案事业发展规划》[EB/OL]. 国家档案局，2021-06-09.

采集 44 名"三老"（老交通员、老游击队员、老共产党员）人员档案。① 此外，档案实践部门在"四重"（重点领域、重大活动、重大项目、重大事件）档案资源建设方面也开始有所行动，为社会保存珍贵记忆，为科学决策提供有力证据，为身份认同提供历史支撑。例如，湖北省档案馆加强抗疫档案资源库建设，共收集包括 42320 幅援鄂医疗队员肖像照、工作照等珍贵图片，为做好疫情防控工作建档及日后发挥档案资政作用打下了坚实基础。②

其次，在档案管理方面，拓展档案管理方式，在档案管理环节革新中凸显公民权利。档案管理中的著录、鉴定等管理环节和业务活动并非固化的、重复的、毫无新意的机械活动，其中也蕴含着权力的隐喻。特里·库克以档案鉴定为例阐释了这一活动中所饱藏的权力因素："档案工作者在鉴定的时候，就是在决定未来的人们能知道过去的哪些内容，谁的声音会被保留下来，而谁又得保持沉默。"③ 在档案中保持沉默的人，他们的身份将不会被后人明晰，也自然得不到他人的承认和认同。为了凸显公民权利，使档案不再成为权贵的代言，各地档案实践部门已开始认识到档案管理环节变革及打破固有偏见对那些沉默声音的重要性。如加拿大圣公会（Anglican Church of Canada）总教会议档案馆去殖民化著录项目，就是通过档案著录方式的革新，希冀打碎档案中的"软体殖民化"，维护加拿大土著权利与权益。加拿大自 16 世纪初即成为法国的殖民地，后在《巴黎条约》（*Treaty of Paris*）中又被割让给英国。虽然在英国统治的 200 年后通过的《加拿大法案》中，加拿大拿回了修宪权，在一定程度上结束了"实体殖民"，但加拿大土著的权利并没有随着实体殖民的结束而获得保障。社会各领域在殖民历史过程中形成了大量原始记录，导致加拿大社会长达数百年的档案中都或多或少带有殖民色彩，从中发展成熟的档案管理各环节也深陷于殖民主义的泥沼。为了实现"软体去殖民化"，加拿大圣公会总教会议档案馆以档案著录为切入口，将一直保留下来的含有殖民者视角以及歧视性意味的著录项和名词改为了符合土著习惯的描述（人名、地名、标题与相关术语），以更准确地反映加拿大土著及其社群身份，实现档案著录的去殖民化。例如，在人名及术语方面，使用"土著"（Indigenous

---

① 潘玲玲. 景宁县档案馆：挖掘"红色革命"档案 弘扬景宁红色文化 ［EB/OL］. 中国档案资讯网，2021-09-13.

② 湖北省档案馆. 抗疫档案里的白衣战士 ［EB/OL］. 湖北文明网，2020-06-29.

③ COOK T, The archive（s）is a foreign country: Historians, archivists, and the changing archival landscape ［J］. The American Archivist, 2011, 74（02）: 600-632.

peoples）代替"北美印第安人"（Indians of North America）；将"爱斯基摩人"（Eskimos）替换为"因纽特人"（Inuit）；把"克里印度人"（Cree Indians）替换为"克里人"（Cree）；当人名是已知的，即著录以具体的土著人名；等等。地名方面，将位于魁北克省的"哈里森港"（Port Harrison）改为"因纽居克"（Inukjuak）；将位于努纳武特地区的"爱斯基摩点"（Eskimo Point）改为"阿尔维亚特"（Arviat）；等等。① 档案著录的去殖民化使得土著在档案中的身影与声音更易被看见和听见，且以一种平权的视角而非殖民者视角。

再次，在档案存储方面，拓展档案存储模式，增强公民及社区对档案事业的参与感。除了后文第五章将要重点论述的社区自主保存自身产生的档案以保存自身历史的社区建档实践外，公民及社区对档案事业的参与感还体现在社群参与式档案保管模式。参与式即社群成员主导、档案工作者辅助，共同参与档案工作的一种模式。该模式既尊重社群成员对自身档案的熟悉，又保障了专业性。② 如上例中，随着档案去殖民化著录工作的开展，加拿大圣公会总教会议档案馆计划扩大与土著协商的范围，使得更多的土著可以参与进著录工作中来，更加准确地讲述自己民族和家庭的故事。同时，加拿大圣公会总教会议档案馆鼓励公众及土著社区在其官方网站上添加其自身保存的档案馆藏，通过虚拟资源共享的方式向档案馆反馈自己对著录工作的建议。增加"土著元素"既包括将更多的土著纳入著录主体，还包括扩大土著档案馆员的比例，为土著档案未来的工作注入持久的土著力量，从根本上防止档案中的殖民色彩"卷土重来"，从而打造良好的档案去殖民化生态环境，实现土著的身份认同。

最后，在档案开发利用方面，拓展档案开发利用形式，增强档案资源与社会公众的情感联结。刘志森、耿志杰在《情感仪式视域下档案与身份认同：理论阐释、作用机理及提升路径》③ 一文中立足情感的社会建构性特征，重点论述了档案与身份认同的提升路径，其中，"加强档案展演沉浸体验，活化身份认同触发路径；加强档案情感仪式互动，深化身份认同理解层次；创新

① PARSON L. Decolonizing our descriptions, unsettling our practice ［EB/OL］. Anglican Journal，2020-09-23.

② 黄霄羽，管清潆，裴佳勇 . 2018—2019 年国外档案学理论的研究热点与前沿趋势探析［J］. 档案学通讯，2020（05）：29-39.

③ 刘志森，耿志杰 . 情感仪式视域下档案与身份认同：理论阐释、作用机理及提升路径［J］. 档案学研究，2022（03）：13-20.

情感维度档案开发，丰富身份认同赋能形式"等手段均聚焦于档案开发利用，希冀通过档案开发利用形式的创新，使人们在档案中通过情感能量的唤醒、互动、标记与内聚实现对自身角色差异的认同。由此可见，档案开发利用是呈现与建构身份认同的社会接口，是增强档案资源与社会公众情感联结的重要环节。在档案开发利用方面，档案实践部门围绕简化档案利用程序、开展创新性档案利用方式出台了诸多举措，使得社会性档案资源真正服务社会、走进社会。如各级各地综合档案馆依据新《中华人民共和国档案法》与《中华人民共和国政府信息公开条例》，进一步扩展与细化档案开放范围，尤其针对婚姻档案、土地档案等关乎公民身份感、地方感的民生档案的开放做出了很多有意义的探索，进一步保障公众利用档案的权利。而在档案编研方面，各级各地综合档案馆在编研选题上也侧重于地方记忆的选题，此外还有诸如关于地方脱贫攻坚战、抗美援朝老兵、知青上山下乡、抗击新冠疫情等方面的编研成果。这些档案开发利用形式，在讲述档案背后故事的同时，也彰显出档案中所记录的社会个体和群体的力量。

二、加速了档案工作者的职业认同

身份认同在档案领域的主要议题，除了档案对于公民身份认同的独特影响外，还包括档案工作者的职业认同。职业认同是个体对所从事职业价值的发现和体认，进而产生的心理归属感。[①] 2015 年版《中华人民共和国职业分类大典》首次将"档案专业人员"设为独立小类，并将原 1999 年版中所列"档案业务人员"更名为"档案专业人员"，进一步凸显了档案职业的专业性和社会性。然而，一直以来档案工作者的职业认同度普遍不高，亟须一剂"强心针"为档案职业注入生机与活力。据笔者 2016 年对中国新上岗专职档案人员职业认同的调查[②]，彼时新上岗专职档案人员的职业认同度总体上处于一般水平，在所调查的职业认知、职业情感、职业价值观、职业期望、职业意志五个认同度指标中，职业认知感最高，职业意志感最低。换言之，新上岗专职档案人员普遍认为档案工作十分重要，且对档案职业的未来前景抱有乐观态度，但职业归属感有待提高。笔者在 2016 年的另一份调查中对档案学

[①] 徐拥军，闫静. 中国新上岗专职档案人员职业认同和职业满意度调查研究 [J]. 档案学研究，2017（01）：84-92.

[②] 徐拥军，闫静. 中国新上岗专职档案人员职业认同和职业满意度调查研究 [J]. 档案学研究，2017（01）：84-92.

专业毕业生职业状况和专业知识满意度进行实证研究①，结果表明，档案学专业毕业生的职业满意度和专业知识满意度均不容乐观，整体上，职业满意度处于中等偏上水平，专业知识满意度处于中等水平。尽管时过境迁，随着近年来档案工作内容和社会环境的巨大变化，档案与社会的联结也变得日益密切，但档案工作者的职业认同仍需一剂"强心针"，为其持续输入档案职业发展动力。档案与身份认同无疑是这剂"强心针"的助推器。

冯惠玲教授曾言："借助档案资源帮助公众形成多元认同是档案工作参与社会建构、扮演'要素角色'的积极姿态，档案触发公众心理感受和增进自我认同的过程可以带来档案职业价值的增益。"② 在这一过程中，档案工作深度融入社会，参与社会过程中个体和集体身份的塑造和建构，档案工作者不再是前现代的"保管者"角色，不再是故纸堆的"守门人"，而是社会记忆的积极"建构者"与公民身份认同的能动"塑造者"。于此，档案工作者的职业价值不断彰显，职业认同度和职业满意度不断提升。在特里·库克看来，认同范式之下，档案工作者自己的身份可以确定为"作为专家引领社会借助基于证据的共同记忆找到社会的认同"，档案工作者"作为自觉的中介人帮助社会通过档案记忆资源形成多元认同"。③

将视线聚焦档案实践，随着档案记忆工程的方兴未艾，数字人文又为档案实践的开展带来了新的工具、方法和理论，通过档案资源讲好家国故事一直是档案叙事永恒不变的宗旨。在通过档案讲述个体的故事、集体的故事和国家的故事过程中，如何以档案工作者的视角更好地形成社会认同和凝聚力，档案工作者正是在对这一问题的思考中推动了档案实践的创新开展，并无形之中加速了档案工作者的职业认同。在广东省档案局和南方杂志社联合出品的《海邦剩馥 侨批档案》宣传视频中，任职于广东省档案局（馆）收集整理部的张凌就表示："很多人都认为做档案工作很枯燥、很沉闷。但是，我们在征集侨批、研究侨批的时候，经常会被里面的内容感动。"张凌所言的侨批系广东省、福建省两省档案馆的馆藏侨批档案，而档案工作者在对馆藏侨批档

---

① 闫静，谢青远. 档案学专业毕业生职业状况与专业知识满意度实证研究（二）[J]. 档案学通讯，2016（02）：20-25.

② 冯惠玲. 当代身份认同中的档案价值 [J]. 中国人民大学学报，2015，29（01）：96-103.

③ 库克，李音. 四个范式：欧洲档案学的观念和战略的变化——1840 年以来西方档案观念与战略的变化 [J]. 档案学研究，2011（03）：81-87.

案联合申遗和整理、开发的过程中，面对饱含家国情怀的一封封批信，面对这些记录着华侨移民史、创业史的档案，面对着侨批档案中所记录的一个个故事、一份份思念，张凌动情地谈道："我知道我面对的不是一张一张普通的薄纸，而是中华民族最根本的精神基因，是绵延了数百年用思念和血泪写就的乡梓情、爱国心。"① 朴素的话语表达不仅彰显了侨批档案在书写中国精神、中国价值和中国力量中的珍贵价值，也蕴含着档案工作者对档案职业深深地认同。这个案例表明，档案工作者在档案实践的创新中不断挖掘档案的价值内涵、延伸档案的价值属性，档案工作者也在不断加深的社会融入中深化了职业认同。

---

① 广东省档案局和南方杂志社联合出品. 海邦剩馥 侨批档案 ［EB/OL］. 腾讯视频，2022-07-08.

第四章

文本与田野：建档行为及身份认同的
实现策略

  "档案与身份认同"这一主题不仅聚焦于理论性探讨，更是一个实践性问题。在具体案例中，档案是如何建构并呈现身份认同的？档案作为信息媒介和记录工具是如何帮助个体和群体实现其身份认同的？档案在建构与呈现身份认同中发挥了哪些不可替代的作用？如何通过档案更好地完成身份认同的呈现、建构乃至重构？这些问题不仅涉及档案参与身份认同的理论研究，还需要在实践中找寻档案参与身份认同的落脚点和出口。本章即通过文本和田野的双重视域，探讨个体和群体一些典型的建档行为，以及这些建档行为中的身份认同实现策略，以期进一步彰显档案中的身份诉求、身份呈现与身份表达，并进一步论证档案的身份认同价值，为后续实践活动中档案认同价值的开发提供有益参考。

第一节 档案中的身份诉求与认同的想象性建构

  档案文本一直以来都是史学界关注的对象，史学家们希冀通过对档案文本的挖掘，发现那些不为人知的历史事实并找寻诸多历史事件、历史人物、历史场景之间的隐含关联，从而探析历史的真相。这些作为历史文本的档案除了官方形成的、行政色彩浓厚的"公共档案"外，还有部分非官方的、私人形成的"私人档案"。这些私人档案所包含的信息内容因其私密性、个体性、非公开性而往往更具吸引力，同时也饱藏着档案形成者有意或无意的主观臆断、思想或独到见解。与此同时，私人档案的私人性也更加凸显了档案形成者这一主观个体的身份诉求，蕴含着其自我认同或基于自我认同衍生出的社会认同的想象性建构。当然，这里所言的认同的想象性建构并非如空中楼阁般虚无缥缈，而同样是基于客观事实的结果，只不过更多地蕴含着个体主观一定程度的"美好期冀"。此节将以华北乡绅刘大鹏的私人日记和吴宝康的人物档案全宗为例，探讨私人档案中所呈现出的身份诉求和认同的想象性建构。

一、《梦醒子：一位华北乡居者的人生》中的身份塑造与认同想象

作为一部个人档案研究的经典之作，《梦醒子：一位华北乡居者的人生》以华北乡绅刘大鹏横跨五十余载光阴的日记为主体，辅以地方资料和口述访谈写作而成，资料翔实、脉络清晰，且十分注重刘大鹏这一"非典型"个体的自我表达与身份建构。而《梦醒子》一书的撰写是建立在刘大鹏本人的日记——《退想斋日记》的基础上的，故剖析该书的事实记录与叙述技巧，对探究个人档案与身份认同、叙述修饰与自我建构等方面的关系具有重要的研究价值。

个人档案，即个人在各种生产活动过程中直接形成或通过其他途径（如继承、捐赠等）获得的，且不受体制内档案规则体系约束的具有保存价值的各种形式的记录。① 作为一种具有强烈主体性特征的特殊档案类型，个人档案更易受到形成者的主观因素影响，却也因此能进行更真实的自我情感抒发，具有更强烈的自我表达效用，是个人生活史的重要史料来源与基本研究依据。② 而个人档案所突出的"个人证据、记忆遗产"等特点又触及了"身份认同"这一时兴文化研究概念。个人档案中的日记、照片、自传、手稿、信件等类别，记录有个人相对完整的生命历程与思想轨迹，深刻地蕴含着"我是谁""谁与我一样"这两个身份认同的关键性问题③，日益成为身份认同的重要承载。

近年来，学界对个人档案的研究日益盛行。究其原因，个人档案突破了以往宏大叙事所带来的视觉盲区，其中所载内容更倾向于深入个体的内心世界，在记录个人声音的同时又在不经意间见微知著地折射出社会的变迁与时代的摆动。其中，日记作为个人档案中极具个性化与隐私性的一个类别，数十年来成为史学界史料整理、文学界人物研究的重点关注领域之一，近几年

---

① 吕文婷，张帆. 论个人档案的主体性特征 [J]. 档案与建设，2020（05）：19-23.

② 戴建兵，张志永. 个人生活史：当代中国史研究的重要增长点 [J]. 河北学刊，2015（01）：68-72.

③ 孙频捷. 身份认同研究浅析 [J]. 前沿，2010（02）：68-70.

尤是如此。仅在国家社科基金项目数据库以"日记"为关键词进行检索，便可得到数十项之多。据中国知网数据库提供的数据可视化分析，无论文学抑或史学，对私人日记的研究皆在近十年内得到了较快增长，可见学界对个人叙事、微观历史研究关注度的日益提升。去除对虚构的"日记体小说"进行的文学分析，相关研究多是以隐私性与主观性极强的私人日记为研究对象，从日记所特有的微观视角与个人叙事的角度出发，以期丰富真实的历史进程，填补宏大叙事下缺失的细节。然而，日记作为个人档案的重要类别，且随着档案资源社会化及档案事业由"国家模式"向"社会模式"的转变，极少进入档案界学术研究的视野，从档案学视角对日记进行研究的论著也是少之又少。

2005 年英文初版、2013 年中文译版的《梦醒子：一位华北乡居者的人生》（以下简称《梦醒子》）正是此类研究的一部经典佳作。这本由西方汉学家沈艾娣（Henrietta Harrison）所著的个人生活史著作，出人意料地选择了一位鲜为人知的华北乡绅刘大鹏作为主角，以他持续五十余载的《退想斋日记》为蓝本，辅以部分地方史资料和口述访谈，将这一"非典型"人物的困惑与烦恼、反抗与挣扎全盘剖析于世人面前，并通过他的悲喜人生来窥探华北乃至整个中国的近代变迁。自《梦醒子》一书问世以来，学界对该书的评述、研究颇丰，但大多是史学界、语言学界涉足其中，档案界则少有关注。笔者读罢此书认为，《梦醒子》一书成功的关键要素之一则是对《退想斋日记》内容的深入挖掘，书中所展现的记忆画卷，所采用的叙述手法，无不体现着作者对日记内容细致入微地探察，闪耀着人文关怀的光辉，由此该书也足可称得上个人档案研究的经典范例。本小节将由此入手，从时间视域、空间视域与自我身份归属这三个角度对《梦醒子》展现的历史叙述进行分析，探讨其所反映的个人档案中的身份认同建构与想象。

（一）时间视域：五种身份状态下的人生景观

在探究《梦醒子》一书中时间视域的转变时，笔者希望引入柏格森时间这一经典哲学时间观念。柏格森初触时间概念之时，正是经典物理学深刻冲击人文领域、机械论几近贯穿所有社会议题之际。① 起源于牛顿经典力学的绝对时间观认为时间是先于物体而独立存在的绝对实在，时间均匀地流逝而不

---

① 李海涛. 论柏格森时间［J］. 法国研究，1988（02）：89-96.

受外界影响，过去与未来因时间的可逆性而具有时间上的反演对称性。① 在此种观点影响下，复杂的人类活动与社会构架被长期粗糙地简化为某种大型机器，而忽略了人性与组织的多样与幽微。这种粗简的社会机械论虽影响了人文学科近一个时代，但亦是可预见地将淹没于历史的浪潮，柏格森时间观念于此应运而生。伴随着生物学进化论的挑战与社会阶级矛盾的凸显，柏格森时间凭借着其"绵延""不可逆"等概念有力反击了传统机械论，为后人探究主观性时间概念、时间意识与叙事冲动关系等问题提供了有力的剖析工具。

1. 内在时间：身份转变的逻辑之链

与均质展开的绝对时间观不同，柏格森时间观念有一个核心概念——"绵延"。为了对这一概念进行论述，柏格森区分出了"纯一的时间"和"真正的时间"这两种不同的时间观念，其中前者是空间化的，而后者则是纯粹的"绵延"②，是一种"完全性质式的，除非被象征地表示于空间，否则不可测量"③ 的时间之流，一种连续流动而又存在于纯粹心灵的主观性内在时间。这种内在时间是非空间化的，饱受个体主观因素的影响，也因此极适用于个人档案这种主观叙事作品，可助力对个人记录中身份认知的变化进行梳理。

《梦醒子》书中的"内在时间"可具象为主角刘大鹏内心的绵延时间之流，并表述于他持续五十余载的日记记录之中。柏格森认为，"在我自身之内正发生着一个对于意识状态加以组织并使之互相渗透的过程，而这过程就是真正的绵延"④。这意味着"绵延"是完全发生于个体内心的，是个人主观性地对意识内时间状态进行重新排列的过程。这一"内在时间"本是极其私密、难以被外界所知的，但幸运的是，自 1891 年刘大鹏初为富家坐馆授徒起，他就笔耕不辍地记录下了日常生活中的大小事宜及相应评价⑤，我们也因此得以窥见这位非典型华北乡绅在时代崩塌之际的身份变迁与内心纠葛。在《梦醒子》一书中，沈艾娣以《退想斋日记》及刘大鹏个人所著《晋祠志》等资料为主要依据，将刘大鹏的身份划分为"儒生、孝子、议士、商人和老农"这五种不同类型，通过那些隐透苍凉的琐碎记录，读者得以窥见某些身份并非

---

① 徐炎章. 论 N. 维纳的机体论思想 [J]. 自然辩证法研究, 2004 (02)：69-72, 86.

② 龙迪勇. 寻找失去的时间：试论叙事的本质 [J]. 江西社会科学, 2000 (09)：48-53.

③ 柏格森. 时间与自由意志 [M]. 吴士栋, 译. 北京：商务印书馆, 1989：70.

④ 柏格森. 时间与自由意志 [M]. 吴士栋, 译. 北京：商务印书馆, 1989：73.

⑤ 沈艾娣. 梦醒子：一位华北乡居者的人生 [M]. 赵妍杰, 译. 北京：北京大学出版社, 2013：11.

为他所希冀，而更多是生活所迫。在其所著的《晋祠志》中，刘大鹏于地方名贤传的卷末留下了《卧虎山人》和《梦醒子》两篇文章为自己的一生作注，称自己"生而顽钝，年七龄甫能言。及长性嗜读，而解悟恒稀……年近不惑，举于乡。凡两北上，而两困公车……惟于桑梓山水处，徒步往游，饮酒赋诗，约咏终日，萧然以尽其意"①。文章行文虽以外部时间的变化为大致分野，笔笔写下的却都是作者内心的纠缠苍茫，这实际上正反映了柏格森绵延观念中的"自我与绵延"以及"外物与绵延"。柏格森认为，深层自我是绵延的，因为代表了个体真正意识的它包含了记忆，而过去与现在于记忆中交互渗透、重新排列，从而构成了个体意识中绵延的内在时间。② 刘大鹏在《卧虎山人》和《梦醒子》中对自己一生的回顾，看似豁然平静，却清晰反映了他对自己"德行一无所成，学业一无所就，思之大罹，悔念丛生"的复杂内心纠葛，在他的意识深处，那些不可挽回的失败记忆相互渗透，扰乱了他的内心时间秩序，以至让其发出"从前竟在梦中过活"③ 的感慨。而这些相互交融的记忆瞬间，又是受到真实外物影响的，"外界的这些不同状态引起了种种意识状态，它们互相渗透，不知不觉地把自己组成一个整体，并通过这个联系过程把过去跟现在联在一起"④。时代洪流推动了广阔外物的更替变迁，并为刘大鹏的生活带来了不可逆的影响，诸多痛苦的人生瞬间在他的意识深处渗透交融，敦促他意识到往者不可谏而来者犹可追。绵延的内在时间中记忆相互交错与渗透，最终形成了这位华北乡绅接受其身份转变的逻辑之链。

2. 外在空间化的时间：身份认同的逻辑之链

在柏格森的时间观念中，除去"纯粹绵延"这种"真正的时间"，我们还拥有一种用于科学处理的"可测量的时间"。他解释道："倘若我们把时间解释为一种媒介并在其中区别东西和计算东西，则时间不是旁的而只是空间而已。可以证实这种意见的有这个事实：我们不得不借用种种有关空间的影

---

① 沈艾娣. 梦醒子：一位华北乡居者的人生 [M]. 赵妍杰，译. 北京：北京大学出版社，2013：13-14.

② 王晋生. 柏格森绵延概念探讨 [J]. 山东大学学报（哲学社会科学版），2003（06）：108-111.

③ 沈艾娣. 梦醒子：一位华北乡居者的人生 [M]. 赵妍杰，译. 北京：北京大学出版社，2013：16.

④ 柏格森. 时间与自由意志 [M]. 吴士栋，译. 北京：商务印书馆，1989：81.

像，以使我们能描述意识对于时间，甚至对于陆续出现有着怎样的感觉。"①
在这一观念中，柏格森基本接受了牛顿时空观中的空间观念，将空间看作一种独立存在而均质延伸的绝对实在，认为空间观念是人类对物质世界的一种直观认知，本与真正的时间，即"绵延"无关。但作为一种人类认知的常用工具，空间概念往往会被不自觉地应用于意识状态，从而导致时间以空间化的形式表现出来。

《梦醒子》所描绘的刘大鹏的境况正是如此。在刘大鹏的琐碎日记中，我们看到了公车上书、戊戌变法、废除科举、辛亥革命乃至抗日战争……当这些在宏观叙事中令人耳熟能详的历史事件在刘大鹏这种升斗小民头上落下，时代的尘埃也化为了他头顶的一座大山。巨大的外部刺激让他难以平静本心，本应绵延连续的内在时间也被空间这个鬼影悄然侵入，最终化为割裂状的、空间化的"纯一的时间"。作为帝国的最后一代儒生，一个茫然无所归宿的旧日遗老，刘大鹏不可避免地在快速崩塌的时代面前产生了怀疑，他不自觉地将空间划分这种物质世界的认知观念代入了时间观感上，"把意识状态投入空间"②，从而反求诸己，产生了一种对自身身份的割裂之感。如果说上文所述的内在时间只是通过诸多相互渗透、彼此融合的生活瞬间来促使刘大鹏认识到自己身份的多重转变，那么外在空间化的时间就更进一步，它以空间的形式将刘大鹏"儒生、孝子、议士、商人和老农"这五种身份均质地割裂并排布开来，直截了当地把帝国已然崩溃这一悲凉事实展现在这个末代儒士面前，也无情地迫使其必须对自己的身份有所认同。于刘大鹏而言，割裂的空间化时间远比绵延的内在时间更加无情，因为后者中相互渗透与包含的时间尚能给予这个华北乡绅接受自己身份变化的过渡缓冲，但前者所带来的割裂的痛苦则直接将他逼迫到了身份失衡的悬崖之上。若想继续维持生活，他就必须对自己的新身份加以认同。面对无情的外在时间，刘大鹏只能空怀着一腔对过去的留恋与对未来的迷茫，他希望能留住这脆弱的时间，又想认清当下的身份，这最终融为了一种将一切记录下来的强烈叙事冲动，正如他日记中所感慨的，"余之日记时事多。以身处乱世，心无所寄，惟于日记册中聊寄慨叹而已"③。"议士、商人乃至老农"，这些刘大鹏本不愿接受的身份在时代的洪

---

① 柏格森. 时间与自由意志 [M]. 吴士栋，译. 北京：商务印书馆，1989：61.
② 柏格森. 时间与自由意志 [M]. 吴士栋，译. 北京：商务印书馆，1989：60.
③ 沈艾娣. 梦醒子：一位华北乡居者的人生 [M]. 赵妍杰，译. 北京：北京大学出版社，2013：10–11.

流下也无法抗拒地与其绑定在了一起。旧日的时代遗老于空间化的外在时间中无奈而别无选择地完成了身份认同的逻辑之链。

（二）空间视域：传统到现代转型的认同焦虑

因其"描写故去之事"的文学特性，叙事概念在过去常被学界认为是简单的表征方式，直到 20 世纪中叶以后，叙事学才随着结构主义的兴起而成为一门独立的学科，一种理解社会本质的切口。① 这门新兴的学科认为，正是我们的叙事决定了我们是谁，我们的故事决定了我们何在，只有通过叙事，我们才得以认识自己、了解社会，并最终形成身份认同，这在女性、少数族裔乃至性少数群体等过去被忽略者身上体现得尤为明显。为了完善现代叙事理论，学界于 20 世纪 90 年代将叙事分为了四个类型，即叙事的四个维度：本体叙事、公共叙事、概念/学科叙事和元叙事。② 本部分笔者将从其中的本体叙事与公共叙事这两个维度入手，从空间视域的角度切入《梦醒子》一书，以助力剖析个人档案中的身份认同建构与想象。

1. 身份认同的本体叙事

本体叙事，即社会行动者们用以理解并在事实上指导他们生活的故事。③ 通过本体叙事，我们得以知晓我们是谁，并反过来指导我们如何为达到这个预定身份而努力。以刘大鹏的亲笔记录为蓝本的《梦醒子》，显然是一份本体叙事研究的典范之作。

据沈艾娣推测，刘大鹏所著大部分作品皆以供世人参考之目的而进行写作，是带有将来出版的欲望与希冀的。在《晋祠志》的序言中，他曾明确提出书中描述灌溉制度的一节是为了补全记录、供人参考而作，即使在穷困窘迫的晚年，他也依然在为一些记略评论寻找尽量平整的纸张。而作为一份写给自己的私人日记，《梦醒子》一书的主体资料来源《退想斋日记》也与那些写给别人的书籍并无多少区别。④ 这或许意味着比起关心自己的本真到底是何种模样，刘大鹏更看重的是为自己设置一个特定的角色，并以此来规范自己的日常行为，这正符合本体叙事的概念定义。上文提及刘大鹏曾为自己写过带有自传性质的《卧虎山人》与《梦醒子》两篇文章，其中的《梦醒子》

---

① 龙迪勇. 叙事学研究的空间转向 [J]. 江西社会科学，2006（10）：61-72.
② 黄海军. 叙事视角下的翻译研究 [J]. 外语与外语教学，2008（07）：56-59.
③ 周宪. 文学与认同：跨学科的反思 [M]. 北京：中华书局，2008：43.
④ 沈艾娣. 梦醒子：一位华北乡居者的人生 [M]. 赵妍杰，译. 北京：北京大学出版社，2013：13.

一文，不仅是刘大鹏的自号与本书名称的来源，也是这种源于他内心深处的本体叙事的明确外在体现。在此文中，刘大鹏声称自己做了一个奇梦，梦见一位"形容甚古"、使他"不觉肃然起敬"的老人，刘大鹏在梦中向老人求教如何从一事无成的痛苦中摆脱出来，老人回他，"子欲学为圣贤，从事诚敬足矣，无庸他求"，此言如醍醐灌顶，令刘大鹏"恍如冷水浇背，忽然惊醒"，因而自号"梦醒子"①，将科举弃之脑后，而只求诚敬以尊圣贤，从此对自己的"自我认同和价值坚定不移"②。

从叙事学的角度来说，刘大鹏的这一奇梦绝非他所认为的天人所托，而是来自其深层自我的本体叙事。我国叙事学研究专家龙迪勇先生认为，"梦是在潜意识中发生的一种叙事行为"③，刘大鹏之所以能有此梦，是因为他为自己设定了"欲学为圣贤"的特定身份，他由此来认识并理解自己，并通过"诚敬"来为实现这个目标而努力。这一叙事定位也许与这位终生未能飞黄腾达的华北乡绅并不相符，但在动乱的近代社会中给予了刘大鹏以安全感，使他对自己的身份有所认同——即使这学为圣贤的叙事是如此模糊而不真实。正如玛格丽特·萨默斯所认为的，叙事和本体互为条件，将事件纳入片段，并给予社会行动者以某种社会存在感。④ 刘大鹏手书记录中的本体叙事，正反映了他对自我的身份期待与认同，这使他得以在帝国覆灭多年后依然保持古代儒生"诚敬"的生活状态，也让其在日益变化的时代面前越发迷惑而焦虑不安。

2. 身份认同的公共叙事

公共叙事，即指依附于文化和体制形态，或者说依附于主体间网络或体制的叙事，是一种超越单一个体之上的叙事。⑤ 前文所述的本体叙事是个体对自身的叙事，但其并非凭空出现，而是与个人经历和其成长环境息息相关，深受周边的大环境叙事，即公共叙事的影响塑造。⑥ 具体到《梦醒子》一书，

---

① 沈艾娣. 梦醒子：一位华北乡居者的人生 [M]. 赵妍杰，译. 北京：北京大学出版社，2013：15-16.
② 沈艾娣. 梦醒子：一位华北乡居者的人生 [M]. 赵妍杰，译. 北京：北京大学出版社，2013：37.
③ 龙迪勇. 叙事学研究之五 梦：时间与叙事 [J]. 江西社会科学，2002（08）：22-35.
④ 周宪. 文学与认同：跨学科的反思 [M]. 北京：中华书局，2008：43.
⑤ 周宪. 文学与认同：跨学科的反思 [M]. 北京：中华书局，2008：43.
⑥ 范玲娟. Mona Baker 叙事理论的演进及其在翻译研究中的应用 [J]. 浙江外国语学院学报，2015（01）：22-27.

我们可以清晰地看到刘大鹏的本体叙事到底源于何处——他是帝国的最后一代儒生，整个青壮年都沐浴在这座将倾大厦的最后余晖之中，此时仍渗透于人们生活方方面面的传统儒学奠定了他一生的思维观念。在幼年之时，刘大鹏就通过孩子们的游戏而初步认识了权位与力量的社会规则①，此后在书院的进修更是让他在浓烈的学风影响下坚定了学为圣贤的身份设定，即使在帝国崩塌后的艰难岁月，刘大鹏在作为商人、议士乃至老农时也未放弃过这一叙事定位。

公共叙事所覆盖的空间范围十分广阔，家庭、工作场所乃至国家社会皆可纳入其中，并通过有意识的选择、分类最终串联起来，这在《梦醒子》一书中也有所体现。于家庭空间中，读者可以得知刘大鹏长期与大群家人居于一处，家庭生活对他十分重要，但其日记内容有所选择，儒家所推崇的"孝道"显然比现代小家庭中注重的婚姻关系更符合刘大鹏的家庭叙事。十几岁时，刘大鹏就缔结了第一次婚姻，并与妻子育有四子②，但在他青壮年的记录之中，婚姻方面的家庭生活实在显得微不足道，"而女性简直像是不存在"③。此后的两任婚姻也无较大分别，与他对父母、子女所留下的多篇记录相比，刘大鹏对妻子的描述并不多见，叙事也多集中于她们如何能干务实或遵循孝道。即使是对他十分喜爱、愿意出五分之一年收入为其置药的第二任妻子郭静，刘大鹏也没有将男女情爱置于孝道之上，并在日记中记下了"爱妻不应超过父母"④ 的评论。这种经过选择而表述出来的家庭叙事，实际上体现了刘大鹏对自己的身份定位——一位德高望重的大儒不应耽于儿女私情，儒家所崇尚的孝道却应尽力遵循。然而，平衡个人情感、地方观念与儒家实践并非一件易事，刘大鹏自己就曾因为与母亲发生争吵而认为自己是天下最不孝的逆子⑤，他的同窗好友张桢以七出之由休妻，在当地引起轩然大波，但在

①　沈艾娣. 梦醒子：一位华北乡居者的人生 [M]. 赵妍杰，译. 北京：北京大学出版社，
　　2013：19.

②　沈艾娣. 梦醒子：一位华北乡居者的人生 [M]. 赵妍杰，译. 北京：北京大学出版社，
　　2013：15.

③　沈艾娣. 梦醒子：一位华北乡居者的人生 [M]. 赵妍杰，译. 北京：北京大学出版社，
　　2013：26.

④　沈艾娣. 梦醒子：一位华北乡居者的人生 [M]. 赵妍杰，译. 北京：北京大学出版社，
　　2013：48.

⑤　沈艾娣. 梦醒子：一位华北乡居者的人生 [M]. 赵妍杰，译. 北京：北京大学出版社，
　　2013：52.

《晋祠志》中为张桢立传时，刘大鹏展示了与村民截然不同的观念，认为张桢此举是孝道的典范。① 这种由旧社会的官方儒学所造就的家庭叙事，在当地的实践中却常常不被理解，刘大鹏在 1892 年的一篇文章中写道，"若乡人如此，而我一人独不如此，一乡之人必有谓矫情立异者"②。显然，个体、地方与理想儒学的矛盾和割裂为刘大鹏的内心带来了迷惑与焦虑。

工作场所的叙事也不容乐观。尽管儒学在刘大鹏的青壮年时期仍是社会推崇的官学，但与他一样从内心崇敬儒学的人显然只是少数③，就连京师也遍布功名利禄之心④。废除科举之后，刘大鹏不仅再无出仕之路，其固守的旧日价值观也受到了极大挑战，他在日记中评论维新主义"无非用夷而变夏，可慨也已"⑤，并称自己"与时事大不相宜"⑥。在赖以为生的教职也随着时代的冲击而失去后，刘大鹏凭借其个人声望设法在新政府谋得了县议长一职，却又在权力斗争中落败被逐出政坛。⑦ 后来作为煤矿商人时，他短暂地在儒家的诚敬与商人的诚信中找到了一种平衡，但最终还是一无所有。⑧ 他也许逐渐意识到，自己所恪守的儒生形象已被新时代的叙事冲击得荡然无存，这在整体的时代变迁背景下或许更为突出，事实上，晚年刘大鹏对正统儒学的坚持已然变成了一种近乎滑稽的表演，"敬惜字纸"的行为已被乡邻"反笑予迂阔也"⑨。剧烈变化的公共叙事使他越发被时代抛弃，其在"梦醒"之后就坚信不疑的本体叙事也在不同空间的公共叙事中都显得格格不入。传统已在向现

---

① 沈艾娣. 梦醒子：一位华北乡居者的人生 ［M］. 赵妍杰，译. 北京：北京大学出版社，2013：58-59.

② 沈艾娣. 梦醒子：一位华北乡居者的人生 ［M］. 赵妍杰，译. 北京：北京大学出版社，2013：60.

③ 沈艾娣. 梦醒子：一位华北乡居者的人生 ［M］. 赵妍杰，译. 北京：北京大学出版社，2013：38.

④ 沈艾娣. 梦醒子：一位华北乡居者的人生 ［M］. 赵妍杰，译. 北京：北京大学出版社，2013：39.

⑤ 沈艾娣. 梦醒子：一位华北乡居者的人生 ［M］. 赵妍杰，译. 北京：北京大学出版社，2013：72.

⑥ 沈艾娣. 梦醒子：一位华北乡居者的人生 ［M］. 赵妍杰，译. 北京：北京大学出版社，2013：77.

⑦ 沈艾娣. 梦醒子：一位华北乡居者的人生 ［M］. 赵妍杰，译. 北京：北京大学出版社，2013：81-92.

⑧ 沈艾娣. 梦醒子：一位华北乡居者的人生 ［M］. 赵妍杰，译. 北京：北京大学出版社，2013：104-107.

⑨ 沈艾娣. 梦醒子：一位华北乡居者的人生 ［M］. 赵妍杰，译. 北京：北京大学出版社，2013：132.

代转型，刘大鹏却缩首于旧日的想象，这无疑加剧了他的认同困惑与焦虑。

（三）自我归属：个人身份认同的艰难确认

加拿大档案学家特里·库克认为，"个人为了自我意识的存续而创造自己所需要的故事"①。事实也的确如此，个人档案的创造者们试图通过叙事来完成自我身份认同的确认，寻找到自己的归属所在。经过了前文时空两个视域的论述，我们对刘大鹏在时代变迁面前的纠结与焦虑有了一定了解，也因此可以在本部分更加轻松地进入其自我身份认同的艰难确认之旅。

1. 自我身份认同的建构

与大多数浑浑噩噩度过一生的人不同，刘大鹏的一生都在试图完成自我身份认同的建构，他为自己设定了"学为圣贤""经世致用"的目标并为其不断修正实践行动，这种身份定位不是一蹴而就，而是不断完善的，笔者愿把他所书的自传文章《梦醒子》作为其完成身份定位设置的标志。刘大鹏在此文中称自己已 37 岁却一事无成，但"梦醒"之后，他将已然遥不可及的功名利禄抛诸脑后，而领悟了儒家伦理体系的核心，从此只求"诚敬"二字而已。

作为一个动态过程，身份认同始终需要形成与建构②，刘大鹏的人生正是如此。在身为儒生之时，他在书院进修十年，苦修八股并多次赶考③，教学的十余年间也未放松过对经典的学习④；作为孝子，他极注重孝悌与家庭和睦，并把家庭的疾病与灾难看作上天对他没有尽儒家孝道的惩罚⑤；担任议士的他宣扬儒学⑥；身为商人的他恪守古礼⑦；直到最后作为老农时，他也不忘了将

① COOK T. We are what we keep, we keep what we are: Archival past, present and Future [J]. Journal of the Society of Archivist, 2011, 32 (02): 173-189.

② 王笛. 论档案文献编纂在身份认同建构中的功能及其实现 [J]. 北京档案，2018 (07): 17-20.

③ 沈艾娣. 梦醒子：一位华北乡居者的人生 [M]. 赵妍杰，译. 北京：北京大学出版社，2013: 31.

④ 沈艾娣. 梦醒子：一位华北乡居者的人生 [M]. 赵妍杰，译. 北京：北京大学出版社，2013: 32-33.

⑤ 沈艾娣. 梦醒子：一位华北乡居者的人生 [M]. 赵妍杰，译. 北京：北京大学出版社，2013: 54-59.

⑥ 沈艾娣. 梦醒子：一位华北乡居者的人生 [M]. 赵妍杰，译. 北京：北京大学出版社，2013: 91-92.

⑦ 沈艾娣. 梦醒子：一位华北乡居者的人生 [M]. 赵妍杰，译. 北京：北京大学出版社，2013: 101-104.

农田劳作与儒家的治国理政结合在一起。① 刘大鹏的人生虽坎坷多变，但一直未超出他"学为圣贤""经世致用"的初始身份定位，他一生虽劳作辛苦，但亦坚定不移，至死未放弃过对自我身份认同的建构。

2. 自我身份认同的重构

正如前文所提及，刘大鹏追求诚敬的本体叙事虽一生未有改变，但也在急剧变化下的公共叙事中受到了巨大的冲击。家庭空间内，他过于重视孝道与和睦而选择性地忽略人本真之感情，因而在对张桢休妻和邻里和睦之事上与乡人产生了分歧；工作空间里，即使在废除科举后他也坚持诚敬儒礼，并以他儒生的声望作为谋求职位的砝码，这最终却在现代化的冲击下显得过于迂腐；社会空间中，他更是执拗地恪守古礼，乃至与日益变化的时代格格不入。为了在物质世界得以生存，刘大鹏不能只顽固地坚持他那借读书出人头地的身份理想，而是必须接受入仕做官这一路径的彻底消弭，接受并完成自我身份认同的重构。1891 年，刘大鹏开始了他的教职生涯，没有成功入仕让他觉得羞耻，但随着时间推移，他也开始尝试说服自己，列举了许多教学中的苦与乐。② 1913 年，他在担任县议长的同时进入了采煤行业，获得了商人身份。采煤生意的要求显然与他坚持的诚敬达到了较好的平衡，以至于他对这小小的山区煤矿给予了"晋之桃花源，不过是也"的高度评价。③ 20 世纪30 年代以后，随着煤矿产业的每况愈下，刘家最终只能靠耕地糊口，刘大鹏最终成了纯粹的老农，但此时的他已慢慢接受了身份的变迁，甚至在生病不能下田时发出"我乃一老农，吾心在田中"的感慨。④ 这位执拗的华北乡绅虽终其一生未放弃对自己儒生身份的认同与建构，但在时代的强力围剿之下，他也不得不逐步接受自己从议士、商人到老农的身份沦落，认同现实生活中的多元新身份，并渐渐完成了自我身份认同的重构。

3. 自我身份认同的想象

古罗马哲学家塞内卡认为，折磨我们的往往是想象，而不是真实。如上

---

① 沈艾娣. 梦醒子：一位华北乡居者的人生 ［M］. 赵妍杰，译. 北京：北京大学出版社，2013：119-120.

② 沈艾娣. 梦醒子：一位华北乡居者的人生 ［M］. 赵妍杰，译. 北京：北京大学出版社，2013：31-32.

③ 沈艾娣. 梦醒子：一位华北乡居者的人生 ［M］. 赵妍杰，译. 北京：北京大学出版社，2013：93-108.

④ 沈艾娣. 梦醒子：一位华北乡居者的人生 ［M］. 赵妍杰，译. 北京：北京大学出版社，2013：113-118.

文所论，刘大鹏对以儒学之道而出人头地的想象与他每况愈下的现实之间产生了割裂，这折磨着他，却没有让他彻底回到现实，他频繁的梦境与对桃源的痴迷正反映了想象在他日常生活中的重要地位。他在日记中记录了高中进士为皇帝建言献策的梦境①，顺应天意便会有好天气以利农时的梦境②，乃至有人送他文具使他能继续写作这样琐碎小事的梦境。③ 从空间叙事的角度来说，梦的工作就是叙述——梦是联结叙述者与事件的行为④，刘大鹏能有如此多意义明晰的梦境，正反映了他难以放下对身份定位的执念。

如果说梦境是潜意识的想象，那么对桃源的痴迷则是清醒时的执念。刘大鹏为许多艰苦的生活都赋予了桃源的想象：身为商人时，他将山野煤矿比作桃花源，醉心于这与世隔绝的现代化避难所间；身为老农时，他也常将自己称为隐士，为劳苦的农作劳动盖上一层归隐田园的想象面纱。他的自传体文章《卧虎山人》体例内容皆布满效仿痕迹，显然是在模仿著名隐士陶渊明的《五柳先生传》。然而贵族出身的陶渊明是有意归隐并将自己想象为农夫，华北乡绅刘大鹏则是被迫要靠耕种糊口，并在劳作中将自己想象为淡泊名利的士人，文章虽类似，两位作者的身份与想象却几乎倒错，为几近滑稽的事实又平添了一丝悲凉。可以说，刘大鹏的一生都没有摆脱想象，他在想象里飞黄腾达、居于桃源，他凭借着想象麻痹自己，以让自己在守旧的自我定位与激烈的现代转型之间还能找到身份认同，而非彻底迷失。

（四）个体身份认同中的"自我""他者"与"时代"

身份问题的探索很大程度上源于文化研究中的后殖民主义，起因于人们对以往被忽略弱势群体的反省。⑤ 在殖民主义盛行的时代，强势者常常凭借权力而将自己设置成标准化的主体，并将弱势群体客体化，但随着弱势群体的崛起抗争与文化学者的自我反省，"自我与他者"逐渐取代了"主体与客

---

① 沈艾娣. 梦醒子：一位华北乡居者的人生 [M]. 赵妍杰，译. 北京：北京大学出版社，2013：68.

② 沈艾娣. 梦醒子：一位华北乡居者的人生 [M]. 赵妍杰，译. 北京：北京大学出版社，2013：10.

③ 沈艾娣. 梦醒子：一位华北乡居者的人生 [M]. 赵妍杰，译. 北京：北京大学出版社，2013：8.

④ 龙迪勇. 梦：时间与叙事——叙事学研究之五 [J]. 江西社会科学，2002 (8)：22-35.

⑤ 方亭. 从自我主体分裂到他者身份认同：文化研究语境中的拉康主体理论 [J]. 信阳师范学院学报（哲学社会科学版），2008 (05)：142-145.

体"①，这两个相互依赖亦相互渗透的去中心化概念成了后殖民理论体系的重要组成部分。②

尽管并非置身于殖民地与宗主国这一典型殖民场景，刘大鹏的人生也可完美地纳入其中，他所希望固守的传统生活、儒家义理被呼啸而至的现代化进程冲击得破碎不堪，正如弱势文化被不可阻挡的殖民者们强力压制，他的自我身份认同也因此同样契合"自我"与"他者"的关系问题。这位华北乡绅因承载着家庭的希望而步入学堂，并通过前半生的儒学训练和社会熏陶认清了"自我"，却又因时代的波动而多次变换身份，被迫认同多元化的"自我"。一切正如拉康的主体理论：婴儿通过镜子首次认识"自我"，随后受父权社会的期望改变自我的认知，最终由社会环境确定主体的"自我"。③ 可以很容易地发现，这种主体理论中的自我认知并非纯粹由个体自身所定义，而是来源于"他者"的凝视与异化，即"自我"的全部真相都来自"他者"之镜。刘大鹏的人生正是如此，他自我设置的大儒身份并不能得到社会他者的认可，时代的变迁更是逼迫他改变自我的认知，事实上，即使是他"学为圣贤"的坚定自我定位也不过根源于父母的期盼与环境的推崇。"我思故我在"在后殖民理论中并不准确，"他者思故我在"才是时代洪流下个体无法逃脱的宿命。

特里·库克认为，"从文件记录到档案的管理方法创造了档案的等级权力结构，而这种等级制度重现了档案被创造时的社会权力结构"④。档案有关叙事，叙事关乎权力，这在后现代主义兴盛的当代已得到了学界的广泛关注。与体制内档案相比，个人档案由个体形成，也因此具有更强的主体代表性，更能展现真实个体的情感需求与身份困惑。如《梦醒子》一般对具体的个人档案进行剖析与研究，有助于打破主流叙事的权力体系，倾听被忽略群体的真情发声，从那些在宏观叙事中遗落的记忆碎片里窥视真实人生的认同建构与身份想象。

---

① 户晓辉. 自我与他者：文化人类学的新视野 [J]. 广西民族学院学报（哲学社会科学版），2000（02）：14-15，26.

② 程丹萍. 古迪逊诗歌中自我认同危机与他者认同危机研究 [J]. 传播力研究，2020，4（03）：143-145.

③ 方亭. 从自我主体分裂到他者身份认同：文化研究语境中的拉康主体理论 [J]. 信阳师范学院学报（哲学社会科学版），2008（05）：142-145.

④ RIDENER J. From Folders to Postmodernism: A Concise History of Archival Theory [M]. Minnesota: Litwin Books, LLC Duluth, 2009：97.

二、名人档案中的身份与认同——吴宝康的身份认同与中国档案学叙事的"本土化"

作为一名抗日战争时期涌现的杰出革命者，吴宝康树立了坚定的共产主义信仰，是坚定的唯物主义者，他将马克思主义的理论与方法正确运用到推动中国档案事业发展、档案学的学科建设和学术研究之中；作为中国著名档案学家、档案教育家，吴宝康为我国档案高等教育事业做出了奠基性、开拓性的伟大贡献，为中国档案学学科体系构建与档案学基础理论、档案学史、科技档案管理等研究领域躬耕不辍，始终不渝。从杰出的革命者到敬业的档案工作者，再到著名的档案教育家，吴宝康的每一次身份转变都记录在与他有关的人物档案中，这些与其相关的珍贵照片、信件、学术成果等原始记录可以划归至"名人档案"范畴，为研究吴宝康的身份转变与认同构建及其背后联结的中国档案学叙事的"本土化"、档案学的学科认同、中国档案学建设与发展等脉络提供了重要依据。

在中国知网（CNKI）以"吴宝康"为关键词进行文献检索，根据主题分布，可以发现学术界对吴宝康的现有研究均与档案学紧密联系在一起。具体来看，关于吴宝康的研究主题主要包括学术思想、档案工作、档案教育、中国档案学、档案利用、档案学理论等，研究成果不乏期刊论文与学位论文。例如，吴健、珊珊从吴宝康以马克思主义为指导建设和发展中国档案学的视角，对吴宝康的学术思想进行探讨。[①] 陈贤华认为新中国档案教育的每一步发展几乎都与吴宝康的名字联系在一起，并对其新中国档案教育贡献进行了系统梳理。[②] 廖艳娟对各个特定时代背景下吴宝康所做工作及成果进行综合评述，在厘清时代发展脉络的同时系统梳理了吴宝康对中国档案学的卓越贡献。[③] 但在可检索到的相关文献主题中，暂未有从吴宝康人物档案出发专门研究吴宝康身份转变或学科认同与身份认同主题的文献。而吴宝康作为杰出的革命者和著名的档案学家，其人及与其相关的名人档案不失为身份认同研究的典型范例。因此，本小节将以吴宝康及其有关档案为研究对象，分析与吴宝康相关的档案中所呈现出的身份认同，以及中国档案学叙事的"本土化"

---

① 吴健，珊珊. 以马克思主义为指导建设和发展中国档案学：论吴宝康教授学术思想 [J]. 档案与建设，1998（09）：16-20.

② 陈贤华. 吴宝康与中国档案教育 [J]. 档案学通讯，1987（06）：4-9.

③ 廖艳娟. 论吴宝康对当代中国档案事业的贡献 [D]. 南宁：广西民族大学，2009.

过程，试回答"吴宝康的身份经历了哪些转变，又在他的相关档案中留下了什么线索""吴宝康的身份认同与中国档案学的'本土化'叙事有何关系"等问题，以期沿着吴宝康的生命轨迹，走向中国特色档案学的历史与未来。

（一）身份转变：吴宝康人物全宗的关键线索

1. 从革命者到档案教育家

在一定范围内知名的或在某一学科、领域、行业有过重大贡献，具有一定影响力并得到社会和历史承认的知名人物可以称为"名人"。① 与此相关的各种形式和类型的，能够反映名人生平、生活、社会活动等各方面的原始记录则可称为"名人档案"。吴宝康不论是作为一位革命者，还是一名档案学家，他众多的身份类型与对应的贡献在国内和国际范围内都可以使其被称为名人。在国际影响力方面，英国剑桥国际传记中心将吴宝康评选为"1992—1993 年度国际名人"，授予"20 世纪成就奖"等荣誉；美国传记研究所也将他评选为"五千个世界名人""1993 年名人""十年来最钦佩的名人""1993年世界名人"等，授予"世界终生成就奖"等荣誉。② 因而与其相关的原始记录则毋庸置疑地可归入名人档案的类别。翻阅吴宝康的相关档案，不难发现身为一名拥有坚定的共产主义信仰的革命者是吴宝康众多身份的一抹底色，近十年的革命经历也是他生命历程的重大转折点，他由此从一个名不见经传的上海英商汇丰银行练习生转变为一名光荣的中国共产党党员、一名坚定的唯物主义者，他这层身份底色所赋予他的马克思主义理论与方法也为其后来投身档案工作、档案教育、档案学科学研究奠定了坚实的基础。

在吴宝康所写的《我的回忆》一文中，他提到自己改名"宝康"的经历。1939 年，他从上海到无锡梅村参加革命后，向上级提出改名要求，意在参加革命后隐姓埋名，不让人知，以更好地融入普通群众，从此，他的名字由原名"吴庆荣"改为后来一直沿用的"吴宝康"。他回忆道："我的名字确实发挥了通俗普通的作用，不是一个革命化、时代化的名字。我只希望自己只是广大群众中的一员，做一点普普通通的工作，起一点普普通通的作用，为革命多做贡献。"对于后来参加革命使用的"孙心烈"这一笔名，他说："我记得当年我在上海和下乡后，写文章都爱用'孙心烈'这个笔名，它又从

---

① 梁兵，王子鹏. 关于名人档案若干问题的认识与思考 [J]. 云南档案，2010（01）：50-51.

② 吴宝康. 我的回忆（续完）[J]. 档案学通讯，1997（02）：70-78.

另一个侧面反映了我的思想，我不喜欢锋芒毕露、慷慨激昂，而只求心似烈火，实实在在为革命做一些工作就是了。"① "吴宝康"和"孙心烈"这两个名字（"吴"随父姓，"孙"随母姓），或多或少地蕴含着他所出身的家庭印记及其与父母祖辈的连接和微妙情感，也直接体现了他对自己当时的身份定位与认同，见证着他对自己的警醒与期许。吴宝康也在近10年的革命生涯中积累了丰富的宣传、新闻报刊、调研、文书等工作经验，为其日后档案工作埋下了伏笔。1948年7月，吴宝康由大众日报社研究部主任调任华东局秘书处资料室主任，兼华东局政策研究室秘书。1950年5月，中共中央华东局与中共上海市委分开办公，华东局机关资料室撤销，改设华东局办公厅秘书处档案科，吴宝康任科长。同年8月，其调任中共中央华东局办公厅秘书处编辑研究科科长，主编华东局机关刊物《斗争》。1951年5月，吴宝康又升任中共中央华东局办公厅秘书处副处长，分工主管档案工作。同年7月，吴宝康兼任中共中央华东局办公厅档案室主任。这些身份转变是他正式接触档案工作、成为一名档案人的起点，也为其今后投身档案教育埋下深深的伏笔。从革命者到档案教育家，吴宝康历经不同的身份，却始终怀着不变的初心——用马克思主义理论武装头脑、指导实践，为共产主义奋斗终生，为自己热爱的事业奉献一生。

1952年4月，中共中央决定委托中国人民大学开办档案专业，培养档案干部。4月24日，中共中央办公厅、组织部向全国发出《关于中国人民大学档案工作训练班招生的通知》。② 同年10月，已过而立之年的吴宝康被组织任命为中共中央办公厅秘书处副处长，并被派往中国人民大学创办档案高等教育。11月，中国人民大学成立档案教研室，吴宝康任专修科档案班主任兼档案教研室主任，踏上建设中国档案教育之路。③ 从此，吴宝康的身份正式从革命者转变为档案教育家，档案教育家这一身份是其前期革命者身份在新时期、新的人生经历中的延续与转型，二者虽有区别，却又有着千丝万缕的联系。

作为中国著名档案教育家，如沿着现存他与领导、同事、学生在各个时期的合照及其亲自编写的教材、撰写的著作、论文等名人档案全宗里的关键线索，可以发现，他的大半生都在与档案教育同呼吸、共命运，致力于建设

---

① 吴宝康. 我的回忆 [J]. 档案学通讯，1997（01）：72-80.

② 中国人民大学信息资源管理学院简史：1952—2012 [Z]. 北京：内部发行，2012：56.

③ 吴宝康. 我的回忆（续完）[J]. 档案学通讯，1997（02）：70-78.

面向现代化、面向世界、面向未来的中国特色社会主义档案学教育。在中国人民大学工作时，从专修科档案班主任兼档案教研室主任到档案专修科主任，再到历史档案系主任兼党总支书记；从讲师到副教授，再到教授和众多高校的兼职教授，他的身份随中国人民大学档案教育发展和院系调整变迁而变化，但始终不变的是他对自己职责、使命、身份的清醒认同与躬身实践。哪怕因病住院也始终牵挂学院和师生，仍然坚持读报和收听新闻，计划着出院后要做的档案研究，同时希望师生在研究档案学时一定要端正学风，联系实际，正确运用马克思主义的理论和方法。① 在一次突发急病后，吴宝康自觉时日不多，带着未痊愈的身体，在疗养期间就开始伏案写作，争分夺秒地把自己对档案学理论与历史的研究心得和认识整理成稿，最终写成了 30 万字的书稿，于 1982 年 10 月由中国人民大学出版社作为校内用书出版发行 7000 册。退休后，吴宝康依旧致力于档案学理论研究，编写教材、撰写著作和论文，笔耕不辍，始终心系档案学及档案学教育的长远发展。

中国著名档案学家、档案教育家陈兆祦曾评价吴宝康："吴宝康教授开创了新中国的档案高等教育事业、开创了中国现代档案学体系，使中国人民大学长期成为全国档案人才和师资的主要培育基地，始终引领中国档案教育和档案学研究的走向。"② 不论身处什么岗位，属于什么身份，吴宝康"干一行、爱一行"的品质始终如一，他对所从事工作的深深热爱和对所肩负身份和职责的清醒认同都使其作为中国杰出的革命者和著名的档案教育家当之无愧、流芳百世。

2. 从"苏联经验"的践行者到中国化档案理论的构建者

吴宝康的档案思想是与其自身从事的档案工作、档案教育等经历和所负有的身份、职责，以及中国档案事业和学科发展紧密相连的。在新中国成立初期，各项事业百废待兴，中国的档案教育与档案学科发展也处于起步阶段。在时代发展大势与国家政策驱动下，学习苏联的经验成为当时档案工作、教育、学科建设的一大特色。1952 年，在周恩来总理的亲自关心下，中共中央办公厅、组织部、宣传部委托中国人民大学创办专修科档案班，并聘请苏联档案专家姆·斯·谢列兹聂夫来中国任教，调派中共中央办公厅秘书处副处

① 刘旭光. 一片冰心在玉壶：记我国档案界第一位女教授韩玉梅 [J]. 辽宁档案，1992（08）：15.

② 陈兆祦. 从银行小学徒到档案学导师 [N]. 中国档案报，2007-11-01（03）.

长吴宝康担任专修科档案班班主任兼档案教研室主任，这是吴宝康接触苏联经验的开端。当时，作为新中国档案学和档案高等教育事业的创始人和奠基者，吴宝康是坚定的"苏联经验"的践行者：他就像一条纽带，将苏联的优良经验源源不断地注入新中国档案的土壤。

在学习苏联经验方面，他并不是一味地照抄照搬，而是在学习苏联的社会主义档案学理论的同时，注重考究中国与苏联档案学的异同特质①，以便探索出适合中国档案学的发展道路。例如，谢列兹聂夫在考察中国档案事业过程中提出在中国成立国家档案局的意见，吴宝康接受并分别向中共中央办公厅秘书处处长曾三，中共中央委员、中国人民大学校长吴玉章做了书面报告。在报告中，他结合了谢列兹聂夫的意见和中国的实际情况，进一步提出"目前我们在档案建设上最主要、最中心的问题，就是首先成立中央的档案领导机关"②的具体建议。关于苏联的全宗（芬特）思想和立卷经验，吴宝康得出了适合中国档案工作情况的诠释——芬特是一个机关、团体、企业、学校在其全部工作活动中所形成的一切文件材料的总和。当整理一个芬特的时候，必须力求整理一个完整无缺的芬特。做立卷工作的人必须深刻地认识所谓案卷就是与某一问题或实物有联系的全部文件的组合，必须随时记着保持文件之间的联系的原则。③他对苏联经验的选择性接受也为之后他对其他国家档案经验的批判性借鉴奠定了基础。例如，对于文件生命周期理论传入中国，他主张"在不贬低文件生命周期理论传入我国的意义的条件下，在今后我国的档案学研究中，应该更多地去研究、总结和提高我国档案学界自己产生形成的档案自然形成规律理论和文件运动周期理论。同时经常注意汲取国外的发展着的文件生命周期理论的科学因素和新营养，为我所用"④。

随着中国档案事业的发展和老一辈档案学家的共同努力，中国档案学的理论体系逐渐走向独立、成熟。在学习和摸索中，慢慢找到一条具有中国特色的理论发展道路。作为这一发展过程中的开创者，吴宝康此前积累的丰富的实践经验、掌握的先进马克思主义的理论和方法、与时俱进的观念，以及

---

① 廖艳娟.论吴宝康对当代中国档案事业的贡献 [D].南宁：广西民族大学，2009.

② 赖世鹤，范垂学.回忆国家档案局成立的经过 [J].档案学通讯，1986（04）：7-10.

③ 吴宝康.中国人民大学档案专修班立卷实验工作的初步研究 [J].档案工作，1953（02）：11-18.

④ 吴宝康."文件生命周期理论"问题引起的若干思考 [J].档案学通讯，1993（01）：9-12.

吸收的成熟的苏联经验都为其致力于构建中国化档案理论奠定了坚实的基础。吴宝康对档案的认识随着时代的变化不断更新和完善——从历史的研究资料到现实的参考再到一种宝贵的信息资源；其对档案部门的服务姿态的认识，也从被动到主动，从保守到开放。在此过程中，吴宝康对档案学形成了自己独到的认识，对档案学的理论与实践也有自己越发深入的见解，这都为后来构建中国特色的档案学体系打下了坚实的基础。

3. 从"经验型"档案学到"理论型"档案学体系的力行者

近十年的革命经历与对苏联档案经验的学习和借鉴都为吴宝康深耕档案教育和档案学研究奠定了坚实的实践基础。王晓飞在《中国的四代档案学者》一文中提道："以曾三、吴宝康为代表的一批既有丰富的档案工作实践经验，又有马列主义理论水平的档案学家组成了中国档案学界第二代。他们是社会主义档案学的奠基人。"① 作为中国档案学界第二代的代表人物之一，吴宝康少年与青年阶段的宝贵社会经历成了其后来构建中国档案学理论体系的实践积淀。因家庭变故，吴宝康初中毕业后便正式踏入了社会这所教授实践的"大学"学习经验，为生计奔波，他的身份也从江苏松江电气公司练习生转变为上海英商汇丰银行练习生，再转变为上海银钱业联谊会会员、记者，工作期间，他接触了抄电表、取库房账本、往来信件案卷、复印信函等繁杂的文书工作，同时自己也养成了写日记和保存日记本的习惯，这些实践都可以称之为他与档案理论与实践的"前缘"。而在 1935 年 9 月到 1939 年 7 月之间，据吴宝康回忆："我从一个安分守己、循规蹈矩的顺民转变为胸怀烈火、投身革命的旧社会的叛逆；从一个处在旧社会底层的外商银行里的地位卑贱的练习生转变为一个无产阶级先锋队——中国共产党的党员；从一个家境贫苦但又关系亲密融洽的家庭一员转变成为弃家从军的勇士；从一个在上海可以安居乐业的良民百姓转变为一个参加抗日队伍的新四军战士。"在身份急剧转变、马列主义洗礼及革命战争的历练中，吴宝康坚定了自己为中国共产党奋斗终生的决心，也积累了丰富的社会调查、新闻宣传等方面的实践经验。1948 年，吴宝康从大众日报社调至中共中央华东局秘书处政策研究室工作，任资料室主任兼政策研究室秘书，从此开始接触档案工作②，正式开始了档案实践经验的不断积累。

① 王晓飞. 中国的四代档案学者 [J]. 档案, 1989 (04)：32-35.
② 吴宝康. 我的回忆（续完）[J]. 档案学通讯, 1997 (02)：70-78.

新中国成立初期，档案专业刚刚创办，"设置哪些课程""如何培养人才""如何开展学术研究"等领域都是尚处开垦的"空地"。① 前期，吴宝康在学习借鉴苏联经验和依托自身实践经验的基础上，"摸着石头过河"为档案教育和档案学理论体系构建呕心沥血、事必躬亲，率先提出建设中国特色的档案学、筹备独立化的中国档案学科体系，并带领新中国成立后第一批档案学人全面组织、规划档案学的课程设置和研究进展，并以中国档案史、档案学史和档案学基础理论作为自己的主要研究方向。② 哪怕是在最艰苦的"文化大革命"期间，吴宝康被派往江西劳动锻炼，仍将《马克思恩格斯全集》《斯大林全集》《毛泽东选集》《鲁迅全集》以及档案专业的一套铅印出版的各科教材和译著作品，还有《辞源》《辞海》等工具书全部随身带往江西余江。③ 吴宝康的档案学理论随着中国档案实践的发展和自己经验的丰富而不断深化，走向成熟，他的身份也从边学习边实践的"经验型"档案学者逐渐转型为边研究边构建的"理论型"档案学者。这一变化生动体现在他从事档案教育和研究工作所创造的成果中，例如，《档案学理论与历史初探》《档案学概论》《中国档案近现代史稿》这三部著作，是吴宝康构建档案学理论体系的奠基之作。据吴宝康晚年回顾自己对档案、档案工作和档案学理论的认识深化历程，他从接触档案工作初期对档案的初步认识，认为"搞研究必须有材料，没有材料，想要研究问题是根本不可能的……图书、档案、资料、文件、报刊等都是属于材料范畴"，到"开始认识到档案和档案工作的地位、作用及其重要性"，再到随着时间的迁移和工作的开展，他的认识日益提高和发展，最后落到了对档案事业和档案学的认识和理论研究上④，成为"理论型"档案学体系的力行者。

（二）中国档案学"本土化"叙事：吴宝康人物全宗的主基调

1. 档案方法论"本土化"的推行者

吴宝康不论是作为一名革命者，一名档案教育家，还是"苏联经验"的践行者，抑或是中国化档案理论的构建者，马克思主义都是他始终不变的信

---

① 闫静 . 1949 年至 1966 年的中国档案学：作为一门独立学科的创建［M］. 北京：中国社会科学出版社，2021：140.

② 闫静 . 1949 年至 1966 年的中国档案学：作为一门独立学科的创建［M］. 北京：中国社会科学出版社，2021：140.

③ 吴宝康 . 我的回忆（续完）［J］. 档案学通讯，1997（02）：70-78.

④ 吴宝康 . 我的回忆（续完）［J］. 档案学通讯，1997（02）：70-78.

仰，马克思主义的理论和方法也是他从事社会实践和学术研究始终遵循的根本方法论。他多次在论文、著作中强调方法论的重要性，认为新中国成立后建设起来的档案学，以马克思主义、毛泽东思想为指导，这既是指导思想、理论基础，又是方法论。① 因此，为现代中国档案学奋斗一生，坚持以马克思主义（泛指马列主义、毛泽东思想、邓小平理论、"三个代表"重要思想、科学发展观）为指导建设和发展中国档案学，正是吴宝康学术思想的核心。② 但更为重要的是，吴宝康不仅重视对马克思主义理论和方法的学习和践行，而且还自觉将马克思主义理论同中国的具体实际有机结合，形成了一套具有中国本土特色的档案方法论，这反之也是对马克思主义的生动实践。具体而言，经吴宝康推行的"本土化"档案方法论主要包括以下三个特点。

第一，吴宝康坚持马克思主义矛盾分析的方法和毛泽东的矛盾论学说。在 20 世纪 60 年代初期，他在所著的《关于档案工作矛盾问题的探讨》一文中，就典范式地以马克思主义矛盾分析的方法，研究和论证了档案工作中的矛盾问题。这一思想和方法贯穿其档案理论研究的方方面面，也体现在他对科技档案管理学一些重要问题的研究当中。③ 吴宝康在贯彻马克思主义思想的基础上，十分重视毛泽东的矛盾论学说，这一学说是他探讨和论证档案工作坚持"以利用为纲"方针的主要理论依据。毛泽东的《矛盾论》作为马克思主义哲学中国化的典范，强调矛盾的普遍性与特殊性、共性与个性。吴宝康在档案学研究中，就结合档案、档案工作的具体实践，出色地运用了这一哲理。④

第二，吴宝康秉承实事求是、理论联系实际的科学精神。吴宝康坚持用马克思主义指导档案学理论与实践最突出的表现是坚持理论联系实际，这与其丰富的实践积累和扎实的科学理论素养密不可分，同时也奠定了中国特色档案学发展的主基调。在宏观层面，吴宝康在《档案工作》1984 年第 2 期发表了《档案学研究在中国》，该文指出"明确地以马列主义、毛泽东思想为指导，并依据马列主义、毛泽东思想与中国档案工作的实践相结合的原则，建

① 吴宝康. 论新时期档案学与档案事业［M］. 北京：中国档案出版社，1997：280.

② 吴健，珊珊. 以马克思主义为指导建设和发展中国档案学：论吴宝康教授学术思想［J］. 档案与建设，1998（09）：16-20.

③ 王传宇. 吴宝康科技档案教育思想研究［J］. 北京档案，1998（02）：17-19.

④ 吴健. 现代资本主义研究：吴健文集［M］. 北京：对外经济贸易大学出版社，2001：613.

设和发展中国档案学，从而使档案学成为具有真正科学意义的一门科学"，这是新中国成立后中国档案学建设与发展历史的显著特点。① 在微观层面，吴宝康用实际行动诠释着这一科学精神，例如，在档案学人才培养过程中，吴宝康在指导研究生撰写学术论文时，常常亲自带领学生深入实践，进行实地调研，汲取实践中的宝贵经验，并用以深化理论研究。他在《当代中国档案学论》一书"编者的话"对学生的硕士学位论文所作评价中，就直接表达了他对理论联系实际的方法论的重视："实践证明，调查研究不仅对写论文是完全必要的，而且从长远来看，对培养研究生今后健康地成长和发展也是具有深远的实际意义的。"②

第三，吴宝康倡导科学的档案观。这一点是上述两方面方法论表现的总体概括和自然结果。档案方法论"本土化"的推行过程中，吴宝康从不故步自封，而是与时代同频共振，一边钻研过去，继承优良的传统档案经验，提出"我们对传统的经验也不能忽视，更不能把它丢掉。我们有几千年的历史，过去历史上的宝贵遗产，其中有一些技术上的传统经验，可以应用到我们档案工作上来"③；一边立足当下，探索符合时代特征的档案学理论与方法；一边面向未来，不断推陈出新，预测档案学的发展趋势，提出"要从单纯的管理档案中走出来，深入档案的内容中去研究，扩展档案学研究的新领域，建设发展档案学理论"④。

2. 档案理论体系"本土化"的塑造者

新中国成立初期的中国档案学发展，是在以曾三、吴宝康为代表的档案领域开拓者的带领下，在筚路蓝缕的探索中不断向前推进的。中国现代档案学建设之初的目标或者说最终落脚点就是构建具有中国本土特色的档案理论体系，而吴宝康正是档案理论体系"本土化"的塑造者。

在构建中国本土特色的档案理论体系时，首先，吴宝康秉承着对档案这一事物和现象的科学认识，将档案视作一种重要的信息资源，将档案工作视作一项重要的国家事业，将档案学视作一门独立的社会科学。1984 年，时任中国档案学会副理事长的吴宝康在南京做学术报告时提出，档案工作是一项涉及我们党和国家的根本利益，涉及人民群众、子孙万代的根本利益的大事，

① 吴宝康. 档案学研究在中国 [J]. 档案工作, 1984 (02): 31-32.
② 吴宝康, 丁永奎. 当代中国档案学论 [M]. 北京: 档案出版社, 1988: 1-3.
③ 吴宝康. 加强档案科学技术工作 [J]. 上海档案, 1985 (01): 6.
④ 吴宝康, 丁永奎. 当代中国档案学论 [M]. 北京: 档案出版社, 1988: 1-3.

也是一门科学，因此要把它提到国家政策和科学的高度上来认识。这门与档案、档案现象和档案工作相关的科学就叫作"档案学"，它是一门独立的学科，不仅因为它有独立的研究对象与任务，而且还因为它有理论依据。① 其次，塑造"本土化"的档案学理论体系不仅要做好中国档案学本身的理论构建，还需明确与其他学科的边界。只有如此，档案学及其理论体系才能扎根于中国的学科之林。因此，吴宝康首先从与档案学密切相关的历史学、图书馆学和情报学出发，提出"在现代社会里，把档案工作与史学研究对立起来或分割开来的思想和观点也都是错误的。加强档案编研工作，服务史学研究，也是当今开发档案信息资源的一个重要方面"② 的观点，正确地看待了档案学与历史学、档案与历史研究的关系。同时，在认识档案学与图书馆学和情报学的关系上，吴宝康始终坚持图情档学科一体化，认为它们三者是同源、同根、同族的学科——各有个性，又有共性。面向未来，吴宝康坚信有这样一个新的趋势："将来档案、图书、情报、资料、文献等会越来越一体化……档案与图书、情报、资料相比较，具有本源性的特点，在未来实现一体化的过程，档案必将具有自己独特的地位与作用。"③ 从档案到档案工作，再到档案学，吴宝康以深厚的过往积淀、敏锐的当下判断，以及广阔的未来视野在推动档案学独立化的过程中，初步构建起了一套适合中国的档案理论体系。

3. 档案实践"本土化"的倡导者

在中国，"为党管档，为国守史，为民服务"是档案工作和档案工作者的光荣职责与使命。吴宝康也曾指出："档案学的党性就是阶级性和科学性，是阶级性和科学性的统一，这就是我们所说的档案学的党性。"④ 坚持档案工作和档案学的党性是贯穿中国档案实践始终的"魂"，由此，吴宝康倡导中国的档案工作应从集中统一管理原则出发，建设社会主义档案事业，这也是中国档案事业建设必须遵循并坚持的重大原则⑤，即根据国家制定的档案法规对档案和档案工作实行集中统一管理。具体表现有三：一是建立各级各类档案保管机构，分别集中管理国家档案；二是建立档案行政管理系统，运用行政手

① 吴宝康. 明确树立档案科学观点和档案政策观点开创档案工作新局面 [J]. 档案与建设，1984（01）：5-7.
② 吴宝康. 致《上海档案》编辑部的一封信 [J]. 上海档案，1995（03）：10-11.
③ 吴宝康. 档案事业的建设与档案学：一九八四年六月十六日在浙江省档案局、浙江省档案学会举办的学术报告会上的讲话 [J]. 浙江档案工作，1984（07）：4-15.
④ 吴宝康. 档案学理论与历史初探 [M]. 成都：四川科学技术出版社，1986：119.
⑤ 吴宝康. 档案集中统一管理原则的新思考 [N]. 中国档案报社，1995-07-10（003）.

段统一管理国家档案事业；三是制定档案法规，运用法律手段统一管理国家
档案事业。

在此基础上，吴宝康关于档案实践的思想紧紧围绕"以利用为纲"展开，
这也是吴宝康档案学思想的核心。因为档案馆在中国作为文化事业单位，为
公众提供档案利用服务是其核心和主导业务，也是档案工作者的社会职责。
对此，吴宝康曾指出："我们建设国家档案事业的根本目的，不仅是为了保管
好档案，更重要的是为了用好这些档案。档案正是因为它有用，才把它保管
起来，保管是为了利用，不是为了保管而保管。"① 档案工作应始终遵循"管
理为基础，利用为中心，服务是根本"的思路，才能走上一条康庄大道。②

随着时代的发展与中国档案工作的向前推进，信息化建设在 20 世纪 80
年代被提上议程。在 20 世纪 80 年代，吴宝康就以深邃的洞见指出："档案工
作已经开始纳入或者说开始进入了一个信息观念的时代，也就是说，我们档
案工作可能从现在开始已经要从过去一般档案的实体管理进入一个信息管理
的新的阶段。"③ 在后续对档案实践的研究分析中，他又进一步指出："在当
前的新形势下，我们要进一步明确认识档案是一种知识宝库，一种信息资源，
档案部门实际上也就是一种知识部门，只看成保管库的认识，显然是已经过
时了。"④ 对此，他建议档案部门变封闭为开放，档案工作者变被动为主动，
以现代化的姿态迎接信息化的挑战和机遇，不断提升服务效率，推动档案事
业的现代化发展。为此，吴宝康提出："档案工作必须面向社会，走进社会，
并同社会的各方面工作密切联系起来，为社会发展服务，才能是有生命力的，
当今正在建立社会主义市场经济体制之际，档案工作更应密切联系社会。"⑤

（三）学科认同：构建中国档案学派的先驱

如果说坚定的马克思主义者是吴宝康革命身份的底色，那么，档案学家
和档案教育家便是他与中国档案事业和档案学的缘分所系和责任使然，也是
他多重身份认同的最终落脚点，即作为构建中国档案学派的先驱，吴宝康是

① 吴宝康. 档案事业的建设与档案学：一九八四年六月十六日在浙江省档案局、浙江省档
案学会举办的学术报告会上的讲话 [J]. 浙江档案，1984（07）：4-15.
② 吴宝康. 略论利用与编研 [J]. 航空档案，1995（01）：10-11.
③ 中国人民大学档案馆馆藏吴宝康人物档案。
④ 吴宝康. 贯彻"双百方针"繁荣学术研究 [J]. 北京档案，1985（00）：7-9.
⑤ 吴宝康. 为《上海档案》创刊十周年作《为社会发展服务才有生命力》的贺词 [J].
上海档案，1995（01）：308.

中国档案学学科独立化的倡导者、中国档案学学术共同体构建的推动者和中国特色档案学的引领者，他的身份认同与档案学的学科认同紧紧勾连在一起。学科认同作为一种肯定的价值判断，主要包括自我和他者两方面的承认，根据阿克塞尔·霍耐特（Axel Honneth）提出的"承认"理论反映在学科建制上的表现，学科认同包括学科共同体内部的同行承认、学科共同体之间的他者承认、学科共同体外部的社会承认。①

　　首先，一门学科清晰定位和认识自身、走向独立化是获得学术共同体内部和外部双重承认的基础和前提。在建设中国特色档案学的过程中，吴宝康力主把档案学作为一门独立学科来建设，并发展其科学理论体系。在这一过程中需特别注重加强对文献信息的重要组成部分之一的档案信息资源的开发和利用的研究，紧密联系社会政治、军事、经济、科学、文化等各方面的发展，为社会主义建设服务。② 他始终秉承着科学的档案观，认识到档案工作不仅是一种社会实践，更是一门学问，并初步构建起了独立、完整的档案学知识和理论体系。在档案教育之余，吴宝康将教学与科研紧密结合，著述丰硕，为档案学建立独立学科并发展成为多门分支学科组成的科学体系竭尽毕生心力，在研究方法上倡导应用哲学理论和方法指导学科研究和建设，为中国档案学理论的科学化和系统化作出了卓越贡献。③

　　其次，作为中国档案学学术共同体中的前辈，吴宝康极具学术包容性与严谨性，为人宽容、谦和，展现了中国档案学派的开放与包容。他始终关心共同体成员，不论是学者还是学生的成长或是成才。在档案教育方面，他以发展的眼光、科学的态度和坚韧不拔的精神，带领新中国成立后第一批档案专业教师，走出了一条具有中国特色的档案教育之路。④ 在学术研究方面，吴宝康十分关心青年档案学者，对于他们的学术研究，吴宝康指出："对年青同志，一要严格要求，二要热情扶持，要信任他们，放手使用他们，使他们真正感到有用武之地。"⑤ 他这种从不以权威自居的谦虚、宽容的品格在档案界

---

① 周林兴，周丽. 承认与身份焦虑：我国档案学学科认同的坚守与重建［J］. 山西档案，2020（06）：28-35，27.

② 吴仲强. 中国图书馆学情报学档案学人物大辞典［M］. 哈尔滨：亚太国际出版有限公司，1999：604-606.

③ 吴宝康同志生平［J］. 中国档案，2008（06）：11.

④ 吴宝康同志生平［J］. 中国档案，2008（06）：11.

⑤ 姜之茂. 语重心长盼飞跃：访著名档案学家、教育家吴宝康教授［J］. 北京档案，1990（06）：10-12.

被传为佳话①，也获得了图书馆学、情报学及其他学科的肯定，为构建和维系中国档案学学术共同体的良好生态做出了贡献。

最后，在推动档案学学术共同体建设的基础上，吴宝康从全局和长远视野出发，规划和引领中国档案学走向下一个未来。1981 年，在中国人民大学档案系举行的第十次科学讨论会上，吴宝康提出创建和发展具有中国特色的社会主义档案学的设想，指出进一步从理论和实践上探讨和研究如何建设具有中国特色的社会主义档案学的道路和内容，以及发展中国式的档案工作现代化的道路和内容等问题。例如，在档案管理学的发展问题上，他具体指出，这是一个"如何根据我国的实际情况，有计划、有步骤地探索出一条具有中国特点的档案管理现代化的道路"② 的问题。可以说，从 20 世纪中后期开始，吴宝康一直致力于建设中国特色的社会主义档案学，是中国特色档案学当之无愧的引领者。

吴宝康把毕生精力献给了中国档案事业、档案教育、档案学科建设与档案学术研究，与其同呼吸、共命运。他的身份经历了从革命者到档案教育家、从"苏联经验"的践行者到中国化档案理论的构建者、从"经验型"档案学到"理论型"档案学体系的力行者等多重转变，这些身份的变迁也伴随着中国档案学"本土化"的叙事，而其身份认同与中国档案学的学科认同亦紧密联系在一起。在不同的人生阶段，他的不同身份构建起了一种始终不变的认同——作为一个坚定的马克思主义档案学者，对中国档案事业和档案学怀有无尽的热忱。反过来，他对中国档案事业和档案学科的深深归属感与认同感，也使他成了中国档案学发展史上的一座"丰碑"，一座被档案界广泛认同与拥戴的"高山"。

第二节　档案中的身份呈现与认同的有效性建构

相对于某一个体的私人档案而言，某一群体在一定的社会背景和时代思潮中基于某些客观原因或主观原因形成的某一类档案的集合，亦呈现了这一

---

① 王茂跃. 争鸣不是个人恩怨 [J]. 中国档案，2001 (05)：26.
② 吴宝康. 三十年来我国档案学的研究及其今后发展（续）[J]. 档案学通讯，1981 (03)：2-21.

类群体的身份信息，蕴藏了这一类群体的认同话语。这类群体形成的档案集合可能是一个个私人档案的汇集，如侨批档案；也可能是相关群体的私人档案和在公共社会活动中形成的公务档案的汇集，如知青档案。这一类档案是某一群体形成的，但又有别于学界目前倡导的"社群档案"和学界普遍定义的"专门档案"，往往反映了某一群体的身份信息和群体特征，同时也是这一群体潜移默化地进行有效性身份认同建构的重要载体。本节将以侨批档案、知青档案为例，探讨档案中的身份呈现与认同的有效性建构，并基于具体案例剖析档案中的身份认同建构策略。

一、侨批档案与华侨身份认同——以晋江侨批为中心的考察

侨批，又称"银信""番批"，是清代以来身处海外的华侨通过民间渠道寄给国内眷属的信汇合一的特殊邮传载体。因"批"在粤闽两省的多地方言中具有"信"的意思，因此用"侨批"指代汇款暨家书的传统延续至今。2020年10月13日，习近平总书记的广东行来到重要一站——广东省汕头市小公园开埠区的侨批文物馆，在通过一封封侨批了解潮汕侨胞心系家国故土、支持祖国和家乡建设的历史后，习近平总书记给予这种集华侨勇于开拓、守信重义、爱乡爱国精神于一体的侨批档案以高度赞赏。① 实际上，早在2013年6月，侨批档案已成功入选《世界记忆遗产名录》，成为人类共同的记忆遗产，并以其珍贵的历史价值被誉为"二十世纪的敦煌文书"。

近年来，随着侨批档案保护与开发进程的推进，档案学界在该领域的相关研究也日益增多。目前针对侨批档案的研究可分为三个阶段：第一阶段是2013年之前，这一阶段仅有几篇零散的理论研究对侨批业与侨批的价值进行初步探讨，如庞卫东的《侨批业的兴衰与侨批的档案价值》②、郑翰君等人的《侨批档案开发利用初探》③ 等；第二阶段是2013年侨批档案申遗成功及随后几年，这一阶段对侨批档案的研究呈井喷式增长，研究重点在侨批档案的价值阐释与理论实践，以陈春声的《侨批档案对中国区域社会史研究的挑

---

① 宿党辉. 习近平广东行 | 一纸侨批 两地相思——走进汕头侨批文物馆 [EB/OL]. 共产党员网，2020-10-14.

② 庞卫东. 侨批业的兴衰与侨批的档案价值 [J]. 兰台世界，2010（07）：68-69.

③ 郑翰君，张惠萍. 侨批档案开发利用初探 [J]. 兰台世界，2012（29）：73-74.

战》① 以及张凌等人的《打造侨批档案系统工程》② 为典型代表；第三阶段为
2020 年至今，研究重心集中于侨批档案的价值挖掘上，其中以侨批档案在集
体记忆、社会记忆构建中发挥的作用为重点，如楚艳娜与刘芮的《侨批档案
的场域式开发和利用模式解读》③ 和罗铿的《数字人文背景下侨批档案资源
的开发模式研究》④ 等。从侨批档案的价值初探到价值阐释，再到价值挖掘，
体现了学界对侨批档案这一文献遗产的珍视。而以"侨批档案与身份认同"
为关键词缩小检索范围后，仅能查找到一篇论文⑤，且身份认同仅作为侨批档
案价值的一个分论点呈现，并未作为论述重点，这为该主题提供了一定的研
究空间。

随着国内经济发展，侨眷生活水平提高，最初以汇款为主要目的侨批渐
渐成为海外华侨与国内家人对话、交流情感的纽带，即侨批所蕴含的情感价
值和精神价值逐渐超过了其所承载的经济价值和实用价值，侨批的价值内涵
得以逐渐延展。其中，侨批档案中蕴含着华侨个体与群体的身份信息和认同
基因，成了他们族群认同、文化认同和国家认同的重要承载，其在建构华侨
身份认同中的价值日益凸显。如前所述，对"身份认同"这一跨学科议题的
关注，最早可追溯到弗洛伊德的相关研究。弗洛伊德在《自我与本我》中将
"identification"解释为"认同"与"自居"相互作用的结果，是一个在心理
上趋同与模仿的过程，并进一步提出实现身份认同需要"群体成员之间相互
联系——以重要的情感共同性质为基础"⑥。随后，亨利·泰费尔（Henry
Tajfel）将一个人的社会群体成员身份和群体类别阐述视为自我概念的重要组
成部分，并基于此提出个体能够识别他（或她）所属的特定社群，以及作为
群体成员给其带来的情感和价值意义。⑦ 身份认同作为主体对自身境况与角色

---

① 陈春声. 侨批档案对中国区域社会史研究的挑战 [J]. 华侨华人文献学刊，2015（01）：
  24-28.
② 张凌，石璐. 打造侨批档案系统工程 [J]. 中国档案，2017（04）：40-41.
③ 楚艳娜，刘芮. 侨批档案的场域式开发和利用模式解读 [J]. 兰台世界，2020（07）：
  92-96.
④ 罗铿. 数字人文背景下侨批档案资源的开发模式研究 [J]. 档案学研究，2019（05）：
  83-87.
⑤ 楚艳娜，刘芮. 侨批档案的场域式开发和利用模式解读 [J]. 兰台世界，2020（07）：
  92-96.
⑥ 弗洛伊德. 自我与本我 [M]. 林尘，译. 上海：上海译文出版社，2011：10.
⑦ TAJFEL H. Differentiation between Social Groups：Studies in the Social Psychology of
  Intergroup Relations [M]. Massachusetts：Academic Press，1978：8.

的一种认识和描述，本身即包括诸多维度的诸多方面，如个体身份认同与群体身份认同，自我身份认同与社会身份认同，文化认同、族群认同、国家认同、种族认同与性别认同，等等。其中，族群认同落脚于特定的身份空间之中，具体表现为对所属族群或群体的认知与情感依赖；文化认同把对核心价值观的认可作为归属感的来源，是一种对价值观选择结果的呈现①；国家认同则更具政治色彩，是对自身所归属哪个国家的一种综合性认知，是族群认同与文化认同的升华。以上三种身份认同的类型一并回答"我是谁""我们是谁""我与他、我们与他们的差异""我和我们自己的文化特性"等问题，正契合了华侨个体与群体因文化差异而产生的"留下的是他乡，回不去的是故乡"这一认同困境；也契合了侨批档案以其原始性、凭证性、记忆性建构华侨身份认同的价值形态。基于以上背景，本小节通过实践调研和文本内容挖掘，以拥有众多海外华侨的晋江及晋江侨批为例，挖掘侨批档案在呈现与建构华侨身份认同中的作用。

（一）晋江侨批档案及其开发现状

1. 晋江华侨移民史及侨批档案的形成

晋江地处福建省东南部沿海一隅，自古以来当地人便有移居海外的传统，后来逐渐发展为著名的侨乡，并素有"十户人家九户侨"之称，这足以体现出晋江深厚的华侨文化积淀。早在东汉初年，迫于人口的密集以及土地的贫瘠与稀少，福建人就有"流移至澶州"②的历史记载，澶州即今天的菲律宾群岛。此后各朝各代，闽南地区的人口外流现象一直持续下来，直到清代达到高峰。清末社会动荡，移民潮愈演愈烈。据统计，至20世纪20—30年代，南洋华侨总人口数约有510万，其中1921年马来西亚约有华侨110万，闽籍占35%左右，1930年印度尼西亚约有华侨119万，闽籍占47%左右；1918年在菲华侨人数约为13万人，其中80%为闽南人，而这里面仅晋江籍就占到70%。③ 从上述数据可知：20世纪20—30年代，闽籍华侨在东南亚诸国都占相当一部分比例，这一情况在菲律宾表现得尤为突出。同时，在菲闽籍华侨中晋江籍所占比例更为突出，这与晋江把菲律宾作为最大移民地的传统相契

---

① 刘悦. 跨文化记忆与身份建构：欧洲华裔新生代的文化认同 [M]. 厦门：厦门大学出版社，2020：20-21.

② 林祥瑞. 略论福建华侨史的分期问题 [J]. 福建师大学报（哲学社会科学版），1983（04）：162-169.

③ 庄国土. 鸦片战争后东盟华侨的人口结构 [J]. 南洋问题研究，1994（01）：1-9.

合。而马尼拉作为菲律宾重要的经济、文化、政治中心，自然成了晋江侨民的重要集聚地。正如泉州华侨历史学会副秘书长、侨批研究专家刘伯擎在接受《泉州晚报》记者采访时所提及："在目前所发现的侨批实物中，菲律宾侨批占东南亚侨批的 60%，来源于马尼拉的侨批占菲律宾侨批的 90% 以上。"①

侨批就是在这一特殊历史时期的移民潮中形成的历史产物。侨批的出现继而催生了侨批业，侨批业的繁荣又进一步带动了侨批的发展。最早负责侨批传递的一批人叫作"水客"，随之形成了客头制度。但随着晋江地区与南洋的交通日益频繁，零散而不成体系的客头制度已不能满足需求，更加商业化和制度化的侨批局应运而生。1871 年，晋江安海人郑灶伯、郑贞伯兄弟创办了有文献记载以来最早的一家侨批局——郑顺荣批馆。紧接着，更多的侨批局先后成立，如创办于 1880 年的天一信局、创办于 1920 年的正大信局等。民国初年至抗战前夕，闽南侨批业迎来了其最繁荣的时期，东南亚专门经营福建侨批汇款的批信局多达 464 家。② 作为经营侨批的民间机构，侨批局负责侨批邮递业务并从侨胞汇款中提取利润以维持行业生存，并逐渐成为海外华侨与家乡亲人之间沟通的桥梁。侨批局的经营者大都熟悉邮驿业务，并能够主动为有需要的侨眷提供代读代写书信的服务。各大侨批局以方便客户为准绳，力求通过简便的手续随时汇寄③，凭借这些优势，侨批局很快获得侨胞的信任，侨批业网络逐渐壮大，侨批档案也初显规模。

2. 晋江侨批档案的保存及开发现状

近年来，随着对侨批价值认识的不断深化，晋江已采取诸多有效措施加强对侨批档案的保存与开发。2009 年，晋江市档案馆正式启动侨批档案抢救性保护工作，率先发布征集通告，号召以捐赠、购买、寄存等形式，向全社会广泛征集侨批档案。随后，晋江市档案馆还开展了一系列侨批探访活动：组织人员到重点侨村，特别是面临拆迁改建的村落，走访华侨后代，宣传侨批文化；主动为村民整理旧宅老物，寻找侨批踪迹；向海外 19 个晋江华侨华人社团发出公函，通过举办海外侨批文化展览，号召海内外晋江人共同保护侨批档案。此外，晋江市档案馆还采取针对性征购方式，征集华侨家族侨批

① 黄祖祥. 晋江：深度挖掘侨批 再现奋斗风貌 [EB/OL]. 晋江文明网，2019-10-29.
② 刘建武，陈建生，林剑煌，等. 闽南侨批业与侨乡民间金融 [J]. 福建金融，2020（09）：66-70.
③ 晋江市档案馆. 十九世纪以来晋江侨乡与马尼拉之间经济文化研究：以晋江侨批为中心 [M]. 北京：中国华侨出版社，2019：62-63.

保存线索，在取得华侨家族后人或侨批收藏者同意的前提下，通过颁发收藏证书、保留优先使用权、保存数据化资料和给予适当经济奖励等形式，将侨批档案的保管方式由私人保存转化为档案馆保存，并对所征集的侨批档案进行专业性修复和开发利用。截至 2020 年，晋江市档案馆馆藏侨批档案数接近福建省官方收藏侨批档案数的一半，并基于丰富的馆藏资源建立起了一个完整、规范、可共享的侨批专题数据库。① 为了更好地将侨批丰厚的文化内涵展现给人民群众，晋江市档案馆积极开展一系列档案编研工作，先后出版了《泉州侨批故事》《图说晋江侨批》《晋江侨批集成与研究》《十九世纪以来晋江侨乡与马尼拉之间经济文化研究——以晋江侨批为中心》等多部编研成果。

2020 年，晋江选取了一批典型侨乡进行保护性开发，梧林古村落即为其中之一。早在 2017 年，梧林传统村落保护发展项目即被定为福建省重点工程，旨在通过对侨批资源的挖掘，将梧林打造成侨乡特色的南洋风情旅游村落。2020 年新建成的梧林村侨批馆以晋江侨乡为背景，设有侨批业发展历程的专题展厅，用实物与文字相结合的方式勾勒出一幅晋江老一辈海外侨胞艰难困苦的创业史画卷，其中贯穿着晋江人讲信誉、守承诺的做人做事原则。梧林村侨批馆对侨批档案的开发，意在打造一个宣传侨批文化的档案场域，通过侨批档案构建一个文化记忆与文化认同的社会空间。

（二）侨批档案呈现华侨身份认同

1. 侨批档案展现海外华侨的族群认同

"族群"是一个"地方性"概念，相较于全球化倡导在不同地方之间的互通与关联，"地方性是指区域的、族群的和文化的"②。"族群"的这种"在地"概念和"本土化"特征，使得在海外移民的历史背景下，族群认同并不是特指对某一民族的认同，而是笼统地指向对中华民族的情感认同及其具象化之后的乡土情结，即对带有"华化"特点的某一具象的认同。③ 侨批档案作为信汇合一的载体，除附有海外华侨寄给家人的汇款凭证外，还承载着他们对所属地及亲人的思念之情。一般而言，共同的语言、共同的习俗、共同的信仰是从实践上界定"地方性"的核心要素，也是某一个体在时空变迁中

---

① 黄祖祥. 打造特色侨批文化品牌 [EB/OL]. 泉州网，2020-11-06.
② 徐新建. 全球语境与本土认同：比较文学与族群研究 [M]. 成都：四川出版集团巴蜀书社，2008：142.
③ 王赓武. 中国情结：华化、同化与异化 [J]. 北京大学学报（哲学社会科学版），2011，48（05）：145-152.

找寻其群体归属的关键表征。海外华侨在书信中对家乡的思念通过笔端表达为对族群成员日常生活的牵挂，这在菲律宾华侨郑道东寄回给晋江金井留宅岳母的侨批①中体现得淋漓尽致：

岳母大人懿鉴：

　　敬禀者，违别以来，荏苒已有月餘矣，怀念之思以日具。永遥□□家迪吉，福体清顺，是祝是祷也。東以菲材，荷蒙不弃，已属半子，情体无不同然也。惟望大人家庭事時常照料，令爱年少，更宜指導其一切，是所至望。……

　　顺颂

愚婿　鄭道東
丁卯年十二月十一日（1928 年 1 月 3 日）

女婿郑道东在侨批中将自己称作岳母的半个儿子，并希望岳母帮衬自己年轻的妻子料理家事。批信篇幅不长，但牵挂之情溢出纸面。而除了叙事性的批信，还有华侨以诗歌形式抒发思乡怀乡之情。以下两首小诗出自旅菲侨民杨虚白先生的诗集《虚白诗存》②，深切反映了 20 世纪中后期旅菲华侨艰辛的生存状态和热切的思乡情怀，字里行间无不透露着思念亲人但不得归家的苦闷情绪。

《雨夜旅怀》
微风习习雨潇潇，黄卷青灯伴寂寥。
花草含怀留客住，江山带泪向谁骄？
卅年羁旅成虚度，万叠愁怀郁不销。
悄立窗前增感喟，乡心一夜落芭蕉。

《游子吟》
男儿志四方，宁甘牖下老。
辞母赋长征，作客来菲岛。
一住卅余年，安贫常乐道。

---

① 泉州市档案局（馆），晋江市档案局（馆）. 泉州侨批故事［M］. 北京：九州出版社，2016：9.
② 泉州市档案局（馆），晋江市档案局（馆）. 泉州侨批故事［M］. 北京：九州出版社，2016：10.

处世本无求，惟觉读书好。

有时吟小诗，聊为抒幽抱。

长念三春晖，空怀寸草心。

陟屺望慈云，倚闾应烦恼。

欲承北堂欢，曷不归家早？

除此之外，侨批中还常见海外华侨对国内子女后代的期许，这种期许通常体现在对教育的重视上。民国三十五年十月初六（1946年10月30日），菲律宾华侨蔡济达寄给晋江金井塘东妻子的侨批中写道："振忠须督促，使其读书，不可过分溺爱，使其将来无法调度。"① 文字中显露出对儿子振忠的殷切希冀，彰显了海外华侨对族群内重教育、重文化传统的继承。华侨中能力较强者，还在家乡教育建设中积极贡献，这体现在一份支援家乡建设乡校的侨批中。民国三十六年四月十四日（1947年6月2日），菲律宾华侨蔡宁广寄给晋江金井塘东哥哥的侨批中，就表明其与旅菲同乡募资款项，并商定年末在家乡建设校舍一事。② 目前晋江的中小学大都属于侨校或具有侨资背景，如晋江一中、季延中学、养正中学、华侨中学等，多达数百所。海外华侨对子女教育、家乡教育的重视恰恰是海外华侨族群认同的体现，是他们对所归属地方的眷恋与思念的外化表征。

2. 侨批档案蕴含海外华侨"中国人"的文化认同

一般而言，身份认同的形式有两种：一种是铭刻在身体上或由身体携带的，如血缘关系致使的家族认同；另一种是基于共性特征或我者与他者之间的差异，并依赖于自我观建构的，如地理迁移致使的区域认同。当然，这两者并非泾渭分明，而是有一定程度的重合。文化认同被视为身份认同中最基础的一环，通常以使用相同的文化符号、遵循共同的文化理念、秉持共有的思维模式和行为规范作为依据。③ 从此点来看，文化认同更趋向于依赖个人的自我观建构的结果。按照乔纳森·弗里德曼的认同理论，自我观的建构是以"识别"为基础，"识别"就是向某些人提供认同。④ 侨批作为海外华侨与国

---

① 晋江市档案局（馆）. 晋江侨批集成与研究［M］. 北京：九州出版社，2014：136.

② 泉州市档案局（馆），晋江市档案局（馆）. 泉州侨批故事［M］. 北京：九州出版社，2016：155.

③ 刘悦. 跨文化记忆与身份建构：欧洲华裔新生代的文化认同［M］. 厦门：厦门大学出版社，2020：20-21.

④ 弗里德曼. 文化认同与全球性过程［M］. 郭建如，译. 北京：商务印书馆，2003：215.

内眷属日常通信交流的载体，在字里行间通过"识别"乡音、乡俗、乡趣、乡愁表明他们身在海外仍然心系家国，并彰显了他们身为一名中国人对中华民族伦理道德和传统文化的坚守。晋江侨批中的多数为闽南方言所写，对语言的认同是一种深入骨髓的中华文化认同，是海外华侨对自身身份的进一步无声确认。下面一封以晋江方言闽南话写成的侨批片段①，即透露着浓厚的乡音乡土之情，尽管旅居海外的华侨已离家多年，但他们的乡音仍镌刻着他们是中国人的文化基因，从表层的"乡音未改"揭示着"他们从何处来"的国人情怀。

> 阿速亲看（阅）：（十月廿七日）
>
> 　　接着你按（从）辉啊批内来的批一张，都过（全）明白。要来游历，我则（才）去大字（护照）馆内，查看埋（觅）咧（一下）。若会做得，下帮（次）则（才）写倒（回）去。

此外，推动华侨出国的最直接动力是养家糊口的需要，于是侨批中多见给家人汇去钱款的内容。1940 年 9 月 5 日，砂拉越古晋刘甫盈致福建南安其妻子李清梅的侨批②，开头就写明自己在海外没有忘记国内物价昂贵、家中还需负担孩子读书费用这一经济窘境，并表明自己一定会寄够钱财，字里行间流露出其以赡养长辈妻儿为己任，也充分体现了华侨对中国传统家庭观念中赡养义务的坚守。

> 李氏荆妻妆次：
>
> 　　谨启者，前日接回来家书，以（已）知两地托天庇佑粗安。内云米粮什物高贵，天数时几无可言陈。两儿读册学费加开，夫自五月至今逐月尚有加寄，不须致意，凡望内助家庭有无深（侵）欠要通告，以免夫介意于心。现今住居夷邦，甘心困苦觅利，逐月多少付去以添家庭之用。凡事须当粒积多少，以放税仔谷可添家庭米粮。……本期之便，外付去国币壹佰贰拾元，到可收入家用，言之不尽。

尽管身处海外的华侨浸染在截然不同的文化之中，但他们也没有忘记家

---

① 泉州市档案局（馆），晋江市档案局（馆）. 泉州侨批故事 [M]. 北京：九州出版社，2016：61.
② 泉州市档案局（馆），晋江市档案局（馆）. 泉州侨批故事 [M]. 北京：九州出版社，2016：84—85.

乡习俗，在遇到生老病死等重要事件时仍希望延续传统、赓续文脉。一封由缅甸仰光寄回同安西门外莲花山莲花头的侨批中记叙了华侨叶水印喜得一子，嘱托家乡胞弟按乡俗庆祝一事。① 漂泊在外的叶水印迫不及待地将生子喜讯传回家中，并叮嘱家人记得在正月十五到祖厝点上灯，到莲风岩奉上油饭。报喜信中对闽南地区人家生子后需要遵循风俗的坚守，隐含着其在异国他乡对国内传统和家乡风俗的执着观念。

> 字付贤弟：
>
> 　　知情启者，愚此腊月初十日十二点半钟生下一男子，如信到之日登记在心，正月十五日至祖厝点灯，幸勿有误。但咱家若有事务当即回音来明，惟吾弟身体自当保惜为一，在外愚兄与尔三弟及尔贱嫂一切粗安，望免挂念是也。兹因有便，付进英银伍大元，到即查收。以添家费之资，草到之日，返文来晓，余不尽言。此达。
>
> 　　即请
>
> 均安
>
> 　　另者，愚现下生此男子，欲写习弟过房，又要煮油饭报外家厝，以及祖公莲风岩敬奉油饭，切勿有误矣，是祷。
>
> 　　胞弟泽弟 收启
>
> 　　　　　　　　　　　　　　　　　　　　　　　　愚兄 水印
> 　　　　　　　　　　　　　壬子年腊月十一日（1913 年 1 月 17 日）寄

　　三封侨批从使用地域方言书写，到牵绊着对家庭的责任，再到对家乡习俗的坚守，从小处而言，体现了从晋江走出的海外华侨对闽南地方文化认同的亲和力，从大处而言，则展现了海外华侨对中华民族伦理道德和传统文化的固守。正是在"外国文化"和"中国文化"的关系交织中，中国文化的独特之处和反差之处加深了海外华侨作为"中国人"的身份认同。身处异国所感受到的历史断裂和文化裂隙反而没有加重海外华侨的认同危机，一封封侨批不仅承载了他们作为"中国人"的身份信息，更赋予了他们"中国人"的文化认同。

　　3. 侨批档案展现海外华侨的国家认同

　　国家认同是对族群认同和文化认同的情感深化。国家认同不仅依托共同

---

① 泉州市档案局（馆），晋江市档案局（馆）. 泉州侨批故事 [M]. 北京：九州出版社，2016：169.

的历史记忆、文化传承产生的对国家历史文化的认知和情感，还依托普遍的社会信任产生的对国家政治体系的认可和参与。① 侨批档案承载着个体对国家历史文化的认知，并显露出海外华侨对国家政治体系的认可，以及为国家建设贡献力量的朴素情感。

远赴南洋下海谋生的华侨虽身处异国，但心系祖国局势的变化发展，这也体现在中国自近代以来各个历史时期发生的重大历史事件均在侨批中有所反映。如下面一封辛亥阳月廿四日（1911 年 12 月 4 日）由菲律宾马尼拉寄往南安石古林（今属南安市码头镇）的侨批中就涉及了辛亥革命时期的社会情况②：

> ……然云现时中国反乱信局谣言路头难行，唐音甚至缓，难托通情，顺及。此时油车，却真笑市报油，兑空口那是无夥可作，重螺弟现时再习原籤每日留三苍事退佺，但弟自今年来命运甚舛，家君故仙凡事不得顺，遂眉躯未愈，此时备革命皆尽当发……

谢肯概寄给国内胞兄的这封侨批写于 1911 年 12 月 4 日，离 10 月 10 日爆发的武昌起义仅过去了不足两个月，此时海内外时局动荡，大量和谢肯概一样的普通华侨看不清未来局势发展的走向，深感困惑不安。然而，批信中把辛亥革命武装起义描述为"中国反乱"，这也反映出当时由于谢肯概从海外看祖国，尚不能了解辛亥革命背后的深层历史意义，只能感受到此次"反乱"所引起的社会动荡、交通不便，故将其错误理解也是合情合理。批信中"此时备革命皆尽当发"，即是辛亥革命成功后国内掀起的剪辫子浪潮，可见当时这股"解放之风"也已漂洋过海、影响深远。这也反映出谢肯概对国内局势的深切关注。

日本侵华时期，中华民族面临着十分危险的处境。全体中华儿女，无论身处何地，都从内心深处迸发出抗日救国的时代最强音。民国二十八年一封菲律宾华侨康起图寄给同安灌口妻子王氏的家常侨批③，全篇短短二十句话中十句有余表达其愿意出钱支持祖国政府派捐抗战。批信中，康起图态度坚

---

① 高胜楠，吴建华. 档案与国家认同：理论基础、作用维度与现实路径［J］. 档案学研究，2021（06）：35-40.

② 泉州市档案局（馆），晋江市档案局（馆）. 泉州侨批故事［M］. 北京：九州出版社，2016：127.

③ 泉州市档案局（馆），晋江市档案局（馆）. 泉州侨批故事［M］. 北京：九州出版社，2016：248.

决，表示"凡事中国国民份子有钱出钱，有力出力，此乃当然职责""政府对于富户派捐之款，如咱（家）亦被派列者，多出一点亦无问题""实在欢喜出本，内助乐为输将也"。夫妻间的普通通信，没有绚丽的辞藻和慷慨激昂的论调，却勾勒出一位爱国华侨的丰满形象。

新中国成立后，祖国获得了相对和平稳定的社会环境，但在经济上仍处于落后形势。华侨中事业成功者便积极向国内捐献钱款，助力祖国经济建设与社会发展。1980 年 2 月 21 日，旅居印尼泗水的永和英墩侨商许自具委托家中五弟许自清转交给英墩村公建会的侨批中就记载了其集资修建家乡电力设施一事。

> 英墩乡公建会诸先生均鉴：
>
> 　元月十二日大函收悉，承蒙过誉，愧不敢当。矢于咱乡架电之事，记得大约三四年前亦有来函云预算需两万余，在菲可筹集万，在港五千，要我筹集五千，不够之数由大队负责，当就进行募集。但因此地咱乡亲只三数人，只募集到一千二百五十，其余三千七百五十由我补足。□□菲港认捐之数无下文，□如不果进行，现已然要再进行。此地五千是不成问题的，未知菲港两地已募集到多少？或在募集中？全部预算要多少？有便希来知，是盼。
>
> 　此致
>
> 公安
>
> 　　　　　　　　　　　　　　　　　　　　　　自具启
> 　　　　　　　　　　　　　　　　　　　　　一九八十年二月廿一日

批信中显示，许自具把关系故乡民生的电力建设一事牢记心中，表示愿意补足英墩村在印尼计划募捐到的五千元，并挂心在菲律宾和香港的募集情况。恳切的言辞中透露着他迫切希望看到家乡建设发展起来的炽烈之情。在当时，与许自具一样的爱国华侨不占少数，他们慷慨解囊，把在海外打拼赚来的钱财寄回祖国，用以支援新中国建设。

（三）基于身份认同的侨批档案开发策略

1. 以"重新传统化"挖掘侨批档案的认同价值

侨批档案中彰显的族群认同、文化认同和国家认同，拉伸着传统和现代、本土语境与全球语境之间的张力。尤其是在以全球化、流动性、多元化为主要特征的后现代浪潮中，"去传统化"和"西方化""后殖民化"不断侵蚀日益消弭的"本本文化"，而"重新传统化"则是对"本本文化"的坚守。"重新传统化"与"去传统化"是社会发展从传统到现代转型的双向过程，前者是对后者刺激的回应；"重新传统化"并非回到过去，而是以深厚的传统来重新塑造现在的文化，实现"传统的创造性转化"。"重新传统化"从三个层面与认同构建产生关联：一是从心理层面使某一群体产生对"伟大传统"情感上的归属感，继而重新生产出拥有这一传统的自豪和骄傲；二是从历史层面提供了某种纯粹的、本真的和可靠的文化根源或本源；三是从话语层面构造了独特而具有亲和力的"乡愁话语"，进而产生出一种文化的"家园感"。①由此，以"重新传统化"挖掘侨批档案的认同价值，重点在于探寻侨批档案中所蕴藏着的优秀传统文化，从而构建海外华侨的本体安全感和归属感，这种安全感和归属感对于认同建构意义重大。

闽南地区素来重视传统文化的传承，闽南人天生拥有重视人生礼俗的特质。闽南传统文化的开放性、海洋性、包容性等特点赋予了华侨文化"敢为人先、爱国爱乡"的深厚底蕴，这种文化底蕴也成了侨批档案的魂与神。挖掘侨批档案中的文化底蕴可以从以下三个方面入手。一是从档案视角挖掘侨批背后的历史故事。例如，晋江市融媒体中心借助"晋江乡讯"微信公众号发布推文，积极宣传晋江龙湖许书琏家族的侨批档案。480 余封侨批细致描绘了许书琏及其家族几代人的生活，浓厚的闽南文化贯穿始终。二是从文化视角挖掘侨批档案中的文献遗产。例如，近年来晋江梧林侨批馆精心分区布局，展出包括侨批实物、老照片和老物件等多种形式在内的 136 件档案资料，呈现属于晋江的特色侨批文化。三是从教育视角将侨批档案打造为爱国主义教育、家庭美德教育、个人价值观教育的代表性素材。例如，2022 年 1 月 23 日至 3 月 28 日，泉州侨批馆举办"侨批助我上清华"主题展，集中展出了郑金纯的亲人从马来西亚寄给他的侨批。侨批档案实物完整再现了亲人供养、激励郑金纯从初中、高中到清华大学毕业的真实故事，是其成长过程中所接受家庭教育的浓缩。

2. 引入叙事理论讲好侨批故事

叙事是将特定的事件按照时间先后顺序排列组合成为一个具有特殊意义并且能够被理解的话语模式，通常被用于重现历史、传授经验以及表达情感。

---

① 周宪. 本土文学"合法化"与认同危机［M］//何成洲. 跨学科视野下的文化身份认同：批评与探索. 北京：北京大学出版社，2011：53—67.

档案作为历史过往的真实记录，相对真实地代表着往事本身，自然成了叙事的重要载体。将叙事理论引入档案资源开发利用，对档案故事进行多维度、立体化、交互式的呈现与表达，能够促进档案文化的深度传播。①

对侨批档案而言，引入叙事理论可以为讲好侨批档案中的故事提供理论支撑。一般而言，"叙事"概念凭借着客观的观察立场以及广阔的上帝视角完美地充当着"认识论他者"的角色，用叙事方式讲述侨批中的故事，提升故事的吸引力、传播力和影响力，既是弘扬华侨文化的内在需求，也是构建海外华侨身份认同的重要手段。认同的叙事构成包括本体叙事、公共叙事、概念叙事和元叙事四个维度。② 本体叙事是社会行动者自身通过叙事的方式以理解其生活、指导其行动的手段；公共叙事则是依附于特定文化和体制形态的叙事，亦往往是超越了个体、上升为群体的叙事；概念叙事和元叙事均以社会研究者为主体，即通过对概念的阐述和解释，在时空中重建社会行动者的本体叙事并将其与公共叙事相关联。

从本体叙事维度出发，今天的海外华侨已自觉地充当了本体叙事的主体，他们在各种场合和活动中通过对侨批档案的解读回顾先辈与国内亲人的往来书信，并在一封封侨批中读出祖辈在外打拼的艰难困苦、与侨胞团体的守望相助以及对祖国母亲从一而终的热爱与依恋，从而更加明确了"我是谁""我从哪里来"等认识论问题，构建起坚实的自我身份认同。通过口述访谈、华侨文化研讨、回忆录撰写等形式进一步激发海外华侨的认同主体地位，将是日后对侨批档案进行本体叙事维度开发的着力点。例如，梧林侨史馆展示的《生活是这样——一个老华侨的自述》，即是菲律宾华侨祥山创作的连环画，连环画结合口述资料以图画的形式描绘出一位华侨的一生，将海外华侨内心最细腻的情感表现得淋漓尽致。而从公共叙事维度出发，在对侨批档案的开发过程中，档案馆、博物馆或文化馆等第三方主体需要积极参与进来并在其中发挥引领作用，通过展览、编研等手段创新开发路径，将侨批档案打造为凝聚海外侨胞的文化载体，通过档案构建起一个连接海外华侨共同体的关系网络。例如，由国家档案局、福建省档案馆以及福建省广播影视集团三方联合摄制的、围绕福建省侨批档案开展的纪录片《百年跨国两地书》于2021年

---

① 何玲，马晓玥，档案研究僧. 跨媒体叙事理论观照下的档案叙事优化策略：以红色档案为例的分析 [J]. 档案学通讯，2021（05）：14-21.

② SOMERS M R. The Narrative Constitution of Identity：A Relational and Network Approach [J]. Theory and Society，1994，23（05）：605-649.

4月21日正式开机。该纪录片即为公共叙事在侨批档案开发实践中的具体应用，纪录片中对近代以来闽籍华侨求生存、谋发展、创伟业等生动实践的再现，展示了他们艰苦奋斗、自强不息的拼搏精神和情系桑梓、爱国爱乡的家国情怀，也必将对构建华侨群体的身份认同产生重要影响。再者，从概念叙事和元叙事维度出发，侨批及华侨文化研究者与阐释者，诸如档案学家、历史学家与社会学家亦需承担起概念阐释和理论研究的重担，搭建一个成熟的侨批档案学术话语体系和理论体系，将侨批档案的价值内涵与理论意义，以及其中蕴含的社会史、思想史、金融史、邮政史、海外交通史、海外移民史、国际关系史等内容充分发掘，更加丰富而立体地展示侨批档案的魂与神。

3. 应用数字化技术让侨批档案"活"起来

增强海内外华侨的身份认同，使侨批档案的影响力不仅局限于老一辈华侨群体，更要延伸到年轻的"侨二代""侨三代"乃至社会大众之中，还亟须提高侨批档案的社会认知度。为实现上述目标，侨批档案的开发利用需引入数字化技术，采用数字化手段、利用多样化的传播媒介，将更加精细化的侨批档案开发产品以更加生动活泼的形式传递给社会大众。

首先，采用数字化编研方式，推出数字化编研成果。近年来，晋江档案馆凭借占比福建省官方侨批档案数一半的馆藏优势，优先将纸质侨批档案数字化，并初步建立起一个规范化、共享化的侨批专题数据库，推出包括电子书、故事短片等多种形式的编研成果。今后，基于丰富的数字化侨批馆藏，借鉴威尼斯"时光机项目"（Time Machine Project）数字化编研经验打造一个"晋江时光机"，多层次、全方位构建起20世纪初至70年代侨批盛行时期的晋江风貌。其次，灵活运用社交媒体实现侨批档案宣传效果最大化。例如，梧林村立足侨乡优势，在微博、微信、小红书等社交媒体平台大力宣传村内标志性建筑侨批馆，将其打造为网红打卡地，吸引众多侨民及游客前去参观，其专属微信公众号"晋江梧林传统村落"自2018年12月25日发表第一篇推文始，即秉承"将侨批故事说给大家听"的理念，为增强华侨身份认同开辟了一条轻松有趣的路径。最后，引入场景式开发新模式，利用侨批档案搭建起华侨文化的"记忆之场"与"文化空间"。可考虑在国家文化战略的基础之上，深化"侨批档案+遗产"的开发理念，进一步打造"侨批档案+社会""侨批档案+技术"的开发场景。

身份认同是一个动态的、发展的和未完成的过程，具有开放性和建构性等特点。侨批档案作为海外华侨与国内眷属日常通信中信汇合一的载体，蕴含着华侨思乡思亲的族群认同、作为"中国人"的文化认同与心系祖国的国家认同,展现出海外华侨与国内亲人的情感联结和对后代的心愿期许,表现出他们在祖国危难时萌发的迫切救国心,也显露出其在祖国亟须建设发展时的强烈责任感。侨批档案中蕴藏的文化内涵又进一步增强了海外华侨的身份认同。正如特里·库克所总结的档案四个范式的变迁,认同范式将档案"从支撑学术精英的文化遗产转变为服务于认同和正义的社会资源",这就要求档案工作者应"作为自觉的中介人帮助社会通过档案记忆资源形成多元认同"①。当前对侨批档案的开发不仅是在挖掘其中蕴含的文化价值,更是加强海外华侨身份认同的重要手段,这一过程也需要海外华侨、文化部门、专家学者和社会各界的共同参与。

二、北大荒知青档案中的身份认同与群体书写

2021年,在中国共产党成立百年之际,党中央批准并发布了中央宣传部梳理的第一批纳入中国共产党人精神谱系的伟大精神。② 北大荒精神与长征精神、延安精神和南泥湾精神等一同列入党的革命精神谱系,深刻体现出中国共产党精神谱系的内在连贯性与蓬勃不绝的生命力。北大荒精神作为北大荒开拓者和建设者的精神写照,其精神内涵——"艰苦奋斗、勇于开拓、顾全大局、无私奉献"——无不体现着参与北大荒拓荒开发的建设者们深刻的家国认同和深厚的家国情怀。

如今,"北大荒"已成为一个鲜活的精神文化符号,既彰显着共同的责任和使命,更体现着共同的心理认同和价值目标。③ 昔日的"北大荒"之所以能够变成如今的"北大仓",与其开发建设历程中一代代人的无私奉献与辛勤耕耘密不可分。而从20世纪50年代开始涌现的支援北大荒开发建设的知识青年(简称知青)就是北大荒历史上不容忽视的重要开发建设群体。这些绝大部分来自城市、奔赴北大荒参与开发建设的知青,现如今大都已至暮年,随着历史的远去,"知青"这一群体在当下的社会认同度也渐趋式微,成为历史的注脚,但有关他们的记忆未曾磨灭。过去,他们从城市去往农村,再从

---

① 库克,李音. 四个范式:欧洲档案学的观念和战略的变化——1840年以来西方档案观念与战略的变化 [J]. 档案学研究, 2011 (03):81-87.

② 中国共产党人精神谱系第一批伟大精神正式发布 [EB/OL]. 新华网,2021-09-29.

③ 刘惠,陈彦彦. 文化自信视域下北大荒精神的传承与弘扬 [J]. 江西科技师范大学学报, 2019 (03):16-20.

农村回归城市，在个体生命史和群体历史的经历和书写中，形成了丰富的原始性记录。一方面，这些原始记录构成了独具时代和群体特色的北大荒"知青档案"，承载着知青的个体和群体记忆；另一方面，知青档案也是知青个体与群体身份的书写结果，构成了其身份认同之链的关键一环。可以说，档案不仅使北大荒精神以固化的媒介稳定流传，也进一步深化了知青群体的身份认同与身份建构。

目前，学界聚焦知青个体或群体开展的研究甚众且广，尤其在文学和社会学领域，相关研究已成为一块成熟的学术领地，如对知青运动的成因及影响研究、知青集体记忆的形成与建构研究、知青身份认同或知青作家身份认同研究、知青文学中的知青形象研究等方面。但在档案学领域，尽管关于档案与身份认同的理论与实践研究已形成了一定规模，但结合知青群体进行集体记忆、身份认同与精神传承等方面的学术探讨少之又少，仅有的报道也集中于新闻与消息层面。然而，知青档案不仅是知青个人身份信息的记录，更承载了一个时代的集体记忆，彰显了特殊背景下的精神传承。本小节即聚焦北大荒及其开发建设历程中涌现的知青群体及其形成的档案，具体分析档案之于身份认同、集体记忆、精神传承的价值和能效，并针对性地提出知青档案的开发利用对策，试图挖掘知青档案中蕴含的更大价值。

（一）北大荒开发建设历程中的知识青年及其档案保存现状

北大荒在旧时具体指中国黑龙江省北部的三江平原、黑龙江沿河平原及嫩江流域的广袤荒芜地区。上溯至远古时期，北大荒曾见证了部落时期的肃慎文明、汉晋时期的挹娄文明、宋清时期的女真文明等部落文明的更迭，千年的历史积淀为北大荒孕育了深厚博大的历史文化①，使北大荒成了源远流长的中华民族历史文化中的重要一脉。而如今已成为"北大仓"的北大荒更是成了黑龙江垦区的代名词与精神文化品牌。

中华人民共和国成立后，国家开始对北大荒进行有组织、有规划的开发和建设。自20世纪40年代末开始，北大荒前后经历了十数次移民文化的冲击。近半个世纪来，先后有14万复转官兵，5万大专院校毕业生，20万山东、四川等地支边青年，54万城市知识青年和地方干部、农民组成的垦荒大军以及上百万的移民大军给这片广阔的黑土地带来了生命活力。② 其中，知识

---

① 叶子犀，姜深香. 论北大荒精神与文化传承机制 [J]. 知与行，2016（03）：59-62.
② 郭玉奇. 牢记总书记教诲 传承北大荒精神 [J]. 前进，2019（12）：50-51.

青年的纷纷到来，给北大荒带来了具有青春活力的知青文化。① 这独具时代和群体特色的知青文化既镌刻在无形的北大荒精神里，也呈现在他们形成和留存的有形档案之中。这些真实而具体的档案生动记录着来自全国各地的知青在北大荒的拓荒记忆与奋斗历史，也凝聚着参与北大荒开发建设的知青们深刻的家国认同与深厚的家国情怀。

1. 知识青年在北大荒的开发建设历程及其档案的形成

在中国，知青是一个特指的身份概念，它是指自 1950 年之后的几十年间，自愿或是被迫从城市流动到农村或边疆地区，务农或是务工的知识青年的统称。② 目前实践界通常以知青的原户籍所在地（派出地）划分和定义知青个体和集体的身份，如"北京知青""山东知青""上海知青"等。但本小节所指的北大荒知青则是在中国上山下乡时代背景下，参与北大荒开发建设的所有知识青年的总称，其中包含来自全国各地的知青群体。北大荒作为 20世纪 50 年代上山下乡运动最早的知青输入地，知青文化十分深厚。1955 年 8月，杨华等 60 名北京青年组成了青年志愿垦荒队，肩扛垦荒大旗，奔赴千里来到北大荒，在鹤岗市萝北县展开了艰苦卓绝的垦荒开发。虽然此时还未形成全国规模的上山下乡运动，但随着北京第二批、第三批青年志愿垦荒队以及河北、山东的 2000 余名青年以志愿垦荒队员的身份奔赴北大荒黑龙江垦区，这场运动规模逐渐扩大，并为全国规模的上山下乡运动奏响了序曲。

知青上山下乡运动源起于 20 世纪 50 年代并落幕于 80 年代。位于黑龙江省哈尔滨市红旗大街 175 号的北大荒博物馆，陈列着一份已泛黄的档案，其中记录着 20 世纪 50 年代党中央"到农村去，到边疆去，到祖国最需要的地方去"的号召。③ 这份中共中央于 1958 年发布的《关于动员青年前往边疆和少数民族地区参加社会主义建设的决定》文件正式拉开了百万知青上山下乡、大规模参与开发建设北大荒的大幕。而后的 20 年间，来自全国各地的成千上万名知青奔赴北大荒，掀起了一股势不可当的拓荒开发建设热潮。这股热潮在"文化大革命"后期抵达高潮，直至 1978 年 3 月，邓小平首次提出："上

---

① 叶子犀，姜深香. 论北大荒精神与文化传承机制 [J]. 知与行，2016 (03)：59-62.
② 张方旭. 下乡与返城中知青对自我身份的建构：基于对西安 19 名知青的访谈 [J]. 中国青年研究，2018 (09)：19-24.
③ 宋子洵，牛辉. 刻在黑土地上的拓荒史诗 [EB/OL]. 人民网，2021-11-15.

山下乡不是长期办法""应该发展新的经济领域，吸纳更多的劳动力"①。在这之后，随着一系列知青相关政策的发布，知青开始分批回城。1980年，国务院知青办宣布对毕业生"能够做到不下乡的，可以不下"，同年，中央书记处发表指示：不再组织和动员应届毕业生上山下乡。② 至此，持续了几十年的大规模的知青上山下乡运动终于落下了帷幕。

从城市到农村，再从农村回到城市，参与北大荒开发建设的知青们用青春书写了不凡的个人生命史和热血的群体奋斗史，其身份也经历了从城市知识青年到北大荒的开发建设者再到返城者的流变。在非知青—知青—非知青身份的入场—在场—退场过程中，作为原始性记录的档案既是这一拥有共同的群体记忆、相似的集体经历的知青身份的见证，又是其身份认同实践与实现的书写结果。例如，由鹤岗市档案局组织编写的《北大荒知青档案》这一编研成果就以照片、文字等形式登载了丰富多样的知青档案资料。在"知青文物"一章中，"北京市青年志愿垦荒队队旗""哈尔滨市青年志愿垦荒队队旗"③ 等珍贵的实物档案是来自不同地区参与北大荒开发建设的知青群体身份标识；"下乡到军川农场十连的天津知青张宏俊保存的兵团时期的证明信"④"下乡到共青农场二连的北京知青杨佩君珍藏的迁出户口介绍信"⑤ 等纸质档案则是知青个人身份的直接证明；而作为展现知青记忆的真实载体的老照片则是知青个体或集体精神面貌的生动呈现，其中最具代表性的是知青在不同时期、不同场合下的集体大合照，彰显了北大荒知青群体的凝聚力。这些由参与北大荒开发建设的知青个体和群体在生产、生活过程中直接形成、具有保存和利用价值的原始性记录构成了一类独具特色的参与北大荒开发建设的知青档案专题集合（简称北大荒知青档案）。

2. 北大荒开发建设历程中知青档案的保护与开发现状

在几十余年的上山下乡运动中，知青在参与北大荒开发建设过程中形成并留下了丰富的档案资源。目前，北大荒知青档案这一专题集合的档案实体主要分散保存在知青个人、黑龙江省各级档案机构、不同知青派出地的各级

---

① 顾洪章，马可森. 中国知识青年上山下乡大事记［M］. 北京：人民日报出版社，2009：154.

② 叶辛. 论中国知青上山下乡运动的落幕［J］. 社会科学，2007（07）：142-150.

③ 梁江平，刘哲斌. 北大荒知青档案［M］. 北京：中国文史出版社，2015：575.

④ 梁江平，刘哲斌. 北大荒知青档案［M］. 北京：中国文史出版社，2015：576.

⑤ 梁江平，刘哲斌. 北大荒知青档案［M］. 北京：中国文史出版社，2015：580.

档案机构、北大荒各类纪念馆、博物馆和场史馆等个人和机构内，档案资源体系呈现出多来源的档案形成主体、多元化的档案保管主体、多样化的档案类型和内容等特点。这一定程度限制了知青档案的集中开发与利用。

在知青档案的保管保存方面，目前北大荒开发建设历程中的知青档案保管主体有四方面。一是参与北大荒开发建设的知青本人。知青个人保管的档案通常以照片、日记、纪念章、证书等形式由知青私人分散保存，这也是各级档案馆、各类知青纪念馆/博物馆进行档案征集的主要来源之一。二是作为知青输入地的黑龙江各级档案机构。北大荒所在的黑龙江垦区隶属于黑龙江农垦总局（别称为黑龙江生产建设兵团、北大荒农垦集团总公司）管辖，其形成的档案归黑龙江省档案馆管理。参与北大荒开发建设的知青档案则是黑龙江省档案馆馆藏中"新中国成立后的档案材料"（主要有反映国民经济恢复、社会主义改造、国家 22 项重点工程、大庆油田开发、大小兴安岭林区开发情况的档案材料①）的组成部分。此外，哈尔滨市、鹤岗市、逊克县等地区也保存着大量的知青档案，如逊克县早在知青运动初期就已开始收集整理知青档案，现有知青档案主要藏于县劳动局全宗，其余零星藏于县馆藏档案的 95 个全宗内②；哈尔滨市档案馆则将馆藏近万件知青档案登记，建立知青档案专题目录和专题摘编。③ 三是知青派出地的各省市县档案机构也保存有大量的知青档案。例如，上海在 20 世纪 50 年代共派出 16.8 万人参与垦荒运动，上海市档案馆保存有部分知青档案，并由上海知青历史文化研究会、黑龙江档案局馆等合作启动了《上海知青在黑龙江档案资料选编》项目，旨在充分发掘、梳理知青档案资源，为知青历史学术理论研究提供丰富的史料支持。④四是北大荒各类纪念馆、博物馆、场史馆等机构也存有大量的知青档案。如北大荒开发建设纪念馆、北大荒博物馆、中国首家知青纪念馆——黑龙江黑河市知青纪念馆、黑龙江垦区不同农场的场史馆等，近年来以展览形式将所藏知青档案公布于众。

在知青档案的开发利用方面，如以覃兆刿教授的"档案双元价值论"为

①　黑龙江省档案馆馆藏介绍 [EB/OL].黑龙江档案信息网，2021-12-01.
②　曾庆伟.黑龙江逊克县知青档案工作成绩斐然 [EB/OL].中国档案资讯网，2014-08-08.
③　田苗.市档案馆有 1975 至 1980 年知青档案 [EB/OL].新浪新闻，2010-03-29.
④　王丹菊.上海、黑龙江合作开发知青档案资源 [EB/OL].中国档案资讯网，2014-05-06.

划分依据，从档案的凭证工具价值角度看，核实知青身份以认定工龄、办理社会养老保险和户口迁移是北大荒知青档案在现实开发利用中的主要用途；从档案的信息价值角度看，通过展览等形式挖掘北大荒知青档案中的内容与意涵、搜集和整理知青档案并进行档案资料汇编、建立档案专题目录或是进行史料挖掘，是目前北大荒知青档案开发利用的主要方式。随着社会精神文化需求的增长，新的时代趋势对北大荒知青档案的开发利用提出了新的要求，构建知青群体的集体记忆与身份认同、传承北大荒精神等议题日益成了知青档案开发利用的价值新呈现。

（二）北大荒知青档案中的身份认同价值

身份认同是一个跨学科概念，一方面它代表着对身份信息的体认，另一方面它又指向对身份同一性与差异性的确认。在文化记忆的研究范畴，身份认同常常与集体记忆和叙事相互联结。① 而档案作为集体记忆和叙事的天然融汇点，既是集体记忆的承载，又是一种叙事媒介与叙事表征。身份认同通过集体记忆与档案紧密相连，档案促进身份认同建构的同时又是身份认同群体书写的结果呈现。

本小节所聚焦的北大荒知青群体是具有强烈身份认同诉求的典型群体。在下乡与返城过程中，知青的身份几经变化：城市中的知识青年—在农村劳动的城市人—从农村回来的城里人，其知青身份也在建构—解构—重构中不断流变。虽然知青身份的每次变化，都离不开时代浪潮的推动，但在此过程中知青们也通过记录的形式积极地建构自我身份与群体身份。例如，在返城前，知青通过对自己身份的积极书写来获得群体归属，这些在其形成的日记、书信、介绍信、照片等档案中均有具体体现；在返城后，知青则通过策略性地对自身知青经历的叙事，或是借助留存的档案使得现今的身份与行为合理化②，这在日后形成的知青访谈、知青文学创作、知青摄影艺术展览等作品中有所呈现。

1. 档案蕴含知青个人的身份信息

档案因其原始记录性而被普遍推崇为一种极其有力的证据和相对真实的社会—文化记忆。现实中，社会中个体和群体不论是生老病死还是生产生活，

---

① 埃尔，纽宁. 文化记忆研究指南［M］. 李恭忠，李霞，译. 南京：南京大学出版社，2021：2.

② 张方旭. 下乡与返城中知青对自我身份的建构：基于对西安 19 名知青的访谈［J］. 中国青年研究，2018（09）：19-24.

都离不开档案的记录。档案也因其原始记录性而成为呈现与建构身份认同的重要凭据。具体到知青这个群体而言，在参与北大荒开发建设过程中形成的档案，特别是直接反映知青身份特征的档案则是知青身份证明的有力凭证。例如，户口迁移介绍信记录着知青从何而来、去往何处的具体身份信息①，证明信则记录着知青个人的姓名、性别、年龄、现住址等重要个人信息。② 哈尔滨市档案馆保存着部分 1975 年至 1980 年当时知青因生病、家庭变故转点返城的登记表，这一档案清晰地反映了当时返城人员的基本情况，包括姓名、年龄、下乡时间、下乡地点、家庭住址、返城时间、返城原因等，详细地反映了上山下乡知识青年的身份信息。③ 放眼全国，目前各地对知青档案的利用也以核实知青身份为主。根据劳动部门对工龄认定的相关规定，退休人员在办理工龄认定、退休、社保等手续时，必须携带申请人的档案和相关材料到社会保险部门办理审批手续。近年知青陆续到达退休年龄，各地档案馆有关知青档案的利用量开始增多。知青在上山下乡运动中参与各地区开发建设过程中形成的档案，为知青返城后迁回户口、落实知青身份、认定工龄、办理社会养老保险等基本生活保障提供了重要的身份凭证。

2. 档案承载知青群体的集体记忆

集体记忆是文化记忆研究中最重要、也是迄今最常使用的概念之一。自 20 世纪 20 年代由莫里斯·哈布瓦赫引入相关讨论中以来，就有别于生理性记忆而将讨论视域置于社会—文化语境之中。④ 从本质上看，集体记忆是一种社会文化现象，有赖于依靠纪念碑、庆典、档案、自传式记忆等来传递群体体验。⑤ 由此，档案使得作为一种较为含糊、暧昧的社会—文化概念的集体记忆变得具体可感，也让集体记忆成了在个人生命史与集体奋斗史中书写下的鲜活体验。

对北大荒知青群体本身而言，不论是在生产生活中留下的集体合照，还

---

① 依据"下乡到共青农场二连的北京知青杨佩君珍藏的迁出户口介绍信"。资料来源：梁江平，刘哲斌. 北大荒知青档案 [M]. 北京：中国文史出版社，2015：580.

② 依据"下乡到军川农场十连的天津知青张宏俊保存的兵团时期的证明信"。资料来源：梁江平，刘哲斌. 北大荒知青档案 [M]. 北京：中国文史出版社，2015：576.

③ 田苗. 市档案馆有 1975 至 1980 年知青档案 [EB/OL]. 新浪新闻，2010-03-29.

④ 埃尔，纽宁. 文化记忆研究指南 [M]. 李恭忠，李霞，译. 南京：南京大学出版社，2021：4-5.

⑤ 埃尔，纽宁. 文化记忆研究指南 [M]. 李恭忠，李霞，译. 南京：南京大学出版社，2021：12.

是为丰富业余生活、集资购买电视机而开具的集资借据，都是知青生产生活中难忘而特别的集体记忆。参与北大荒开发建设的上海知青朱国栋至今仍保留着"集资借据"，据他回忆：至于这笔电视机的钱最后还没还、怎么还的，他倒不记得了；但是他所在的十四团修理连，大家集体商量如何集资解决购买电视机资金问题的记忆令他至今难以忘怀。① 随着知青岁月的远去，经由档案承载的知青集体记忆便成为后知青时代中知青群体聚首追忆往事的重要源泉。此外，这些承载着知青群体集体记忆的档案最终又转换为其他媒介的呈现，诸如书籍、展览、纪录片、电影与文学作品等，向社会展示了知青的群体形象。

（三）北大荒知青档案中的群体书写

"知青"这一带有鲜明时代特征、彰显特定时代背景下特殊身份的特有名词，如今已随着历史的远去而成了一种时代和群体的集体记忆。虽然过去上山下乡、奉献青春的知识青年们大都已经老去，但那段难以忘却的知青岁月在知青的记忆、口述、叙事中历久弥新，记录在相关档案、文学作品、影视作品等媒介中的知青形象与知青精神也依旧鲜活如初。

随着知青档案的开发利用，知青时代的原始记录也逐渐转化为后知青时代的群体书写，档案既是知青群体书写的结果，又成了后期知青群体书写的灵感源泉。一方面，知青在参与北大荒开发建设过程中，留下的如知青日记、知青照片、知青歌曲创作手稿等丰富的档案，鲜活地呈现了知青的群体形象；另一方面，知青离开农村、回归城市后将朴素而强烈的倾诉冲动付诸笔端转化为难以计数的回忆文字，这又实现了跨越时空的历史书写，既补充了原始档案的记录内容，又激活与唤醒了一代人的集体记忆。后知青时代的知青历史书写主要由文学作品、史学论著和口述档案组成，知青回忆录的形式则最为典型。②

1. 从个体到群体：知青档案中的形象呈现

北大荒知青上山下乡运动主要历经两个不同阶段：一是 20 世纪 50 年代到 60 年代末探索的十年，以杨华、庞淑英等为代表的知青，积极响应毛泽东主席"农村是一个广阔的天地，在那里是可以大有作为的"的号召，以志愿

---

① 梁江平，刘哲斌. 北大荒知青档案［M］. 北京：中国文史出版社，2015：579.
② 金光耀. 后知青时代的知青历史书写［J］. 中共党史研究，2015（04）：117-121.

垦荒队的形式，自发或自愿参与到北大荒的开发建设中①；二是20世纪60年代末到1978年前后大规模上山下乡运动时期，这一阶段出于缓解城市就业压力、对年轻人进行政治教育等目的，国家出台相关政策推动知青运动的开展。因此，在知青的个体记录或群体书写中，青春的热血与生活的苦难、身份转型的困惑与思乡情切的情感交织其间，虽然知青个体形象有所差别，但其群体特征与时代特色在知青档案中通过集体形象得以呈现。

一是从城市到农村，心系祖国建设，积极奔赴北大荒的青年志愿垦荒者形象。第一批赴北大荒的志愿垦荒队成员杨华、庞淑英等人以发起人的身份，在出发前向北京团市委递交了申请书，表达了赴边疆垦荒的愿望和决心："我们愿意用我们青年团的荣誉向你们提出：请批准我们能够为祖国多贡献一份力量。我们要组织一个60人的垦荒队，不要国家掏一分钱，为国家开垦3000多亩荒地，增产30多万斤小麦。"② 从北京青年志愿垦荒队五位发起人的合影中，能清晰感受到青年们脸上洋溢的蓬勃朝气，而在北京团市委为志愿垦荒队举办的欢送会宣誓照片中，更是能够真切感受到知青们立下"开发建设北大荒"誓言的豪迈与即将奔赴祖国广阔大地建功立业的热情与决心。③ 这些如今已成为珍贵档案的申请书和照片，是心系祖国建设、积极奔赴北大荒的青年志愿垦荒者形象的生动写照。

二是参与北大荒开发建设，同甘共苦、具有深厚情谊的青年垦荒队集体形象。第一批垦荒志愿队奔赴北大荒开发建设的事迹在全国产生了较大的影响力与号召力。在收到杨华给天津青年写的信后，担任天津市青年志愿垦荒队队长的杜俊起给天津市团委递交了申请书，在申请书的结尾他这样写道："我保证，到那里后，一定要服从分配，团结互助，克服困难，完成党和国家交给我的光荣任务。"④ 天津垦荒队到达北大荒后，快速投入当地的垦荒工作，队员们在北大荒的黑土地上进火场、入山林，同甘共苦的集体生产与生活让知青们结下了如战友般的深厚情谊。随着垦荒的推进，垦荒队伍不断壮

---

① 叶辛. 论中国大地上的知识青年上山下乡运动 [J]. 社会科学，2006（05）：5-17.

② 杨华. 难忘垦荒岁月 [M]// 梁江平，刘哲斌. 北大荒知青档案. 北京：中国文史出版社，2015：18.

③ 杨华. 难忘垦荒岁月 [M]// 梁江平，刘哲斌. 北大荒知青档案. 北京：中国文史出版社，2015：19.

④ 杜俊起. 天津青年垦荒初期的日日月月 [M]// 梁江平，刘哲斌. 北大荒知青档案. 北京：中国文史出版社，2015：24.

大。在黑龙江萝北的荒原上，知青们开拓了以自己故乡命名（诸如天津庄、山东庄、河北庄等）的属于垦荒队员的家园……这些难忘的记忆随着知青档案的保存与开发得以延续。

三是从农村回到城市，思城情切却也难忘乡村的返城者形象。20世纪70年代后期，随着国家政策的调整、高考制度的恢复，1978年国务院下达了知青返城的相关文件。1979年后，绝大部分知青陆续返回了城市，也有部分人在农村成家"落户"，永远地留在了农村。① 哈尔滨知青孙刚元曾在其回忆录中叙述了自己返城前后的心路历程，他曾和许多知青一样，原来做了"扎根"的准备，但随着时间的推移，这种"扎根"思想开始动摇。"平心而论，我并没有觉得北大荒那一段生活恍若苦海。相反，北大荒的老职工、转业官兵对知青给予的理解、友善和帮助深深印在我的脑海之中，使我永远不能忘记。"在来时如潮的返城风的裹挟下，他不情愿地在"截止"之前最后一批病返回城。② 在他们多重的身份认同中，城市居民身份始终是大多数知青魂牵梦绕的根，而在北大荒开发建设过程中形成的知青身份则是他们身份认同的"第二故乡"。

2. 从历史到现实：知青档案中的精神承载

习近平总书记在纪念红军长征胜利80周年大会讲话中指出："精神是一个民族赖以长久生存的灵魂，唯有精神上达到一定的高度，这个民族才能在历史的洪流中屹立不倒、奋勇向前。"③ 在上山下乡运动中，那些毅然决然加入北大荒开发建设的知识青年，用实际行动书写了北大荒精神，也将这一精神通过无形的力量和有形的载体，如档案，传承至今。他们把一生之中最宝贵的青春年华献给了北大荒这片热土，也把追求理想、建功立业、奋发向上的可贵品质融入北大荒的开发建设中。北大荒精神的内涵也从初创时期的自力更生、艰苦奋斗拓展并丰富成了顾全大局、无私奉献④，这一精神也凝聚着开拓者们深刻的家国认同与深厚的家国情怀。从黑龙江鹤岗市主动报名下乡到长水河农场九分场的知青李桂琴，始终以刘胡兰、赵一曼等革命英雄为榜

① 追忆"知青"群体 [EB/OL]. 新浪网读书频道，2021-12-07.

② 孙刚元. 返城前后 [M]//梁江平，刘哲斌. 北大荒知青档案. 北京：中国文史出版社，2015：362-363.

③ 纪念红军长征胜利80周年大会在京隆重举行 习近平发表重要讲话 [EB/OL]. 新华网，2016-10-21.

④ 刘惠，陈彦彦. 文化自信视域下北大荒精神的传承与弘扬 [J]. 江西科技师范大学学报，2019（03）：16-20.

样，追求着参军入伍的梦想，她与其他 10 名女知青一同划破手指，用鲜血毅然书写下请求参军参战的决心。她们血书中"我们要求参军参战，用鲜血和生命保卫祖国，愿把青春献给祖国""誓死保卫祖国"的热血誓言是她们作为中华儿女的深厚家国情怀的鲜明写照。① 除此之外，在上山下乡的浪潮中，在战斗天地的实践中，为救老乡、战友于水火，为保护国家财产而壮烈捐躯的知青英烈大有人在，捐躯在鹤岗地区的陈钢、俞关兴、张成齐都是知青网上点击率颇高的知青英烈。② 其中，来自杭州的知青陈钢是在火场救火和抢救国家财产时壮烈牺牲的。据一同参与救火的知青刘肖强回忆，在陈钢遇难时，从他的上衣口袋里摸出一封信，才确认了他是来自杭州的知青陈钢。③ 后来，为了缅怀陈钢，鹤立河农场宣传队编唱了《陈钢是我们的好榜样》歌曲④，积极学习和弘扬陈钢精神。当时的创作歌谱仍保留至今，成了宝贵的知青档案，也是如今学习和传承北大荒精神的绝佳媒介。

知青群体对国家前途命运的强烈使命感与深刻认同感，无不令人震撼与感动。但随着北大荒知青的老去甚至逝世，见证知青历史、传承知青记忆的亲历者规模开始缩小。在日渐失去了活生生的自传式记忆之后，社会亟需借助媒介来固化、传递社会记忆。⑤ 档案作为知青经历的原始记录，不仅蕴含着他们的身份信息与集体记忆，更在群体书写中承载与传承着北大荒精神。

（四）北大荒知青档案开发利用对策

1. 发挥档案服务民生的作用，为知青提供身份凭证

北大荒知青档案中蕴含着知青相对真实而具体的身份信息，是知青极为重要的身份凭证。目前，从档案的用途来看，全国各地对北大荒知青档案的利用主要集中在三方面。一是民生利用，如办理户口迁移、核实知青身份和工龄以办理退休手续和社会养老保险等；二是休闲利用，如知青群体为回忆和纪念逝去的青春岁月而进行文学性创作；三是研究利用，如利用知青档案

① 李桂琴. 血书 [M]//梁江平，刘哲斌. 北大荒知青档案. 北京：中国文史出版社，2015：170-171.

② 文斋. 怀念英年早逝的知青英烈 [M]//梁江平，刘哲斌. 北大荒知青档案. 北京：中国文史出版社，2015：425.

③ 刘肖强. 陈钢为抢救国家财产壮烈牺牲 [M]//梁江平，刘哲斌. 北大荒知青档案. 北京：中国文史出版社，2015：419.

④ 梁江平，刘哲斌. 北大荒知青档案 [M]. 北京：中国文史出版社，2015：576.

⑤ 埃尔，纽宁. 文化记忆研究指南 [M]. 李恭忠，李霞，译. 南京：南京大学出版社，2021：12.

148

对现代史进行学术研究。其中，民生利用占主导。从利用途径来看，全国各地对北大荒知青档案的利用以赴档案馆进行实地查询和利用为主，辅之以线上档案专题库进行目录查询。因此，积极发挥档案为知青提供身份凭证的作用是档案实现其凭证价值和提高社会对档案工作者及档案部门认同度的重要机遇。加之知青档案保存的分散状态与知青群体退休潮对档案利用需求的增加，创新知青档案服务与利用形式，充分发挥知青档案的民生作用，成为档案馆开发利用知青档案的应有之义。

结合现有经验，笔者认为，首先，全国各地保存有知青档案的相关档案部门需准确、清楚地把握馆藏中各类知青档案的情况，将知青档案筛选、整理好，这是确保利用者查准、查全的前提；其次，广泛开展跨部门、跨地区合作，建立知青档案专题目录，条件成熟后建立知青档案虚拟全宗；最后，紧跟时代发展，以数字/智慧档案馆理念，利用先进技术，将知青档案优先数字化，以提高查找利用效率。例如，四川省广安市某县就为了方便老知青快速查找到所需资料，县档案馆优先对这部分档案进行了数字化处理，形成了知青档案人名专题目录，实现了计算机检索和查阅。①

2. 构建知青档案记忆空间，增强知青归属感和凝聚力

在后知青时代，知青文学是一种传播广泛的刻写方式，而知青聚会则是一种普遍参与的操演方式，它们对知青集体记忆的建构都起到了不容忽视的作用。② 在这些追忆形式背后，一张老照片、一本日记、一枚纪念章等珍贵的纸质与实物档案往往是支撑知青们创作和互动的重要素材来源。

对知青群体本身而言，如何紧跟时代、创新发挥档案的作用，笔者认为可借鉴参与式建档理念，以打造特色知青在线社交圈等方式入手，鼓励知青进行参与式在线建档，让拥有共同身份、相似经历的知青通过网络平台，超越物理空间的距离共享记忆，增强知青群体的凝聚力与归属感。对社会而言，"记忆之场"是人们在其中参与公共活动，由此表达"一种关于过去的集体共享知识的一些场所，而这种知识是一个群体的统一感和个性的基础"③。身处

---

① 广安市档案局. 知青档案优先数字化 提高效率方便用户 [J]. 四川档案，2015 (01)：37.

② 王汉生，刘亚秋. 社会记忆及其建构一项关于知青集体记忆的研究 [J]. 社会，2006 (03)：46-68，206.

③ ASSMANN J，CZAPLICKA J. Collective memory and cultural identity [J]. New German Critique，1995 (65)：125-133.

"记忆之场"的人群继承了事件本身固有的意义，又将新的意义加入其中。知青档案馆、纪念馆、博物馆就是知青群体的"记忆之场"，打造更加多元化、立体化的记忆空间（如展览）是构筑关于知青过去知识的"记忆之场"的表现之一。这些记忆空间不仅是知青群体缅怀过去、追思过往的沉浸式场所，也是社会公众真切感知知青形象、体会和学习知青精神的重要场所，从而增强社会对知青群体的理解与认同。

3. 挖掘档案中的知青符号，打造知青精神名片

"知青"已成为上山下乡那个年代的缩影和代名词，也是北大荒历史上一个典型的精神文化符号。那么，如何将这些无形的精神力量转化到有形的传播媒介上？首先，笔者建议可以提取档案中的知青符号或元素，例如，从知青照片中提取知青形象、生产用具、生活用品等元素，从知青的申请书、日记、书信等档案中挖掘知青的誓言、口号等符号，用于定制纪念币或纪念章，甚至可以在重大的历史纪念节点发行带有北大荒和知青元素的纪念邮票，充分发挥这些承载着北大荒知青记忆的传播媒介的纪念与宣传作用，定格北大荒的知青记忆，赋予知青文化更加蓬勃而持久的生命力。其次，充分发掘研究档案内容，将其转化为叙事素材，如进行知青史料汇编、知青小说创作、知青电视剧拍摄等。档案中承载的知青记忆为知青叙事提供了一种历史视角和历史资源，让档案中的知青符号借助叙事媒介"活"起来，以达到更好地利用和传播效果，让知青形象和知青精神文化更加深入人心。

历史在远去，知青也在老去，记录在档案中的知青记忆在共享与交互间却依然鲜活。它们也始终提醒着世人，不要忘记有一群人曾在北大荒年轻过，北大荒的那片热土也将永远铭记他们的故事。

第三节　档案中的身份表达与认同的合法性建构

身份既是一种彻底的幻象，也是一种坚固的现实。① 从此点意义来看，对身份的认同既可以是对作为一种幻象身份的认同，也可以是对作为一种现实身份的认同，但对幻象身份的认同其实也表明了将此种幻象作为一种现实来看待，即对该幻象身份的承认。换言之，认同可以作为幻象身份转向现实身

---

① 恩格尔克．"身份认同"为何不是非黑即白的？［EB/OL］．新京报，2021-09-16.

份的旋钮，幻象身份转向现实身份不仅是自我认同的过程，同时也是获取社会认同的过程。与此同时，一些类别的档案，如下文将要探讨的家谱档案和女书档案，可作为扒开沟壑、填补沟壑的一个桥梁，或显性或隐性地呈现出女性的身份表达以及她们为了争取合法的身份与地位而进行的认同建构活动。写到这里，笔者联想到向帆教授在一席演讲中的一句话："（家族树）每一个节点都是男性的，我不知道他们是怎么生长出来的。"① 希望以下两则档案中的个案研究，会让我们看到更多的有关女性身份认同的力量。

一、家谱档案中的女性叙述及认同建构——以甘肃条城《吴氏家谱》为例

"国编正史，县纂方志，宗族修家谱，为中国史志三大支柱。"② 家谱自产生起就具有尊祖敬宗、收族睦族的功能，是族人血脉和身份的客观体现，也是每一个家族成员的精神安顿之所。家族的后代子孙为保证世系清晰、血脉相承、香火不断，也将编修家谱视为其应有义务。"谱宜三十年一修，若不遵此，即属不孝。"③ 接续编修家谱的过程，也是去个体化的过程，个体感受到家族的力量而实现族群认同，将自身融入族群之中，从而获得归属感和身份认同。然而，目前的世系谱牒多为男性的记录，女性较少被接纳和记载其中，这既体现出传统文化的尊卑观念，也与一直存在的家谱编修的偏见和规定不无关联。但这并非意味着家谱中没有女性的身影和女性的声音，尽管微少，却折射着家谱观念的转变和女性地位的提升。本小节即以甘肃条城《吴氏家谱》为例，探析家谱档案中的女性叙述与认同建构，以期管窥家谱在建构身份认同中的价值与作用。

目前，有关这一主题的研究主要围绕家谱中的女性角色和家谱的身份认同功能两方面展开，下面将分而述之。

首先是关于家谱中女性角色的研究。家谱作为重要的史料和文本，历来备受历史学、民俗学、社会学、人类学等学科的重视，学术界目前对家谱的研究主要集中在家谱的史料价值研究、家谱与地方文化研究、家谱与相关族群研究、姓氏与寻根文化研究等。而在性别史和女性研究方面，家谱并未引

---

① 向帆. 活在过去的未来. ［EB/OL］. 优酷视频，2022-05-14.
② 吴有忠. 条城吴氏家谱 ［Z］. 甘肃，2012：8.
③ 季考维. 浦城高路季氏宗谱 ［Z］. 福建，1913：谱训.

起相关重视。这既受家谱是一部以男性为主的记录这一根深蒂固观念的影响，也显示出家谱所记载内容体现了强烈的男权主义特征。尽管相关研究较少，但通过文献检索和分析，目前学界对家谱中女性角色的研究仍可归纳为以下三个方面。一是关于女性入谱的意义。国内这类研究较少，多是认为女性入谱得以反映真实的社会面貌和人口状况，例如，杜家骥认为满族家谱相对一般的汉族家谱对族中女性的记载更加系统和具体，而正因如此，满族家谱具有较高的人口学、家庭史和婚姻史等方面的社会史史料价值。① 国外研究则对该主题涉及较多，如 Traves Alex② 认为阿尔弗雷德王朝时期的女性家谱在当时起着重要的政治作用，同时也为我们更好地理解中世纪英国的母系情况提供史料参考。Smith Amy③ 认为通过研究家谱中的女性立场，可以更细微地管窥性别歧视压迫下的政治结构，并以家谱为场所为女性提供抵抗社会政治边缘化的可能。二是关于女性入谱的原因及形式。女性入谱并非近代以来的产物，早在中国古代便有了这一现象，但古时家族对女性入谱的原因和形式规定极为严苛。例如，胡中生根据明清徽州家谱文献分析家族对女性行为和欲望的控制，剖析了女性是否能上谱、如何上谱等问题，并提出家族对女性欲望和人格的控制主要是一种精神上的控制。④ 阎爱民在《清代族谱谱例中的女子书法》中以清代族谱一些谱例中的规定为例，探讨了清代族女和族妇上谱时文字和形式的表达方式及其意义。⑤ 而近代以来，家谱中女性的身份和地位发生了重大转折。邵凤丽认为，现代家谱对女性的控制和评价功能消失后，女性取得了与男子一样的上谱权利。这一变化的主要影响因素是计划生育政策的推行，此外还受到家族拓展关系网的社会诉求的影响。⑥ 三是女性入谱后形象与地位的变化。女性家谱形象的变化发生在近代自由平等思想普及以来，

---

① 杜家骥. 满族家谱对女性的记载及其社会史史料价值 [J]. 中国社会历史评论, 2006 (00)：75-84.

② TRAVES A. Genealogy and royal women in Asser's Life of King Alfred：Politics, prestige, and maternal kinship in early medieval England [J]. Early Medieval Europe. 2022 (01)：101-124.

③ SMITH A M. Family webs：The impact of women's genealogy research on family communication [D]. Ohio：Bowling Green State University, 2008.

④ 胡中生. 清代徽州族谱对女性上谱的规范 [J]. 安徽大学学报（哲学社会科学版）, 2007 (01)：92-98.

⑤ 阎爱民. 清代族谱谱例中的女子书法 [J]. 中国社会历史评论, 2009, 10 (00)：166-173.

⑥ 邵凤丽. 新旧家谱凡例的对比研究 [J]. 民俗研究, 2008 (04)：136-151.

随着女性形象转向独立自主，女性在家谱中的地位也逐渐提升。例如，葛孝亿、陈岭认为女性在家谱中的形象从"贤妻良母"转变为"女国民"的重要推动力是近代女子教育的发展和女性社会职业资格的获得。① 庄莉红认为族谱中女性地位在近代以来发生了转折，而这一转变是计划生育政策和当代修谱潮流双重作用的结果，体现了社会对女性的尊重和认可。② 曹冬生认为，新谱编修从内容到形式都体现出"新"的面貌，其中，编纂思想作为一种家谱编撰的新形式，规定女性入谱，提倡男女平等，顺应了时代发展趋势。③ 然而有学者认为家谱虽同意载入女性，但女性地位实际上并未发生根本性变化，例如，惠青楼提出虽然民国时期社会的宗族观念淡化，但族谱仍是较为保守的文献，家谱中确实能窥见许多女性的形象，但基本的妇女形象没有发生根本性的变动。④

其次是关于家谱的身份认同功能研究。家谱记载着家族的发展与血缘的传承，既载有祖辈和后代的历史，也刻画着个体的身世及与族人的联系。个体通过家谱找到自己的血脉来源，从而确定自己在家族中的在场地位，认同自己是族中的一分子，在获得自身身份和地位肯定的同时，进一步获得情感和心灵上的归属。现有对家谱的身份认同功能的研究主要体现在微观上的个体认同研究、中观上的族群认同研究和宏观上的家国认同研究三个方面。一是微观上的个体认同研究。个体认同便是追问"我是谁，我从哪里来?"的问题，这个问题在家谱中便体现为祖先认同和血缘认同。温小兴和朱俊认为族谱追认烈士为祖先，是当代社会少数民族运用正统性的制度和文化象征去建立祖先认同的方式，体现了在国家认同背景下"家族史"与"革命史"融合的倾向。⑤ 钱晶晶认为族谱中的祖先故事其实是一个中国西南族群与国家正统文化接触的过程，家族成员追溯自己的血脉源流和族谱文字的书写，其实是

---

① 葛孝亿，陈岭. 学业与志业：近代中国族谱叙事中的新女性——基于江西吉安 M 家族知识女性的考察 [J]. 中国教育：研究与评论，2019 (02)：92-111.

② 庄莉红. 从当今福建民间族谱修纂看女性地位的变迁 [J]. 廊坊师范学院学报（社会科学版），2015, 31 (02)：59-62.

③ 曹冬生. 论新家谱之新 [J]. 图书馆学刊，2015, 37 (03)：118-120.

④ 惠清楼. 民国族谱中的女性形象探析 [J]. 中国社会历史评论，2009, 10 (00)：174-187.

⑤ 温小兴，朱俊. 从革命先烈到英雄祖先：客家族谱的革命书写与文化认同：以篮夏桥"祖先"故事的书写为例 [J]. 赣南师范大学学报，2021, 42 (02)：33-37.

一种政治经济体系下，不同地域、不同人群间不均衡的权力关系的表达。① 二是中观上的族群认同研究。《麦克米伦人类学词典》将"族群认同"界定为："能自我区分或是能被与其共处或互动的其他群体区分出来的一群人，区分的标准是语言的、种族的、文化的，族群的概念联合了社会的和文化的标准，且族群性的研究的确集中在族群间的互动及其认同的文化和社会的关联过程中。"② 家谱的编写能够以文本的形式确认同一群体的血缘联系，通过区分"他们"和"我们"，强化族群认同。加小双认为只要存在家族，就存在家族认同。以家谱文本为主的家族档案能够为家族成员提供身份凭证并通过记忆建构帮助成员获得身份认同。③ 张全海分析了世系谱牒在民族认同、宗族认同、移民族群认同中起到的作用，并指出谱牒作为一种文化符号，对族群认同研究起到重要作用。④ 王勤美认为不同身份的人群能够在特定的社会历史情境中，通过世系追述、祖先重构、祠堂修建等活动，获得正统身份，从而作为区分我群和他群的认同标志。⑤ 张运春认为家谱中记载的家族神话，能够一定程度上缓解家族的身份认同困局，树立政治权威，进而助力家族对当地进行文化控制。⑥ 黄彩文、子志月认为民间传说与族谱、碑刻不仅是祖源叙事的重要文本，也是社区成员维持、重塑村落与族群的历史和文化的重要方式，反映了一定社会情境下的族群认同。⑦ 三是宏观上的家国认同研究。国是家的延伸，家国同构是中华民族长期以来提倡的认同观，学界关于家谱和家国认同方面的研究成果居多。卞利认为宋代以来至民国时期，徽州精英从族谱纂修和中原祖先谱系拟构中持续不断地致力于血缘身份认同的建构与强化，以将其与地域认同和国家认同相连接，进而实现血缘身份认同、地域认同与国家认同相统一的目的。⑧ 邓刚认为家谱的编写逻辑体现了地方社会的国家认

① 钱晶晶. 历史的镜像：三门塘村落的空间、权力与记忆 [D]. 广州：中山大学，2010.

② SEYMOUR-SMITH. Dictionary of Anthropology [M]. London：Basingstoke，1986：95.

③ 加小双. 当代身份认同中家族档案的价值 [J]. 档案学通讯，2015（03）：29-34.

④ 张全海. 世系谱牒与族群认同 [J]. 档案学通讯，2010（05）：54-55.

⑤ 王勤美. 祠堂礼制与人群阶序：清水江下游的乡村社会 [J]. 贵州大学学报（社会科学版），2018，36（04）：60-71.

⑥ 张运春. 困局与应对：对沂水刘南宅家族神话的一点看法 [J]. 民俗研究，2017（6）：76-84，159.

⑦ 黄彩文，子志月. 历史记忆、祖源叙事与文化重构：永胜彝族他留人的族群认同 [J]. 西南民族大学学报（人文社科版），2017，38（03）：64-70.

⑧ 卞利. 宋明以来徽州血缘身份认同的建构与强化 [J]. 安徽大学学报（哲学社会科学版），2019，43（02）：1-11.

同，而 20 世纪 80 年代以来所修族谱中出现的新兴话语，亦反映了地方家族在新的社会脉络之下对于国家认同的调适。① 吴才茂认为宗族制度是边缘土著族群建构正统文化身份、表达国家认同的普遍策略，同时也是国家建构边疆秩序和认同的重要工具。②

以上从家谱中女性角色的研究和家谱的身份认同功能研究两个方面简要回顾了家谱与女性以及家谱与身份认同方面的既有成果。通过广泛的文献阅读，笔者发现目前关于家谱与女性的研究较多地集中在对女性入谱的原因、形象的剖析，而关于家谱身份认同方面的研究主要集中在少数民族、地域性的群族对汉族和国家的认同，几乎未涉及女性对自我的追寻和认同的建构。本小节着眼于家族中的女性群体，通过家谱文本中女性叙事的嬗变探讨女性如何在家谱书写中获得自我身份的确认和对家族的归属感。

（一）相关概念界定

在对家谱档案中的女性形象和地位以及如何通过将女性载入家谱来建构这一群体特殊的身份认同进行探讨之前，有必要先对本小节涉及的家谱、宗族和身份认同等相关概念进行梳理和分析。

1. 家谱

中国家谱的产生可以追溯至先秦之前，具体的起源时期目前学界说法不一。在家谱正式产生之前的早期社会，血缘关系便已出现，此时世系的传承主要通过口头背诵和结绳记事，即口传家谱和结绳家谱。文字诞生后，这类原始的世系传承形态被记录下来并形成家谱的雏形，主要包括甲骨家谱和青铜家谱，载有简单的人名和世系。随后，随着生产力提高和社会发展，家谱的内容、体例趋于完善，逐渐形成了我国特有的家谱形式。而家谱在其演变过程中因时代、语言、地域的不同衍生出许多相似的概念名称，这些名称的内涵和外延均有所区别，指代也不尽相同。这些别称多数已经随着时代发展不再使用或已做出明显区分，因此不再一一列举辨析，在此仅厘清当今为学界常用且具有代表性的两个概念——家谱和族谱。

关于家谱的定义，古往今来众说纷纭。其一将家谱视为家族发展历史的

① 邓刚. 清水江中下游的山地开发与族群政治：以"三锹人"为中心的研究［D］. 广州：中山大学，2010.

② 吴才茂. 明清以来清水江下游地区民众华夏世胄身份的构建［J］. 明清论丛，2012（00）：282-297.

私家文献。如王世贞的"夫谱，家史也"①，章学诚的"家乘谱牒，一家之史也"②，刘贯文的"谱牒是以特殊形态记载宗族发展的史书"③，等等。其二认为家谱的主要目的是记录世系和族人事迹。如《辞海》把家谱定义为："记载一姓世系和重要人物事迹的谱籍。"④ 欧阳宗书认为："家谱是中国古代宗法社会中主要记载宗族人物世系和记载宗族事迹的书。"⑤ 杨东荃提出了"家谱是以各种形式系统罗列某一共同祖先的血缘集团世系人物或也兼及其他方面情况的记述"⑥。徐建华认为："家谱是一种表谱形式记载一个以血缘关系为主体的家族世系繁衍及重要人物事迹的特殊图书形态。"⑦ 笔者梳理认为，以上两种说法并不存在根本性的差异，只是分别从史学和谱学角度定义家谱，均涉及了家谱这一事物的本质——是以家族为中心，记载家族成员和家族文化的文献。

对于家谱和族谱的关系，学界基本认同两者之间并无严格意义上的差别，由此，相关文献通常在家谱的定义后加注"又称族谱、谱等"。如徐建华认为："家谱，历史上曾有多种名称，家谱仅是其中使用最多和最有代表性的一种。从古至今，家谱类文献的名称大致还有如下这些：谱、谱牒、族谱……"⑧ 因此，学者对家谱和族谱概念常不做严格区分，而是将两者混用以表达记载家族世系和事迹的文献。欧阳宗书认为："家谱、族谱、宗谱似无严格意义上的区别，泛言之，都是指记载同一家族或宗族人物世系和事迹的簿籍，是本族内各支、房家谱的集成。"⑨ 由此观之，细究家谱和族谱的概念内涵并无太多意义，因而本小节不对家谱与族谱进行细致的区分，而是将其视为同一事物，认为家谱是以文本的形式记录同一血缘集团世系、族人事迹和家族文化的载体。

---

① 王世贞. 荣泉李氏族谱序［M］//王世贞. 弇州四部稿：外六种. 上海：上海古籍出版社，1993：207.
② 章学诚. 文史通义［M］. 上海：上海古籍出版社，2007：188.
③ 中国谱牒学研究会. 谱牒学研究：第1辑［M］. 北京：书目文献出版社，1989：12.
④ 家谱的定义［EB/OL］. 辞海，2022-04-20.
⑤ 欧阳宗书. 中国家谱［M］. 北京：新华出版社，1993：4.
⑥ 杨东荃. 上海谱牒研究［M］. 上海：上海古籍出版社，1999：40.
⑦ 徐建华. 中国的家谱［M］. 天津：百花文艺出版社，2010：3.
⑧ 徐建华. 中国的家谱［M］. 天津：百花文艺出版社，2010：13.
⑨ 欧阳宗书. 中国家谱［M］. 北京：新华出版社，1993：22.

2. 家族与宗族

本小节主要研究对象为家谱，而家谱来源于家族，通常以家族组织为依托、以家族成员为中心。因此，在讨论和研究家谱时必然绕不开家族这一概念。在进行文献梳理时，笔者发现有些学者写作"家族"居多，而有些学者写作"宗族"居多，两者的概念总是模糊不清的。学界目前就宗族概念的界定基本达成一致，即：以血缘关系为基础，由同一个祖先衍生的父系群体。而关于家族概念的争议较多，主要观点有以下三类。一是认为家族的范围小于宗族。朱凤瀚认为宗族是由"若干个较小的家族组成"①，家族是宗族的子集。此外，诸多学者根据五服来界定家族和宗族，如杜正胜认为："小功至细麻同出曾高祖而不共财，是'家族'，至于五服以外共远祖之同姓，为'宗族'。"② 二是认为家族就是宗族。冯尔康认为："宗族与家族、宗族制与家族制、宗族社会与家族社会、宗族生活与家族生活，并没有严格意义的区别。"③ 同样，徐扬杰也赞成此观点："将家族和宗族这两个名词加以区别……这样区分实在没有必要，也不可能区分得了。"④ 三是认为家族的范围大于宗族。孙本文认为家族所包含的范围是最广的，家庭范围最小，其次是宗族，这是因为同一宗族的成员同姓，而同一家族成员可能并不同姓。⑤

实际上，尽管学界就家族和宗族的内涵和外延关系尚未达成共识，但当今中国社会已经很少存在组织严密、宗法严格的宗族和传统意义上的宗族活动了。故本小节基于现代新编修的《吴氏家谱》和新成立的吴氏宗亲开展研究的过程中，也将家族和宗族视为同一概念，下文也会一并采用"家族"一词来指代按同一血缘关系作为世系传承的社会群体。

3. 身份认同

尽管导论中的关键词梳理部分已对"身份认同"进行了概念界定，但这里还是用些笔墨将此小节中的身份认同概念意指做一个简单说明，以为后续家谱档案中的女性叙述及认同建构奠定基础。如前所述，身份认同最早是一个哲学和逻辑学概念，后为其他学科所借鉴，衍生出多维的内涵。从弗洛伊德的"自居理论"到埃里克森的"同一性危机"，从雅克·拉康的"镜像理

---

① 朱凤瀚. 商周家族形态研究 ［M］. 天津：天津古籍出版社，1990：14.
② 杜正胜. 中国式家庭与社会 ［M］. 合肥：黄山书社，2011：14.
③ 冯尔康. 中国宗族史 ［M］. 上海：上海人民出版社，2009：17.
④ 徐扬杰. 中国家族制度史 ［M］. 北京：人民出版社，1992：4.
⑤ 孙本文. 现代中国社会问题：第1册 ［M］. 北京：商务印书馆，1946：62.

论"到斯图亚特·霍尔的认同理论，再到齐格蒙特·鲍曼的共同体理论和后马克思主义的多元认同说，身份与认同问题一直是心理学界、哲学界、社会学界等探讨的重要理论概念和学术领域。其中，社会学维度认为身份认同既具有自我意识的主观确认也具有社会文化的客观建构。换言之，身份认同包括个体身份和集体身份、自我认同和社会认同两个层次，且两个层次密不可分。个体身份和集体身份是一种相互依存、互为条件的关系，个体身份是集体身份的具体化，如果没有个体身份，集体身份也将不再真实可靠；而集体身份是对个体身份的凝聚，使得个体在大于各部分之和的"整体"中找寻到自我身份的归属感和认同感，从此种意义上看，个体身份是短暂的，集体身份却是永恒的。① 而在自我层面上，身份认同是"个体对自己独特性的意识，由此个体在时空上确定自己是同一个人而不是其他人"②；在社会层面上，身份认同是指"个体认识到自己所在群体的成员所具备的资格，以及这种资格在价值和情感上的重要性"③，亦即涂尔干（Émile Durkheim）所指出的"集体意识"，是某一社会群体成员对同一情感和信仰的共时性分享。社会学上的这两种维度——个体身份与集体身份、自我认同和社会认同将在下文中被重点讨论，用以阐释女性在家谱编修过程中的身份认同。

（二）吴氏家谱及家谱中的女性

吴氏自古以来便是中华民族的古老姓氏之一，《史记》中称吴姓为"天下第一世家"。据文献所载，吴姓人物早在炎帝、黄帝时即已存在。吴氏出自姬姓周族，后代普遍以周王子泰伯、仲雍为吴姓先祖。吴姓以国为姓，春秋时吴国是吴姓的故国祖地。④ 而吴氏自始祖泰伯得姓以来，历经数千年的繁衍生息，吴姓人已遍布世界各地。为纪念和记忆吴姓源远流长的历史，"天下吴氏""吴文化""吴氏在线"等网站成为联系全世界吴氏的重要网络平台，而吴氏后人几代人编修的《吴氏家谱》则更加细致入微地记载了各地吴氏家族的血缘关系、主要分布、历史演变、世系承继等。

---

① 傅美蓉. 从"反再现"到"承认的政治"：女性身份认同研究［M］. 北京：中国社会科学出版社，2019：224.

② TAJFEL H，TURNER J. The social identity theory of intergroup behavior［J］. Psychology of intergroup relations，1986（03）：7-24.

③ TAJFEL H. Social psychology of intergroup relations［J］. Annual Review of Psychology，1982，33（01）：1-39.

④ 吴有忠. 条城吴氏家谱［Z］. 甘肃，2012：3.

1. 甘肃条城吴氏家谱概述

吴氏是甘肃白银市及其周边三县（靖远县、永登县、榆中县）的大姓，在当地分布广泛。就相对闭塞的西北地区而言，家族是构成基层社会的最小单位，也是最基本的共同体单元，同姓的族人通常聚集而居，形成家族性的村落，吴氏则以条城为中心繁衍生息。吴家生存的空间——甘肃条城，划定了吴氏家族历史记忆发生、认同建立的界限和意义空间。

甘肃条城吴氏家族始迁鼻祖乳名添儿，为湖广省汉阳府汉阳县玉山乡大山口①人。二世祖吴荣，明正统二年（1437）承袭父职后调任靖虏卫②。自此后代均仕宦从戎镇守边疆，至五世祖吴淮。吴淮与其妻马氏生四子瑛、瑾、琇、瑶，后分为四门，子孙绵延。而条城吴氏正是长子吴瑛之后代，吴氏尊奉其为先祖。十一世祖先吴北举为避回族之乱，携家属定居条城，耕种为业。此后便代代繁衍生息，目前可知的辈分最小的"高字辈"③已经出生，吴氏家族在当地可谓源远流长，枝繁叶茂。在世系繁衍的过程中，吴氏族人也多次编修家谱，通过追溯祖先来源、清晰宗族脉络，从而使宗族成员更有家族的归属感和情感的依附感。

据最新修订的条城《吴氏家谱》（2012 年）记载：吴氏家谱由来已久，但老家谱于清同治五年（1866）毁于兵，百年以来失续失修。所幸有十七世吴德有、吴德贵于光绪二十四年（1898）修撰十二世尚义祖后裔支谱，二十世吴鏄于民国九年（1920）所记的十二世尚礼祖后裔名录尚存。然而这两部家谱的记载内容均较为简单，难以辨清，也并未形成完整的支系家谱，因此在 150 余年间无人全面修谱的情况下，吴氏家族某一时段的世系传承无法考录。1985 年，二十一世吴有华拟重修吴氏家谱，然因故未修。直到 2012 年，历时十年，二十一世吴有忠新修条城《吴氏家谱》编纂完成，并将新谱正式命名为甘肃条城《吴氏家谱》（后文写作《吴氏家谱》）。

《吴氏家谱》共有八卷，前三卷分别为吴氏综述、条城吴氏家族祖先考、条城吴氏家族综述，第四至六卷为谱系，第七卷为条城吴氏家族人物传略及科第名录，第八卷为附录。家谱的主体部分为谱系和传略，谱系记载了可考的十二世祖尚义、尚礼、尚有三支世系脉络图和家族后裔列述，传略主要登

---

① 今江西省玉山县。

② 今甘肃靖远。

③ 条城吴氏字辈排序为：生有文明自永高。

录学业优异和为社会进步作出贡献的家族成员。家谱中每一部分都有关于女性的记述，只是所占比例不多。

2. 吴氏家谱中的女性叙述

潘光旦认为："中国是一个家族主义的国家。"① 由此可见家族在中国社会中的重要性。载有家族历史的家谱是一部家族史，但更准确地来说是一部家族男性史。冯尔康将女性上谱的规则概括为："以女性的贞洁为准则，失节者削，节烈者书，这是第一条；第二条是传宗接代思想，看妇女有出无出，有出妾亦书，无出则不予书；第三条是等级观念，婚姻失类，无论男女，概不宽容。"② 中国古代家谱文本中对女性是否入谱、上谱，以及入谱后的书写表达均有严格的规定，因此家谱中关于女性的叙述所占篇幅较小。

《吴氏家谱》虽也多记载吴氏家族中的男性，但其中亦有女性的身影。家谱中出现最早的女性是吴氏先妣马氏，马氏以女性祖先的身份记录在谱："先妣马氏，乳名玉女，乃五世淮祖之妻，六世瑛、瑾、琇、瑶之母。马氏，明诰命夫人，生于明成化十二年（1476），享年七十三岁，故后葬景园先茔之次。"③ 此后的世系记录女子均以家族男性配偶的身份附加在男性列述之后，诸如"尚义祖与妻张氏（从出、生卒时无考，葬?）"等类记载；或以后代的身份出现，诸如"七世德有祖，与妻魏氏生一子二女，子三桀"中的"二女"等类记载。不论是作为男性配偶还是家族后代，女性在族谱书写中均没有具体的真实姓名，甚至连关于女性作为独立个体的只言片语记述都鲜少出现。随着时间推移，到 19 世纪末，家谱记录中逐渐出现了将女性单独列出并登记其生卒年、适配情况、生育情况的记录，女性的姓名也从"张氏""二女"甚至不具姓氏的"氏"演变成了冯氏（玉蓉）、长女文燕、次女田田等，经历了从无名到有名的过程。综观《吴氏家谱》所载族人信息，其中的女性形象主要表现为三个类别：女性祖先、宗族女性以及宗族男性的配偶。

（1）女性祖先——"母先人"

在中国传统以父系为核心的宗法制度影响下，家族女性几乎不可能获得与男性同等的地位和权利。家族男性在去世后被尊为祖先并为后世祭拜的现象是毋庸置疑的，但在家谱和家族祭祀体系中，唯有女性祖先享有和男性祖

---

① 潘光旦. 寻求中国人位育之道：潘光旦文选［M］. 北京：国际文化出版公司，1997：774.

② 冯尔康. 18 世纪以来中国家族的现代转向［M］. 上海：上海人民出版社，2005：186.

③ 吴有忠. 条城吴氏家谱［Z］. 甘肃，2012：祖先列传.

先几乎平等的地位。《吴氏家谱》中共记载了 18 位吴氏祖先，其中女性祖先有 4 位，均为族中男性祖先的配偶——五世祖吴淮之妻马氏、六世祖吴瑛之妻王氏、吴瑾之妻姚氏和十一世吴北举之妻魏氏。家谱中对女性祖先的记载方式为祖先画像加人物传记，与男性祖先列述在一起。除追溯较为久远的远古先祖之外，几乎每一位条城吴氏家族的直系祖先配偶均同样被视为吴氏先祖并被后世祭拜，后人将女性祖先尊称为吴氏"母先人"。

《吴氏族谱》中对女性祖先的书写包括姓氏、地名、生卒年、葬处、事迹以及品德赞美。现摘录记述较为典型的条城吴氏始祖妣魏氏传记如下：

> 祖妣魏氏，条城人，原籍靖邑，生卒时无稽考，稀寿，故后葬东蓿地（今榆中县青城镇城河村）。祖妣，原住靖邑，明末清初，为躲避战乱，随夫由靖远徙居条城，以稼穑为主，生六子。祖妣魏氏面对家徒四壁，独自奉子谋生，田间劳作，节衣缩食，劳心佐理家事，历尽千辛万苦。祖妣魏氏为家族后世绵延发展，劳苦功高，其功德千秋，世泽流长，后世必当仰慕奉敬。①

由上我们能够看出，作为始迁祖吴北举配偶的魏氏之所以能被尊为女祖先，除了其配偶身份外，最重要的原因是其"有所出"，即对家族的传宗接代作出了巨大的贡献。据谱系中呈现的分支内容可见，魏氏勤俭持家，养育六子，为条城吴氏家族后世繁衍生息奠定了基础。而与之相同的女祖先马氏、王氏、姚氏均生育男子并育子有成。由此，通过《吴氏家谱》对女性祖先的书写可以看出，婚姻和子嗣是女性去世后得以被后世尊为祖先，并被记述于家谱文本中且享有与男性祖先相同地位、享受后世香火的最主要原因。基于上述家谱中的相关记载，我们可总结出家谱中"母先人"入谱所呈现出的家族价值取向为：以传宗接代为基本准则，综合考虑女性的个人品德和家庭出身，对女性做出符合父权取向的价值评价。

（2）本族女性——族女

传统的族谱记述均是以父权为中心，以父系血缘演变为主体，其中体现的基本逻辑是认为只有家族中的男性后代才能够担负家族血缘传承的责任，这种"贵男贱女"的观念体现在家谱文本中便是对族中女性的普遍忽视与对其存在的抹杀。再者，受传统思想中的"女生外向""嫁出去的女儿，泼出去

---

① 吴有忠．条城吴氏家谱［Z］．甘肃，2012：祖先列传．

的水"等观念的影响，许多家族认为族女出嫁后便不再属于本族，而是属于夫家宗族。因此，族中女性便成了可有可无的存在，她们既无须与男性后代一样按照家族订立的辈分起名，也无须作为血缘的传承被记录在出生族的家谱中，其后代更是没有可能登录进入娘家的家谱。不过这一情况也有例外，若族女有突出的节烈行为、所嫁之人是社会上流或名家之辈，以及所生子嗣有重大功劳者，其原生家族会将其载入家谱，以起光宗耀祖之效。由此观之，传统社会一般在家谱中不书族女，若书之，则需以婚姻和子嗣为筹码，才能换来娘家家谱上的寥寥几句，家族女性后代在家谱中的地位甚至低于族中男性的配偶。

　　这一家谱编撰方式和观念在现代社会反对男尊女卑等糟粕、提倡男女平等的思想后，逐渐得以改善。如今全国各地的多数家谱均倡议吸纳女性后代入谱，关于族女的记述也呈现愈加充实化、详细化的趋势。《吴氏家谱》序言中强调，新修的家谱"由于婚育观念之更新，科学先行；［血缘为本，男女等同］"①。此外，谱例中也规定："女子叙述，以位次、名、属相、年庚、学历、经历、适所、夫名、子女，照列叙述，无者缺之。"② 以家族成员吴晓洁为例，其在家谱中的记述为："次女晓洁［龙相］，生于公元二〇〇〇年农历庚辰岁十月二十八日。"③ 而同辈的男性记述基本相同，如："十四世宇轩［猪相］，生于公元一九九五年农历乙亥岁二月初四日。"④ 两者的差别只在于男性后代仍作为传宗接代的承担者，在家谱中载有明确的世系并出现在世系图中，而女性仅在世系图后的概述中被提及和记录。

　　族谱中关于族女的记述，越晚越近，记载越清晰，比重越高，信息也越完善，甚至与族谱中男性的书写内容基本相同。这种男女并书的记载形式，反映了家族世系对女性的接纳性和包容度越来越高，也完整地体现出家族内的血缘传承和亲疏关系。

　　（3）异姓女性——族中男性的配偶

　　婚姻是异姓女性进入家族、载入家谱的唯一途径，只有通过与家族男性结为夫妻并育有子嗣才能作为族中男性的配偶，在家谱上留下她们存在过的印记。但这些女性即使入谱也并不完全被本族视为家族成员，而她们在家谱

---

① 吴有忠. 条城吴氏家谱［Z］. 甘肃，2012：序. 其［ ］为家谱中原有，意在强调。
② 吴有忠. 条城吴氏家谱［Z］. 甘肃，2012：谱例.
③ 吴有忠. 条城吴氏家谱［Z］. 甘肃，2012：370.
④ 吴有忠. 条城吴氏家谱［Z］. 甘肃，2012：370.

中的书写方式也体现着根深蒂固的男性附庸和传宗接代的价值观。如按照正常的书写方式，家谱中对男性配偶的书写通常是"出现在世系图表中丈夫的名下，注明她的姓氏、子女、卒年，或者还有娘家的地名；……妻的书写内容，一般少于夫，如不记载名字生年和行次，理由是妇人从夫，有姓氏即可，无需有名"①。如果是改嫁的女性或家族男性所纳之妾，那些留有子嗣者，才会保留其配偶的身份，并将生育情况书于谱内；若无子嗣，则不予记载。《吴氏家谱》中记载了诸多嫁入家族的异姓女子的叙述，内容有详有简，其中对妻配叙述的要求为："以某氏、名、属相、出所、生卒时、经历等记述，无者缺之。生有子女，因故被出者，仍登载氏名，俾所生者不失其亲也。"② 由此观之，《吴氏家谱》衡量男性妻配入谱与否的标准仍是女性是否能够完成传宗接代的"任务"。

通过对《吴氏家谱》中所载男性妻配情况进行统计，得出《吴氏家谱》共记载了 837 位作为男性配偶的异姓女子，其中姓名完整的有 644 位，占比约 77%；记录有详细地名的有 715 位，占比约 85%；生卒年确切的有 668 位，占比约 80%。但家谱中对于妇女的姓名、生卒年、出所等信息的记述并非历来就有，而是随着时代的变迁，并在多方面因素的共同影响下才逐渐出现的。在这些记述中，女性姓名出现最早的为十世琇公之妻强万英，出生于光绪二十二年（1896），也是家谱中第一个姓名、出所、生卒年、葬所信息均完整的女性形象，家谱中对此记述为"强氏【万英（猴相）强湾萱帽塔人，生于公元一八九六年（光绪二十二年）农历丙申岁，卒于公元一九八三年农历癸亥岁二月初五日，享年八十七岁，葬水川金沟口大岔沟】"③。第一个注明教育背景的为十一世有贤之妻赵芝琳，出生于 1924 年，家谱记述为"赵氏【芝琳（鼠相），陕西人，生于公元一九二四年（民国十三年）农历甲子岁五月。中共党员，大学学历，教员职业。卒于公元一九九? 年，葬新疆】"④。由上我们能够看出，传统族谱对男性妻配的记述仅有某氏、生几子的只言片语，20世纪左右才出现名、生卒年等信息的记述，此后还出现了教育背景和简单的个人经历等。但总体上来看，男性配偶在族谱中出现的数量远不及族中男性，且描述的内容也是极其简略的。

---

① 冯尔康. 18 世纪以来中国家族的现代转向 [M]. 上海：上海人民出版社，2005：186.
② 吴有忠. 条城吴氏家谱 [Z]. 甘肃，2012：谱例.
③ 吴有忠. 条城吴氏家谱 [Z]. 甘肃，2012：356.
④ 吴有忠. 条城吴氏家谱 [Z]. 甘肃，2012：376.

（三）女性在家族中的地位与认同建构

1. 女性地位的嬗变

在中国古代社会，女性的地位较低，在任何场域中都扮演着男性附庸的角色，女性被教化为忠诚的妻子和贤惠的母亲。而家族这样的私领域内，家谱的叙事更强化了男尊女卑的性别秩序，这一时期女性在家谱中面临着集体的消失与缺席。到 20 世纪，社会形态的巨变推动了思想观念的进步，传统的女性观开始瓦解，女性的身份意识和认同诉求逐渐觉醒，渴望提高家族地位和获得家族认同。再到改革开放后，女性的社会地位不断提升，家谱中的女性形象也不再呆板，成了有血有肉的个体独立存在。

（1）异化与他者——女性自我的缺失

中国古代受封建观念的影响，重男轻女思想长期存在，女性处于从属和被压迫的地位，无受教育权、经济权，更没有独立的人格。"宗法社会中有一种最不平等的观念，便是妇人非'子'。'子'是滋生长养之意，是男子的专称，是能够传宗接代的。妇人，不过是伏于人罢了；夫人，不过是扶人罢了。"① 儒家传统思想中女性没有"个体人"的概念，作为女子，未嫁为女，出嫁从夫，生育为母，女性的角色早在其出生前便已被规定好，女性社会地位的低下便意味着家族活动和家谱叙事中的边缘化。家谱作为记录家族世系延续和宗族文化的重要载体，是一个突出父权和区分他者的文本，因此女性只有扮演丈夫的妻子和儿女的母亲这两种角色，具体行为表现为婚配和生育，这在不自觉中抹杀了女性作为独立个体的存在，如此才能留名家谱。

①"夫为妻纲"——家族男性的附庸

"夫为妻纲"是中国古代婚姻家庭关系的基本规范，旨在建构一种以父权为核心的家庭伦理制度。但夫妻之伦在家谱叙述中完全被异化，异化为男尊女卑的等级区分；在尊卑等级之下，女性身为个体人的意志和自由受到排挤和被边缘化，并通过长时段的记录与确认，男女之间的主客关系被进一步强化。这一封建时代两性秩序的糟粕仍可在《吴氏家谱》中找到踪迹。

首先是家谱世系的书写。《吴氏家谱》世系图延续的是传统的世系记述方式，世系图以家族男性为主，仅在世系图后的男性列述中简要提及其配偶和儿女。在 19 世纪以前，家谱中仅记载嫁入族中的女性，这些女性没有单独的介绍，只是丈夫姓名下的附属物，甚至连她们的存在都不是以属于自己的具

---

① 陈东原. 中国妇女生活史［M］. 北京：商务印书馆，2015：5.

体姓名被记录下来，而是再一次以父亲的姓氏被列出，留给后人的往往只有单薄的张氏、刘氏，女性失去了所有的个性特征——虽在家谱中有所记载，却无一字与女性个性相关。

其次是家谱对女性贞节的推崇。由于《吴氏家谱》新修不久，编纂过程中摒弃了不少落后陈旧的思想观念，其中之一便是关于女性贞节的推崇，删去了旧有家谱中的列女传，不再宣传为亡夫守节的思想，对于改嫁女子的惩罚性规定也一并删去，因此这也算得上是现代家谱在推进男女平等思想上的一大进步。但同时也可借此反观传统家谱中的女性贞节观：女性能否登记入谱的标准之一为是否为丈夫守节殉节，女性本身所具有的德行、才智、技能等个人品质均被无视，在家族男性书写权利的操纵下，贞节成为评价女德的唯一标准，并通过讲述与传承，将一元标准的主体扩大至整个家族的全体女性成员，强化女性对丈夫和夫族的依赖。

②"母以子显"——传宗接代

"不孝有三，无后为大。"① 传统社会中女性的最大贡献便是传宗接代，费孝通曾言："在农村中，结成婚姻的主要目的，是为了保证传宗接代。"②对家族而言，族中女性更是直接被视为其他家族的所属物，而族中男性的婚姻才是保证香火不断和家族延续的途径。对后代和子嗣的追求通过家谱的叙事毫不避讳地呈现出来，其中最主要的表现方式便是"母以子显"——女性作为其子的母亲而在家谱上得到显现。《吴氏家谱》中规定，男性妻配要"生有子女，因故被出者，仍登载氏名，俾所生者不失其亲也"③。母以子贵，子却不因母贱，女性若出现被休或改嫁的情况，如若生有后代亦可入谱记载其氏名和生育情况，而那些身份低下的女性所生之子亦被家族视为正统血脉。

此外，在条城吴氏祖先吴瑛的传记中，其母马氏的出现是为反衬吴瑛本人的孝行和品德：

> 瑛身为总兵，位显禄厚，但尊母至孝，所得薪俸，悉数交母，由母支配，为诸弟完婚置产，诸侄共食一堂，祥和融悦，为邻里称颂。母有疾病，其为母祈祷。一日，母疾。医嘱：唯人肉可疗。瑛遂刺肉投粥，

---

① 孟轲. 孟子［M］. 杜玉俭，刘美嫦，译注. 2 版. 广州：广州出版社，2004：119.
② 费孝通. 江村经济：中国农民的生活［M］. 北京：商务印书馆. 2001：44.
③ 吴有忠. 条城吴氏家谱［Z］. 甘肃，2012：谱例.

母即愈。尤为桑梓众友称赞。①

虽如今看来难以想象，但吴瑛刺肉喂母的叙述并非为后代捏造，而是考证自《康熙·孝志》与《康熙·靖远卫志》。暂且不论记载于官方叙事和家谱文本中的这段历史真实与否，仅着眼于记述内容和目的便能够得出，家谱中关于马氏的文字叙述并非用来描写和刻画女性本人，而是为了衬托和突出其子吴瑛的忠孝节义。扩而言之，家谱中女性形象的意义所在和价值实现都需要借助他人表现出来，这些人便是她们的子嗣或丈夫。

再看女性祖先王氏的人物传记：

> 先妣王氏，西安人，乃瑛祖之继配，明诰命夫人，生卒时无考，故后葬靖远祖茔。王氏，天生丽质，品德高尚；善良贤淑，妯娌和睦；相夫理家，唯命是从；侍奉寡母，无微不至；抚育卑幼，体恤怜爱。其敬老育幼之功德，千秋万世，世泽流长，乃后世所追思敬慕。②

由上，我们能够看出王氏之所以被尊为祖先，一是因为其丈夫的关系，二是由于自己的美德。对比而言，家族男性祖先的传记皆是以自己为中心，记述其官职、功绩、品德、详细事迹，对象基本上都是那些对家族作出贡献的人，这种贡献既包括功利性的行为，如建祠堂、修家谱等，也包括象征性的行为，如担任重要官职、为家族带来荣誉等。而关于女性的记述则仅仅停留在相夫教子、敬老爱幼等方面。女性看似扮演着重要的角色，在家族中持续不断地生育着下一代，却在家族叙事中丧失主体性，在历史的演变和后人的记忆中失语。

在近代以前的家谱文本中，家族男性是中心，女性是边缘，男性是主体，女性是他者。家谱中女性的传记并非由女性自己撰写，而是由男性掌握书写的权力，这种男性主导的家谱撰写塑造和建构的是符合父权原则的女性形象。处于男性凝视下的女性，在家谱中要么作为配偶要么作为母亲，存在的意义也无非是补充和衬托家族男性的相关叙述，抑或是宣扬宗族文化认可的女性观，总之，近代以前的家族女性必不可能以独立个体的形象存在于家谱中，缺席是她们永恒的主题。

---

① 吴有忠. 条城吴氏家谱 [Z]. 甘肃，2012：94.
② 吴有忠. 条城吴氏家谱 [Z]. 甘肃，2012：祖先列传.

（2）解放与觉醒——女性有名的实现

民国时期中国政治体制、意识形态的急剧变迁，导致国民意识、等级结构、教育观念等发生了空前绝后的转变。随着教育权的让渡和男女平等思想的普及，女性的生活空间从家庭扩展到社会，吴氏家族许多新一代的女性步入新式学堂，接受教育，并在工作领域得到了与男性同样的职业资格。而职业的获得对女性来说有着至关重要的意义，这一变化打破了几千年来"男主外女主内"的性别角色分工，女性一定程度上摆脱了对男性的经济依附，突破了传统父权对女性形象的禁锢。由于"经济组织上的不平等是首要问题，只有解决了经济基础，才能改变婚姻制度、家庭监狱、男女阶级等"①，因此，随着女性经济地位的提升，女性的自我意识和身份意识也逐渐觉醒，家谱编修再也无法忽视女性的诉求与力量，开始主动提出应接纳女性入谱、男女并重并书，给予族女和妻配入谱的权利。

《吴氏家谱》也同样反映了这一社会变化。从数量来看，20世纪以来，家谱中的女性大大增加，现以支系最完整的尚义祖谱系为样本，统计出这一支系女性总数为842位，而20世纪以来的女性共有596位，约占女性总数的70%，足以窥见女性地位的转变。从叙述的内容来看，20世纪以来，女性的信息从原来的某氏、生卒年等信息扩展到教育经历、工作职位、品德修养等记载，而那些改嫁或早亡的女性即使没有子女也开始入谱。如"十一世有宁，（民国十四年生）与元配陶氏【水川蒋家湾五柳人，生卒时不详，葬水川重坪】，无生子"②。再如"十二世文俊，与元配张氏【明芳，水川白茨滩人】，无生子，离异"③。甚至这一时期的族谱中连继配的前一段婚姻情况也予以记载，如"继配曾氏，初适水川大川渡高姓，生一子一女，后携子女改适吴氏"④。此外，家谱中开始大量记录女性的去世情况，如"十二世文全……与元配魏氏【帮兰（马相），水川张庄四社人，生于公元一九五四年农历甲午岁，一九八〇年农历庚申岁腊月，在生产队劳动拉砂时发生崖塌不幸罹难殒身，时年二十七岁，葬水川金峰大岔沟】"⑤。这些家谱中的记述使得女性形象不再是一个简单的符号或仅仅作为男性的附庸，而是变成了一个有血有肉

①　黄兴涛. 新史学：第3卷：文化史研究的再出发［M］. 北京：中华书局，2009：21.
②　吴有忠. 条城吴氏家谱［Z］. 甘肃，2012：444.
③　吴有忠. 条城吴氏家谱［Z］. 甘肃，2012：454.
④　吴有忠. 条城吴氏家谱［Z］. 甘肃，2012：445.
⑤　吴有忠. 条城吴氏家谱［Z］. 甘肃，2012：430.

的、更加饱满的个体而存在。女性也不再是一个被压制的小写状态，而开始有了身份的解放和认同的觉醒。

女性入谱使得婚姻、家庭、人口方面的情况得以完整呈现，也使得众多女性能够在家族占有一席之地。即使此时仅是名字和简单生平的录入，但实现了从无到有的跨越，这是家族对女性态度转变的开始，也是女性地位提升的前兆。

（3）形象渐丰富——女性地位的转折

一直以来，家谱作为典型的父权主义传统文本，女性在家谱中的形象或缺失或保守。随着中国改革开放的深化和女权运动的兴起，女性的地位在社会面上不断提升。这一变迁也逐渐深入社会基层，家族生活和家谱中的女性形象逐渐丰富，呈现出诸多新的面貌。

《吴氏家谱》谱例中规定："初娶者称妻、正室或元配；元配故后娶者称继配；元配被出再娶者称续配；元配后娶者称次室或续配妾。"[1] 而这些女性均按"某氏、名、属相、出所、生卒时、经历等记述"[2]，这就打破了早期家谱无子不书改嫁妻和妾室的规定。家谱中对族女的记述则提倡男女平等："凡属家族成员之属相、年庚、卒时、葬所、学业、经历、行次、婚配、子女及其住所等情况，不分男女，均以文字详尽记载。"[3] 族中女性在家谱中基本享受到了与同族男性同样的书写权利，甚至出现了以女性为独立个体的文字记录，主要体现在《吴氏家谱》的人物传略及科第名录部分，这一部分登录了吴氏家族自定居条城以来在学业和职业中做出突出贡献的族人。据笔者统计，人物传略部分总共列传97位家族人物，10位为族中女性，其中不乏社会地位较高的女性，例如，十一世吴玉兰（1938年生），工作于北京航空研究所附属医院，从医数十年；十二世吴建明（1964年生），负责林业编纂工作，完成《甘肃省林业志》《兰州通志》《中国城市大典——兰州卷》等书籍的编撰工作；十三世吴明静（1983年生），2009年硕士毕业于北京大学，后在中国出版集团公司人民音乐出版社工作。人物传略中女性虽少，却拥有着家族男性掩盖不住的锋芒，其中最为出彩的莫属十二世吴建荣，现摘部分传记如下：

吴建荣，水川金峰人，女，公元一九七四年生，博士后，研究科学

---

① 吴有忠. 条城吴氏家谱 [Z]. 甘肃，2012：谱例.

② 吴有忠. 条城吴氏家谱 [Z]. 甘肃，2012：谱例.

③ 吴有忠. 条城吴氏家谱 [Z]. 甘肃，2012：谱例.

家。一九九三年考入厦门大学物理系学习，毕业后保送就读本校无线电物理硕士研究生，2007 年取得美国埃默里大学攻读博士学位，博士后毕业后，就职于美国英特尔公司从事研究工作。①

家谱中关于吴建荣的完整叙述共计 411 字，远多于传记中其他家族成员的叙述②，详细介绍了其出所、学习经历、工作经历和婚姻情况。在随后的条城吴氏家族科第名录中，统计得出 120 位女性、88 位男性登记在谱。女性成员的数量甚至大大超过了家族男性成员，这不仅说明了家族女性在不断地通过教育实现自我地位的提升，也侧面证实了家族男女平等观念的进步——承认和赞扬家族成员的荣誉，不论性别和出身。

综上，我们可以看出，以《吴氏家谱》为代表的现代新修族谱中所反映出的女性地位的嬗变，是一种渐进的过程，同时也是所有家族女性能够接触到和体会到的与其生存空间息息相关的转变。

2. 家谱档案中女性身份认同的建构

（1）身份感与归属感的救赎：女性自我认同的建构

"自我，当然是由其肉体体现的。"③ 吉登斯所言的"肉体"即在自我认同驱使下的身体，而"自我认同"是指"个体依据其个人经历所形成的、作为反思性理解的自我"④。据此定义可知，个人经历是理解自我达到认同的重要凭证，个体通过个人的生活、教育、职业及其社会关系等，通过对自我经历的反思性理解，实现对"我是谁"的深度追问，而回答"我是谁"这一问题又关涉自我身份感和归属感的获得。女性的觉悟首先也是由自身开始，对自身经历和所处的社会空间进行深度反思，在反思的过程中不断发现个体特征，从而完成自我认同的建构过程。

家谱文本中所呈现的封建女性是黯淡无光的，生育对她们来说就是存在的全部意义和理由。女性的主体性消失在家族和国家针对她们进行的工具性控制中，在家谱和祭祀活动中对女性作为独立个体的抹消，使得父系认同成为家族的中心认同，女性不得不在谱系庞大的男性血缘世系中处于无名和失

---

① 吴有忠. 条城吴氏家谱［Z］. 甘肃，2012：653.
② 仅次于家谱的编修者吴有忠人物传略（473 字）。
③ 吉登斯. 现代性与自我认同：现代晚期的自我与社会［M］. 赵旭东，方文，译. 北京：生活·读书·新知三联书店，1998：61.
④ 吉登斯. 现代性与自我认同：现代晚期的自我与社会［M］. 赵旭东，方文，译. 北京：生活·读书·新知三联书店，1998：58.

语的状态，在长长的家族历史和血脉延续中沦为附庸。在这样的父权强压下，女性要么无法察觉，要么拒绝承认个体和群体所受到的歧视和压迫，在垂直的家族关系和水平的夫妻关系中从属于父亲和丈夫的认同，女性的追求自我和找寻认同始终笼罩在父权统治的阴影下，她们丧失身份，无所归属。

在男女平等、妇女解放的现代文明影响下，现代性危机和矛盾使得女性自身对一直以来被操纵和物化的命运有了一定程度的认知，开始去尝试改变自己被置于"第二性"的事实，努力突破家庭、家族和社会束缚自身几千年的传统角色，力图独立自主地主宰自己的命运，争夺话语权，出走至广阔的社会空间来建构自身的社会主体身份。女性在公共领域的崭露头角，也撼动了家族和家庭中单一的男性认同，家谱中逐渐出现女性完整的名字和描述女性的话语。家谱中女性观念更新的同时，也更新了家谱的书写体例，女性书写实现了从无名到有名的跨越。《孔子世家谱》于 1996 年第五次修订时首次全面将女性后裔列入家谱，与男性一样以大字标注。① 此后的家族女性才能够在家谱世系下找到自己的名字，从而获得被家族认可和接纳的归属感。然而，女性自我救赎和建构认同的愿望仍受到在男女平等掩盖下依旧生命力旺盛的父权文化的制约，这就使得女性自我在一定程度上仍禁锢于社会上广泛存在的男权思想的牢笼，找不到出路。

因此，女性想要真正获得发展自我和实现自我价值的机会，唯有彻底与作为男性的附庸和工具的角色告别，打造自救的方舟，方可完成自我建构。现代女性通过汲取科学知识，获得社会认可的职业，实现经济独立和人身独立。她们"既不需要屈服于虚无的传统男性权力，也不需要依靠保守主义营造的这种虚幻的共同体去寻求安全感，而需要的只是发现并实现自身存在的价值，并且有能力去证明她们自身生命的意义"②。借助学业、事业，女性得以掌握维持物质上独立的生产资料，这有助于从根源上斩断对男性的物质依赖。此外，女性积极追求社会领域的价值实现，进入本来专属男性的社会空间，凭借自身社会地位的提高和社会价值的实现获得强烈的自我身份感，实现精神上的独立。正如上文中提到的《吴氏家谱》人物传略中的吴建荣，她正是凭借学业和事业获得了家谱中与男性等同甚至超过族中男性的荣誉性书

---

① 董学清，何柳．孔子女性后裔首次入家谱［N］．人民日报海外版，2006－07－24（004）．

② 王虹．女性的回归与选择：美国当代电影中的保守主义倾向［J］．西南民族大学学报（人文社科版），2008（02）：177–183.

写。可预见的是，在吴建荣之后会有越来越多的女性因自身的成就和贡献而非其丈夫或子嗣的成功进入家谱，家族和社会以她们为荣，女性也通过家族和社会的承认获得强烈的归属感和身份感。由此，女性对自身价值的追求推动女性逐渐逃离家族空间的边缘身份，获得与家族男性同样的主体地位，这一主动性的追寻与自救行为帮助女性直达认同的彼岸。

（2）家谱编修与女性入谱：女性社会认同的建构

自我认同的最终目标是获得积极的社会认同，根据塔弗尔的定义，社会认同分为两个部分，一是个体确认他属于这个群体，二是个体感受到群体成员带给他的情感和价值。① 换言之，通过群体和社会对个体的积极反馈和评价，个体能够获得对所处群体的正向的情感体验——认同感和归属感，从而形成自我和社会认同之间的良性循环。

个体确认自己属于某个群体的过程，也就是社会认同理论中的社会归类概念，归类的结果是将具有相同群体资格特征的成员归为内群，将不具有这一特征的人归为外群，即区分出"我们"和"他们"。人是社会性的，"作为一个物种，人类相对来说是弱小和脆弱的，身体和社会生存必须依赖他人。我们有一种无法抗拒的需要去和他人形成联结与依恋"②。因此，我们自觉地想要与周围的人产生联系，而"这种以姓氏和血缘为基础建立的聚合网比一般社交媒体所能建构的聚合网要更牢固，更能带给个体安全感和归属感"③。女性作为家族血脉的一分子，本能地希望归属家族、依靠家族，实现自我归类，被家族所承认并获得长久的稳定的认同感。入谱、上谱这一行为类似一种家族血缘资格的审查机制，在划定族群边界、维系成员自尊和确认成员身份上发挥着至关重要的作用，因此女性入谱是对女性属于家族的永久的、坚定的确认。此外，女性在得到家族承认并得以载入谱牒的肯定后，能够激发她们以积极的眼光看待族内成员，从而产生积极的情感联结，并将个体的幸福感紧密地与家族成员结合起来，其结果就是更深入地将自己归属于家族，强化自身对这个群体的认同，也强化族群内部成员之间的凝聚力。

总之，女性入谱不仅是社会进步和女性自我价值追求的结果，更是家族

① TAJFEL H. Differentiation between Social Groups: Studies in the Social Psychology of Intergrouprelations [M]. London: Academic Press, 1978: 201-234.
② HOGG M A. Uncertainty-identity theory [J]. Advances in Experimental Social Psychology, 2007, 39: 69-126.
③ 加小双. 当代身份认同中家族档案的价值 [J]. 档案学通讯, 2015 (03): 29-34.

对族内女性成员资格的认可与内化。这种认可和内化首先使家族女性确定了自己归属于家族，其次使女性在家族这个隐性的空间场所提供的价值感和归属感中进一步加深对自我的认知。族中女性的自我认同和社会认同相互照应，从而建构出完整的身份认同。

（四）修谱活动中女性话语权提升策略

话语权力是女性地位提升和获得认同的重要力量。"女性话语权是女性人群的利益、主张、资格及其自由力量的综合体现，它既包含着对女性言说及其主张所具地位和权力的隐蔽性认同，又取决于一种话语有效的社会环境、表达机制与主体资质，还直接表现了女性对自我现实状态的把握及相应主观心态的流露。"[①] 女性话语权的提升能为女性打开并拓展表达空间，通过女性再现自我，而非借助男性声音表现女性的沉默，来使女性掌握身份确认和认同建构的主动权，并借此进一步拓展女性获得自我认同和社会认同的渠道。由上文所述，传统家族中话语权力分配的不平等是女性在家谱文本中缺席的根本原因。然而，在男性主导的文化语境下，家谱编修活动中仍面临着男女角色失衡的现象，因此笔者就如何提高女性在修谱活动中的话语权提出以下建议。

1. 拓宽多元主体参与，营造公平编纂环境

男性在家谱编纂活动中掌握绝对的领导权。以《吴氏家谱》编纂情况为例，吴氏家族围绕修谱活动成立了家谱编纂委员会和吴氏宗亲会，编委会成员有38位，均为男性，吴氏宗亲会核心成员5位，均为男性。由此可以看出，如今的编纂环境仍建立在男性中心的话语体系上，话语权的缺失使得女性在家族活动中依旧按照男性的想象和男性建构的入谱标准被叙述，族内女性位于边缘的处境并没有得到根本性转变。而要实现族中女性在家谱编纂过程中由缺失到在场的转变，离不开女性自身和家族两个层面的努力。

就女性个人层面而言，族内女性应积极参与编纂事务，主动争取权益。长期以来，女性被局限在婚姻和家庭生活中，刻板印象使得女性在家族活动中始终扮演着沉默的配合者，且习惯于接受男性主导下的家谱话语体系。在这样的背景下，女性一直是处于二元对立结构中的小写状态。谁来书写她们？谁来确定标准？谁来进行身份的表达？谁来界定主流身份？这些问题似乎均

---

① 陈慧. 性别政治视阈下女性话语权建构探究［J］. 广西社会科学，2010（11）：137-140.

与女性无关。要改变这种格局，女性特别是族中受过良好教育和思想先进的独立女性应建立坚定的主体意识，在实践中客观审视自我，正视女性拥有的参与权、荣誉权和话语权，通过出资赞助、倡议组织和宣传支持等方式参与到修谱过程中来，为自身确立主体性的同时也代表整个家族的女性发声，从而能够有力地冲破家族场域中的菲勒斯中心主义。

就家族层面来看，首先要在族内倡导男女平等的观念，将性别平等意识纳入家族文化中，这既是对家族成员生活空间的再净化，也是对族内女性形象的再塑造。与此同时，拥有发声能力和渠道的族内精英或修谱人员，应该站在"弱势"的一方为其发声，发挥带动作用，而非充当男女差异的推手。此外，为使家谱编修过程中男女平等的观念落到实处，家谱编委会应鼓励并吸纳更多族内女性加入，给予两性家族成员同样的参与家族事务的机会，创新编写体例，拓宽参与主体。

2. 增加女性谱系，建构女性叙事

由于社会思想解放和文化思潮演进，现代的家谱确实已然发生了诸多局部性的质变，女性在家谱中的在场空间得以极大扩展。但不可否认的是，当代社会的家谱仍是女性进入男性家族，女性被写入男性家谱，世系延续仍然奉行男性一元主义，也依旧由男性来决定女性是否入谱以及女性在家谱中以何种书写方式呈现出来。钱杭认为："家谱作为一种父系单系世系文献的基本规定，则不能随意通融，更不应故意改变……家谱之所以为家谱，全赖此'一元'底线。"① 类似这种极力反对将女性视为独立的一元写进家谱的声音仍没有消弭，甚至认为如改变家谱编修的基本规定，则家谱便不能称之为家谱。笔者对这样的说法存有疑问，倘若只有固守老祖宗留下来的一些传统才能称之为正统的话，那么现代文明和社会进步是否只是空谈和残影？相反，笔者认为女性应该在现有的家谱中增添一支与男性世系并行的女性谱系，完成从书写女性到女性书写的跨越，建构一部分属于女性群体的叙事方式。

个人和群体的认同并不是在单纯的行为之中显现的，也并非完全来自他人的响应和承认，而是在保持持续性的叙事中被发现的。认同本身是一种心理建构或叙事，关系到一个人或一个群体的现实存在及其延续。② 如果女性要在现代家族中保持与其他成员的良性互动以及超越时空的界限与后世进行对

---

① 钱杭. 家谱价值的多元理解与一元底线［J］. 社会观察，2007（07）：5.
② 周宪. 文学与认同：跨学科的反思［M］. 北京：中华书局，2008：239-245.

话，那么其个人记录必须被尽量真实完整地保留在家谱编修的文本中，而不是被男性所挑选和建构。身份认同的实现，需要个体或群体对个人经历和生活环境进行叙事和反思性理解，而要达到这样的记述，那么书写的权力必然不能让渡他人，而是应该争取掌握在女性群体自己的手中。福柯的"权力—话语"体系认为每个人都受权力影响和支配，所有人都是权力场内的一个连接点。传统的世系延续方式仅仅罗列父系血缘，这就导致女性谱系在族谱中是缺失和断裂的，若继续这一书写方式则女性将永远无法形成强有力的话语权。因此，为了缓解家族内父系话语权的压制，女性和女性之间在纵向的代际之间和横向的家庭之间需联结成持续的权力关系网。通过增添以女性姓氏和血缘为核心的世系网，扩展家谱中女性成员的表达空间，方可建构专属女性的话语体系和身份认同维度。

3. 深入挖掘家谱档案，放大家族女性声音

家谱是集一家一族世系繁衍、婚配嫁娶、教育状况、人员流动及家族文化等事件在内的综合性文本，内容繁杂信息庞大，且家谱反映的是族群完整的起源、发展和变迁的历史，因此关于族群内部女性群体的记载往往散布在庞大的世系脉络中。由于"片段的信息往往是短暂、单维、表层的，不足以支持主体自我归属的深层认知，而真实、连续、完整、组合的信息才是久远、多重、纵深的"①，而家谱中的女性叙述往往单薄、分散，难以形成稳固和强大的话语力量。因此，要形成牢固的身份认同并确立家族女性的话语权威，就要深入挖掘家谱文本中的女性叙述，使固化于家谱档案中的信息被最大限度地提取出来成为组合的知识资源，进而使家族女性从单独的存在形式集中并扩展至群体的力量以讲述自身的故事并为自己发声。

家谱叙事通常围绕典型的家族事件展开，如家族成员的出生、死亡、婚姻、所在地、相互关系等，这些信息是独一无二的，只有将这些信息提取、分类、聚合，才能形成连续完整的资源。目前，审视和研究家谱女性叙述的主体有本族人员、社会力量和研究人员。首先，家族作为家谱的编修者和所有者，除拓展参与主体和构建女性谱系外，还应摒弃谱不外传的落后思想，积极宣传编纂成果，建立与外界研究人员和开发机构的联系，协同开发。其次，除了各家族保留本族的家谱之外，一些社会文化机构如档案馆、图书馆

---

① 冯惠玲. 当代身份认同中的档案价值［J］. 中国人民大学学报，2015，29（01）：96-103.

和博物馆等也收集并征集编纂成册的家谱，但这些机构均独自展开收集、整理、开发利用的工作，互不沟通甚至相互保密。在家谱档案中女性记载原本就不丰富、可供开发的信息较少的情况下，类似这种各自为营的现状更难以形成关联紧密的档案资源和开发合力。因此，社会各机构应通力合作、共同参与，融合资源、技术、成果实现最大限度的共享，搭建家谱档案女性研究专题平台，吸取国内外的数字人文理论、技术、方法与经验，将文本挖掘、GIS 技术、可视化、关联技术等应用到家谱档案挖掘开发中，集中打造家谱档案中的"女性之声"。最后，一直以来，历史学界、社会学界的一些学者将家谱视为了解历史与社会的重要文献，但很少聚焦其中反映的性别群体。许多属于女性个体或群体的叙述都被排除、被边缘化在主流叙事之外，随着时间的推移消逝和枯萎。而对抗这种缺失和克服女性遭遇不公正最可行的措施就是宣传和利用现有的信息。因此，应吸纳更多包括这两个领域在内的跨学科学者，在深入挖掘家谱文本的基础上，延展研究视域，将视线从宏大的家国叙事转移到微观个体上，通过记录和抓取女性的家谱经历，更集中和深入地剖析女性的地位和作用，建立家族女性与家谱间的紧密联系，放大家谱的认同功能。

"谁在说话？""为谁说话？"一直是身份认同问题所要回答和解决的两大困境。20 世纪中叶以来，身份认同开始成为部分人群政治诉求和文化诉求的理论支撑，这在家谱中亦体现了书写方式和话语权的争夺。尤其是随着现代家谱中女性地位的变迁，"后宗族形态"① 成为家族联结的常态，家族中的女性面临着身份与认同的不匹配问题，女性开始打破沉默、寻求自我再现。这些质变并非对原有性别秩序的摒弃，甚至造成新的两性对立，而是一个重构和再书写的过程，也是一个自我身份找寻和认同建构的过程。女性在这一过程中作为打破主流权威叙事体系的角色被不断凸显，从而实现自我的情感归属和身份的认同。但正如福柯所言，话语既可以是一种工具，同时又是一个抵抗点和反抗策略的起点。② 书写和叙述可以是压迫性的，但它同样可以是建构性的。家谱档案中的女性叙述正是在压迫性和建构性之间的博弈中，不断凸显女性身份、实现认同，从而成为女性争取"实质性性别平等"的另一

---

① "后宗族形态"指有世系无聚居，其历史趋势是父系世系与传统的族居形式逐渐脱离，并衍化为一种文化性范畴。

② 福柯. 性经验史 [M]. 佘碧平，译. 上海：上海人民出版社，2010.

据点。

二、从女性身份认同到文化认同：女书档案资源的价值流变及开发利用

2021 年 5 月 25 日，国家文化和旅游部批准印发了《"十四五"非物质文化遗产保护规划》，描绘了"到 2025 年，人民群众对非遗的认同感、参与感、获得感明显提高，非遗服务当代、造福人民的作用进一步发挥"① 的美好蓝图，并提出做好"深化中国文化基因研究阐释"② 的任务要求，这一宏观背景为非遗的保护与传承提供了新的政策支撑。在非遗保护与传承事业深刻融入人民群众的文化自觉与文化自信背景下，构建广泛、深厚的文化认同也给非遗的保护与传承指明了新方向。女书作为一种重要的档案资源，被列入第一批《国家级非物质文化遗产名录》。其因珍稀与独特吸引了社会各界的关注，也因"濒危"而亟须探索出一条可持续的保护与开发利用路径。在上述宏观背景下，文化认同作为女书档案资源在新时代背景下的发展风向标，为其保护与传承提供了新契机。而沿着文化认同的脉络溯回女书的源起，其中更是蕴含着生动的女性身份认同建构因素与具体的女性身份认同实践。从女性身份认同到文化认同的价值流变也为女书档案资源的开发利用标画出若干向度。

目前，学术界对女书的研究已从过去对其发现、起源、族属、民俗文化等研究更多地转向了多学科融合的跨学科研究，研究渐趋多元化。③ 具体到档案学界，从中国知网（CNKI）、万方数据知识服务平台、维普网、读秀等数据库检索结果来看，以女书档案为研究对象展开的专业性研究还未形成一定规模，研究视角主要集中于介绍或研究女书档案本身，从女书档案的价值和开发利用出发的相关研究较少，未形成明确的主题分类。据文献可查，最早系统论述女书档案开发利用的是仇壮丽、刘歌宁，两位研究者从女书档案的征集、保护与开发的角度提出在"后女书"时代，既要抢救和保护好现存女书档案，还要进一步加大征集原生态女书档案的工作力度，并做好女书档案

---

① 文化和旅游部关于印发《"十四五"非物质文化遗产保护规划》的通知 ［EB/OL］. 中国政府网，2021-06-09.

② 文化和旅游部关于印发《"十四五"非物质文化遗产保护规划》的通知 ［EB/OL］. 中国政府网，2021-06-09.

③ 夏三鏊. 基于 Citespace 的女书非物质文化遗产研究知识图谱分析 ［J］. 湖南科技学院学报，2019，40（05）：86-87.

的数字化工作。① 最新研究是戴艳清、刘孟玲基于马克思的"两个尺度"思想，揭示女书档案多方面价值，并提出加强顶层设计、打造文化精品 IP、搭建数字化平台等开发策略。② 本小节从女性身份认同和文化认同的视角着眼，是一次以女书档案资源为研究对象的跨学科研究尝试，试图思考并回答"女书档案资源为何同时蕴含着女性身份认同与文化认同的价值?""从女性身份认同到文化认同的价值流变又何以给女书档案资源的开发利用指明方向?""如何在女性身份认同和文化认同的价值向度下对女书档案资源进行合理的开发利用?"等问题，旨在促进女书文化焕发出更加蓬勃而持久的生机，推动女书档案资源融入更加广泛、多元的集体记忆，为民族与世界文化多样性增添光彩。

（一）女书档案资源概述

1. 女书及女书档案资源的内涵

目前学术界在女书的起源时间③、流传地区、女书与汉字的关系等问题上已有众多讨论，认为女书是目前发现的世界现存唯一的女性专用文字符号体系，是盛行于清末与民国时期，在湘南、桂北瑶族中流传的女性之间来往使用的与汉字异形的音节文字，④ 但其起源的具体时间暂无定论。女书字形独特秀美、灵动飘逸，主要有点、竖、斜、弧四种笔画，字体总体呈长菱形，因而当地人又称之为"长脚蚊（文）"，是仅从 600 余汉字变化而来的 3000 余字符就能表达当地汉语异形的土话系统。女书行文自上而下，自右向左，不分段落，不使用标点停顿，行文到底。另外，女书的形成者在书写或绣制女

---

① 仇壮丽，刘歌宁."女书档案"的征集、保护与开发研究［J］.档案学研究，2008（05）：16-18.

② 戴艳清，刘孟玲."两个尺度"思想视角下女书档案价值开发研究［J］.山西档案，2020（06）：127-134.

③ 根据学者李庆福的文献调查，目前学术界关于女书的起源时间主要有三种观点，其一认为女书产生于史前的刻画符号，与甲骨文同步甚至还早；其二认为女书产生在唐宋时期；其三认为女书的产生不早于明代，盛行于清末与民国时期，由于目前明清以前的女书材料没有任何发现，这一观点得到相当一部分学者的认同。而学者陈其光根据当地瑶族祖先的历史、女书的七言木刻唱本、铸有"天下妇女，姊妹一家"八个女字的太平天国铜币（这一发现有待商榷）等论据推断，女书"是元明时代农民起义军为了对官府保密而创造的"。资料来源：李庆福.女书文化研究 20 年［J］.广西民族研究，2003（02）：90-94；陈其光.女书的形、音、义、源［M］//远藤织枝，黄雪贞.女书的历史与现状：解析女书的新视点.北京：中国社会科学出版社，2005：41-51.

④ 李庆福.女书文化研究 20 年［J］.广西民族研究，2003（02）：90-94.

字时，往往在正文中央或四角、天头地尾等处配以精美图案，其中最具代表性的是当地称为"八角画"的图案，因此女书不仅是一种文字符号体系，也是一种富有美学意义的图案符号体系。① 总而言之，狭义的女书仅指"女字"，广义的女书则包括以女字造就的内容及其载体，本小节的研究对象——女书档案就属于广义的女书范畴。

女书档案是女性在各项社会活动中直接形成的、以女书为书写符号或载体的、具有保存价值的原始记录，同当地特有的嫁娶、年岁节日、集会等传统习俗紧密结合在一起，具有深厚的传统文化根基。在湖南省江永地区，女书文化氛围尤为浓厚。2003 年，江永女书档案被列入首批《中国档案文献遗产名录》，后于 2005 年以"最具性别意识的文字"入选吉尼斯世界纪录，同年被评选为湖南省"十大民族民间文化遗产"之一，后于 2006 年又被列入首批《国家级非物质文化遗产名录》。以载体分类，女书档案可分为纸文、扇章、帕书、绣字、字被和字带等多种类型。写于纸上的女书为"纸文"，写于扇面为"扇章"，写于手帕为"帕书"，绣于布块为"绣字"，织于被子、带子分别为"字被""字带"。与之相应的活动，阅读"纸文"上的女书叫"读纸"，阅读"扇章"上的女书叫"读扇"，阅读"帕书"则叫"读帕"。② 女书档案以诗歌为主要体裁，有叙事诗、抒情诗、敬神诗三大主要类型，还包括其他体裁的作品，如三朝书、通信、结交书、传记，有哭嫁歌、山歌等歌谣，另外，还有一部分用女书翻译改写的汉字韵文诗，③ 如民间脍炙人口的歌颂女性高尚情操的《梁山伯与祝英台》《孟姜女》《卖花女》《罗氏女》等。作为女性表达情感与倾诉心事的重要载体，女书档案承载的内容多为女性对生活苦难和命运不公的抗争与"呐喊"、对姐妹的情谊的歌颂以及对逝去岁月的怀恋等。同时还有部分女书档案形成于重要的历史背景下，女性以小家的视角见证着国家的历史变迁。因此，女书档案资源作为一种极为珍稀的信息资源，在档案学、文字学、语言学、历史学、考古学、民族史、民俗学、文

---

① 何红一. 神秘图案与神秘文字：女书"八角花"图案的文化破译［M］// 远藤织枝，黄雪贞. 女书的历史与现状：解析女书的新视点. 北京：中国社会科学出版社，2005：164.

② 李庆福. 女书文化研究 20 年［J］. 广西民族研究，2003（02）：90-94.

③ 宫哲兵，刘自标. 女书与妇女文学［J］. 湖南大学学报（社会科学版），2000（01）：44-46.

学、美学等多学科领域都具有十分重要的研究价值。①

2. 女书档案资源保护与开发利用中存在的典型问题

虽然女书档案资源的价值已获得了一定的社会认可与官方认证，但是深入考察女书档案资源的保护与开发利用现状，特别是在"后女书时代"，可以发现其中仍存在一些问题。概括而言，本小节认为主要存在"失活""失散""失真""失语"四大典型问题。

首先，关于女书档案资源"失活"问题。"失活"是指女书档案资源的原生文化生态遭到破坏，甚至消失，导致女书档案资源失去了其原始的文化活性。由自然、人文、社会等因素相互协调构成的文化生态，是作为一种非物质文化遗产的女书档案资源赖以生存的土壤与源泉。② 在自然因素方面，过去湘南、桂北瑶族聚居区群山环抱、秀美宁静的自然特点给女书的流传提供了稳定的保障，而如今随着工业化、城镇化及旅游业的发展与影响，女书档案资源的原始、自然的生存与发展环境已悄然发生了改变。在人文和社会因素方面，一方面，最后一位女书自然传人③阳焕宜老人的逝世标志着"后女书时代"的来临，女书传统的语言交流环境逐渐消失，女书从一种沟通文字变成了一种更加私人化的书写，女书传人的保护和培养成了摆在女书档案资源保护与开发利用面前的紧迫问题。对此，湖南省江永县政府已制定了一系列抢救、保护与开发瑶族女书的政策措施，首要的举措就是保护瑶族女书传人，其次是培养女书新传人。另一方面，与女书档案资源形成背景相伴随的民俗活动也在逐渐淡出人们的视野，如"贺三朝""四月初八女子斗牛节""吹凉节"等传统民俗活动，在工业化与城镇化的冲击下不可避免地失去了"原汁原味"。

其次，关于女书档案资源"失散"问题。按照当地的习俗，大部分女书档案由于带有私人属性，往往会随着档案形成者的逝世而随之焚毁或陪葬入土；再加上当地气候、环境等因素的作用，目前发现的留存在世的女书档案十分稀少、罕见。目前发现的传世女书档案主要集中在湖南省江永地区，由

① 仇壮丽，刘歌宁．"女书档案"的征集、保护与开发研究 [J]．档案学研究，2008（05）：16-18.

② 贺夏蓉．文化生态视野下的女书及女书文化保护模式探析 [J]．中南民族大学学报（人文社会科学版），2010，30（02）：70-74.

③ "女书自然传人"指从小就跟随女性长辈或亲友学习女书，并在一系列女书习俗中巩固以熟练掌握女书的传人。

近代的少数女书档案和已故女书传人高银仙、义年华两位老人根据回忆记录下来的传抄件，以及她们本人创作的女书，共 300 余篇，10 余万字，现存于江永县档案馆。除了女书流传方式特殊性的影响，造成女书档案资源"失散"问题的另一主因是女书的外流。在女书这一发现蜚声海内外后，近二十年来，日本、加拿大、德国等国的学者先后前往女书流传地区考察调研，并以高价从当地群众手中购买女书作品，致使一部分珍贵的女书作品流向海外。据不完全统计，目前流失到海外的女书原作及文化遗物至少达百件，其中有不少是珍本，甚至是孤本。①

再次，关于女书档案资源"失真"问题。对女书有深入且独到研究的学者谢志明经研究发现，"男撰'女书'满天飞，论著者自造'女字'充斥出版物，村话译音标注的女书资料肆行无忌。这些伪劣'女书资料'把女书研究带入了重重误区，造成女书文化研究的严重混乱。更有甚者为了论证某一观点，为了增加女字的数量，为了行文的方便，不严肃的论著者常常自造女字"②。概括而言，在女书档案资源"失真"问题上，主要有伪造女书档案、乱造女字、学术造假三大问题。作为一种档案资源，女书的"失真"意味着档案的原始性和真实性受到了严重的亵渎，这是档案学意义上不容小觑的现象。

最后，关于女书档案资源"失语"问题。随着女书的"面世"，女书已开始从闺中楼阁走向更加广泛的社会大众，但社会对女书的关注集中于学术研究、旅游体验两大主要部分，作为一种宝贵的档案文献遗产和非物质文化遗产，主要在当地和学术界享有较为广泛的知名度。由于女书的流传方式、内容形式等独特性，女书在社会层面的知名度和影响力还有较大的提升空间。质言之，女书对社会而言依旧神秘，甚至陌生，女书的社会认知度与认同度远不及其他知名非物质文化遗产，与其重要性和独特性也不相匹配。社会不甚了解女书，女书也需要寻找到一种更符合时代特征的"表达方式"，向社会和世界宣介自己。"如何向社会和世界讲好女书故事""如何恰当利用女书档案传递女性精神、展现女性风采"等问题是今后女书走进"寻常百姓家"的核心要义。

---

① 贺军 . 女书档案：世界记忆工程中的奇葩 [J]. 山西档案，2005（05）：46-49.
② 谢志民 . 女书研究的现状和存在的问题 [J]. 中南民族大学学报（人文社会科学版），
 2003（04）：90-92.

（二）女书档案资源的价值流变

1. 从女性身份认同出发：女书档案是女性认同的起点与身份的彰显

如前所述，作为一个英文词汇，"identity"对应中文有"身份、认同、身份认同、个性、一致"多种译意。① 由此可见，一方面，身份认同兼具同一性与差异性的双重意义，同时也体现了身份认同的分裂主义色彩；另一方面，"我/我们是谁""我/我们认为他/他们是谁"以及"他/他们认为我/我们是谁"都是身份认同始终要回答的问题。身份认同不仅涉及个体和群体的身份感、认同感、归属感等问题，还与个体或群体之间的互动关系密切相关。查尔斯·泰勒曾指出："知道我是谁，就是知道我站在何处。"② 而女书档案就是女性知晓自己是谁——对自己身份的认知与认同，以及明白自己站在何处——对自身处境的觉醒体现。社群主义哲学家麦金泰尔（Alasdair C. MacIntyre）曾提出一个观点：在自我认识这件事上，我们要讲通自己的故事才能明白自己。这既是一个对内的过程，又是一个对外的过程。人们剖析自己的成长经历，分析自己身处过的外部环境与人际关系，以及这一切是如何变化的，才能更好地理解自己的身份和存在。③ 女书档案就像是一本专门讲述女性故事的"故事书"，凭借女书文字，女性开始采用独特的女性视角观察、思考问题，建构女性的身份和表明女性的立场。绝大多数女书作品不仅蕴含着强烈的女性意识，回答了"我是谁"的问题，而且表明了自身是如何认同于女性而区别于男性的。④

女书档案是女性身份认同的起点。在女书档案形成的时代，当地女性受教育的机会相对于男性来说较少，与汉字的"距离"较远并因此产生了对使用文字交流的渴望，再加上缠足、做女红、料理家务等原因，女性的生活交往被局限于闺阁⑤，这些因素促使女性在借鉴汉字的基础上创造出用于姊妹间

① 本文在论述"identity"时采用灵活的翻译策略，主要译为身份认同和认同两种含义。

② 泰勒. 自我的根源：现代认同的形成［M］. 韩震，王成兵，乔春霞，等译. 南京：译林出版社，2001：51.

③ 五位艺术家对身份认知和亲密话题的探索［EB/OL］. iD 中文公众号，2022-04-11.

④ 傅美蓉. 从"反再现"到"承认的政治"：女性身份认同研究［M］. 北京：中国社会科学出版社，2019：193.

⑤ 女书之乡自古为女红之乡，保持"男耕女织"的自然经济生产模式。据说旧时当地缠足之风颇盛。女子缠足后一般不下田劳作。四季于闺房内习女红，从事家庭劳作。由于大量时间消磨在自家阁楼，被称为"楼上女"。参见：何红一. 神秘图案与神秘文字：女书"八角花"图案的文化破译［M］// 远藤织枝，黄雪贞. 女书的历史与现状：解析女书的新视点. 北京：中国社会科学出版社，2005：173.

沟通交往的专属文字，让没有接受过正规汉字教育的农村女性也能随时随地记录和分享自己的生活境遇与生命历程。女书档案作为女性生活与生命史的相对真实的原始性记录，女性可以自由地在其中表达心声、互诉衷肠、寄托愁绪。例如，何艳新在其女书《自传》中写道："身坐空房把笔写，不曾修书先泪垂。我是出身何家女，一二从头说分明……"又如何淑换的《自传》中所写："我是出身姓何的，爷娘许到周家村，许到周家凄寒过……女身念情真闹热，念身女身可怜传……"女性试图在女书档案中，通过强化女性身份、颂扬姊妹情谊、再现女性生活、重塑女性形象等方式来实现身份认同，建构女性个体或群体的身份。① 从女性个体到女性群体，女书档案隔绝了女性与男性的交往，从男性对女性身份的规约中暂时跳脱，构建起具有共同身份特色与标识的文化空间和情感栖息地，创造了一个较为纯粹的女性世界。女性在其中表达自我、互诉心声、联结同伴，开始了对自我与女性群体的自由探索。可以说，女书档案是当地女性身份认同的起点，与世界妇女解放运动对女性身份认同的构建遥相呼应。

女书档案是女性身份的彰显。女书档案的最终去向以"人死书焚"的焚毁或陪葬形式为主，其次才是赠予和传给后代。女书形成者逝世后，女书档案常随之焚毁或作为陪葬品入墓。例如，1976 年，女书自然传人胡池珠逝世时，高银仙等结拜姊妹在送葬时，将她的几十本女书作品即尽焚毁，也有的把女书当作陪葬物一起埋入坟墓。另外，还有的人将女书焚毁作为祭奠死者的方式，如江河村陆贵荣老人在丈夫去世后，便将自己以前写的一叠女书化为灰烬。她认为这是把自己这辈子最珍贵的东西送给夫君，与他在"阴间"做伴，就像自己时刻陪伴着他。② 由此可见，陆贵荣已将女书视作她自己的化身，可谓"人书合一"，女书即女性的"自我"或"自我"的替代。上述习俗均体现了女书对于女性而言是能与之生死相伴的、极其珍贵的事物。其实，不论是在中国还是在其他国家，陪葬和祭奠死者等行为都能充分彰显死者的身份。因此，女书之于女性不仅是生前情感的寄托与认同的起点，也是其一生身份的彰显。

---

① 傅美蓉. 女书与性别身份认同［J］. 湖南科技大学学报（社会科学版），2010，13（02）：119-123.

② 沈友志，何日宣. 湖南永州女书首登《中国档案文献遗产名录》［J］. 湖南档案，2002（09）：25-27.

2. 走向更广泛的文化认同：女书档案是民族与世界文化的瑰宝

在新的时代背景下，随着女书学研究的兴起，女书已然不是过去的闺阁秘事，女书文化要可持续发展与繁荣，应将女书文化及女书档案置于更广泛、宏大的文化背景之中，走出闺阁，融入更加深厚的民族与世界的文化认同。2003 年 10 月，联合国教科文组织第 32 届大会通过了《保护非物质文化遗产公约》，其中就指出非物质文化遗产是世代相传的，并在各社区和群体适应周围环境以及与自然和历史的互动中，被不断地再创造，为这些社区和群体提供认同感和持续感，从而增强对文化多样性和人类创造力的尊重。① 由此可见，非物质文化遗产并不是"文化遗产"概念的简单扩大和延伸。一方面，从本民族讲，保护和传承非遗是为了保持自己的独立性、独特性，从全人类来讲，是保持文化的多样性；另一方面，非物质文化遗产与认同感和持续感紧密相连，蕴含着丰富的文化认同建构基因。女书档案资源作为一种非物质文化遗产，具有独特的民间文化价值，其展现的当地女性智慧、勤劳、团结、宽厚等美好品质是中华民族传统文化传承的重要组成部分，也是世界记忆的瑰宝。②

文化认同（cultural identity）是一种肯定的文化价值判断，即指文化群体或文化成员承认群内新文化或群外异文化因素的价值效用符合传统文化价值标准的认可态度与方式。③ 文化认同的建立往往是通过不断寻找与过去相关的物件，确证存在与发展的证据以强化自信心。随着物件的多元丰富，这种文化自信心会越来越强烈。④ 女书档案是一种与过去密切相关的"物件"，在形成时，其原始记录性及其蕴含的情感与认同价值，给当地女性以确证女性身份的信心和恒久的精神力量。在当下，女书档案联结过去和现在，也向如今的世人传达着当地女性对自身与过去的理解，现在和未来的女书档案利用者可以沿着女书的字里行间或者女书物件的纹理脉络，遍历女书档案背后的女性情感、思想，以增进对女书和女性的理解，甚至进一步合理利用、发挥女书档案的价值。从文化认同的视角出发，这种全民族乃至世界对女书文化的

---

① 联合国科教文. 保护非物质文化遗产公约（2003）［EB/OL］. 联合国官网，2003-10-17.

② 刘铁梁. 关注女书文化瑰宝 抢救民间习俗精华［N］. 中国艺术报，2010-09-17（W04）.

③ 冯天瑜. 中华文化辞典［M］. 武汉：武汉大学出版社，2001：20.

④ 赵静蓉. 文化记忆与身份认同［M］. 北京：生活·读书·新知三联书店，2015：10.

价值肯定和对女性群体的情感认同，可以归结为一种文化群体或文化成员对女书和女性的文化认同感，已将女书档案原有的女性身份认同价值扩展为更广泛的民族和世界文化认同价值。具言之，女书档案对民族、家国和世界的文化认同建构价值具体表现在以下三方面。

其一，女书档案是多民族融合的产物，蕴含着建构中华民族文化认同的基因。女书流传地区偏远闭塞，古属朝廷发配之地、北方移民避难的落脚之乡。在女书流传的地区，当地部分群众自称祖先从北方迁徙来此定居，且几乎都有家谱、族谱为证，但他们都带有较为浓厚的瑶族意识，保持着瑶族的风俗习惯。千百年来，从山东、山西等地迁徙来此地繁衍、生息的汉族群众，推动了多民族融合发展，比如瑶区汉化、汉人瑶化。女书档案就形成与繁荣在这样一个拥有悠久南北交流、多民族融合历史的地域。① 在文字发展史上，女书独特的字体构造和表音体系使其在中国文字史乃至世界文字史上都占据了非常独特的地位，清华大学赵丽明教授称"女书体系"本身为"一部文字发展史的影子和活化石"②。质言之，女书不仅是当地女性生产生活的原始性记录，从民族文化的高度看，女书档案更是中华民族女性"生命史"与"心灵史"的缩影，孕育着深厚的中华民族文化认同。

其二，女书档案见证家国变迁，是家国认同的承载与源泉。家国认同是文化认同的重要组成部分。在女书的诗歌作品中，除了描写日常生活与情感生活的题材，还有一部分以小家的视角见证着国家的历史进程，如《永历皇帝过永明》《太平军过永明》《虎殃》《抗日战争沦陷记事》等。这些作品都以女性为主角，在宏大的历史背景下，将女性个人的命运与国家的历史结合起来，记录着女性及其家庭的境遇，见证着国家的动荡变迁。如流传甚广的以女字书写的《抗日歌》（又叫《抽兵歌》或《当兵歌》）就记录了抗日战争时期家中男性被抽调往前线抗日，留下老人、妇女和孩子在家的孤苦生活，表达了女性对战争的厌恶与对和平的渴望。可以说，女书档案体现着女性个体在小家中的身份与地位，同时也标记出了女性群体在国家历史上的坐标。作为当时女性家国认同的承载，女书档案也为后世人们的家国认同提供了不竭的精神文化源泉。

---

① 赵丽明．"女书"的文字学价值［J］．华中师范大学学报（哲学社会科学版），1989（06）：68-76．

② 赵丽明．"女书"的文字学价值［J］．华中师范大学学报（哲学社会科学版），1989（06）：68-76．

其三，女书档案具有深远的女性文化意义，是世界文化认同的建构因子。"女书作品中反映出了封建制度下，包办婚姻、缠足、受婆家虐待等妇女共性苦难。但是，却又不仅仅停留在诉说苦情上，更多的是对黑暗社会的血泪控诉、对封建礼教观念的叛逆，不屈服于命运打击的呐喊，具有鲜明的妇女觉醒色彩和女性反叛意识。"例如，唐宝珍就在《自己修书诉可怜》中写道：

> 静坐空房无思想，自己修书诉可怜。
>
> 以前独花花为贵，到此如今不如人。
>
> 父母所生人七个，五个弟郎没一位。
>
> 千般可怜无气出，透夜不服刀割心。①

从世界范围来看，女书所反映的当地女性经历的苦难与遭受的不平等压迫具有普遍性；与此同时，女书所展现的女性意识和精神面貌也与国际妇女解放运动争取两性平等、反对歧视女性等理念天然地契合。因此，作为国际妇女解放运动和世界女性文化中的一种独特形式和有机组成，女书向世界展示了中国女性勇于追求自由、解放自我的思想与行动，也把蕴藏在女书中的女性身份认同融入了更加广泛的文化认同，从而有利于丰富世界女性文化的多样性，推动国际女性主义（全球女性主义）的融合发展。

（三）女书档案资源的开发利用向度及相关对策

在新的时代背景下看待女书档案的价值，女书档案的价值从女性身份认同层面——女书档案是女性身份的彰显与认同的起点，走向了更广泛的文化认同——女书档案是民族和世界文化的瑰宝。这一价值流变为女书档案资源的开发利用标画出宏观向度，而上述提及的"失活""失散""失真""失语"现状则是女书档案资源的开发利用需直面的现实问题。面对自身存亡，女书需寻求延续与发展的出路；面向民族与世界，女书肩负着维护文化多样性和构建文化认同的使命。基于此，如何对女书档案资源进行开发利用则自然成了题中之义。

1. 保护女书档案的真实性与完整性，再现女性的真实风采

根据女书档案蕴含的女性身份认同价值及其存在的"失真""失散"等问题，女书档案资源的开发利用应注意保护档案的真实性与完整性，以更好地发挥女书档案的认同价值，真实地再现女性风采，进而更好地讲述女书和

---

① 田李隽. 江永女书及其女性文化色彩 [J]. 中华女子学院学报，2004（04）：23-27.

女性的故事。具言之，一方面要做好女书档案的调查、收集和保护工作，另一方面应加强女书档案资源的整合与共享。

第一，关于女书档案的调查和收集。目前，女书档案除现存于湖南省江永县档案馆的女书档案资源外，其他女书档案的现存主体较为分散，再加上最后一位女书自然传人的离世、女书流散海外以及当地不合理的开发利用等原因，调查整合和抢救女书档案（特别是原生态女书）成了女书档案资源保护利用工作的重中之重。对此，江永县制定并发布了《江永女书抢救保护规划（2004—2020）》，提出"加强收集、整理、研究工作，在全县范围内进行一次瑶族女书原件的全面普查、收集工作，将收集的原件作品集中在县档案馆保存"。县里每年专列瑶族女书文化保护经费，成立江永女书文化基金会，筹集女书保护抢救、研究开发资金。江永县的做法为周边地区对女书档案的调查和收集策略提供了有益参考。

第二，关于女书档案的保护。一方面，女书档案的载体以纸张为主，还有一部分为布料，这两种材质的档案均怕湿、易燃，同时也易于被虫蛀和被霉菌腐化；另一方面，在客观条件上，女书档案形成的地区大部分属亚热带湿润季风气候，全年气温较高，雨水充沛，为虫害与霉菌滋长提供了"温床"，不利于纸张和布料的保存。这些都对女书档案的保管环境提出了严格的要求。首先，在为女书档案创造良好的保存环境方面，档案部门首先应严格按照档案安全保护的"十防"（防高低温、防盗、防火、防水、防虫、防鼠、防尘、防光、防霉、防污染）和"八不准"要求营造一个适合女书档案保存的环境；其次，档案部门应做好档案原件的妥善保护，在应用缩微摄影技术、数字化等方式对女书档案资源进行处理和备份后，应注意非必要不直接提供原件的利用；最后，对受损的女书档案也要秉持"修旧如旧"的原则进行修复，以确保女书档案的原始性、完整性与真实性。如此才能为女书相关个体和群体提供源源不断的身份认同源泉，让世界真实地领略到女书所传达的女性之声与女性风采。

第三，关于女书档案的整合与共享。目前，在女书资源的线上整合与共享方面，已存在一些展示女书文化和研究的网站资源，如清华大学中国古文字艺术研究中心建立的女书网站①，为女书档案资源的线上整合与共享提供了有益借鉴。但是从现有女书档案资源的线上展示方式来看，地方的档案部门

---

① 清华女书研究［EB/OL］.清华大学中国古文字艺术研究中心，2022-04-03.

在网站建设方面还有所欠缺，直到省级的档案部门才有较为完善的网站资源建设，如湖南省档案局（馆）的官方网站的"珍档赏析"栏目①就有对女书档案的专题展览，但只有《三朝书》、"女书传人何艳新女书作品""女书传人胡美月女书作品""女书绣品"四项展示，且均仅以图片形式呈现，内容和形式都有较大的局限性，难以向社会公众展现更加全面、完整的女书文化。因此，建立正式的女书档案数据库和目录是值得档案界关注并致力解决的问题。各相关档案部门可以携手合作建立女书联合目录，条件成熟后还可以进一步开发女书全文数据库，以供社会利用，挖掘女书档案资源中更多潜在价值，以利于女书文化的繁荣发展。

2. 活化女书档案独特的文化生态，构筑立体的文化空间

在女书流传的地区，诸如"贺三朝""四月初八女子斗牛节""吹凉节"等传统习俗②是和女书档案相伴相生的，这些传统民俗也是女书档案形成和流传的基底。在已经失去自然传人的"后女书时代"，女书习俗也正逐渐淡出大众视野。因而在抢救原生态女书档案的同时，还应保护女书档案形成的独特文化生态，悉心呵护女书这颗"活化石"，构筑起一个动态、有机的文化空间。文化生态是指文化的生存和发展状态以及文化的特性和习俗，也是人与文化互动的场域。基于此，保护女书档案独特的文化生态，构筑立体女书文化空间的策略主要包括培养女书传人和创新式恢复女书习俗两方面。

在女书传人的培养方面，除了根据相关政策提出的鼓励民间妇女学女书、兴办女书学堂或培训班等举措，还应打开格局，从更加深远而广阔的文化认同视角着眼，提升女书传人以及其他传承者的文化认同感和使命感。立足现在人们的文化需求，充分总结女书档案中蕴含的中国智慧，重构新的文化认同。③

在创新式恢复女书习俗方面，可以在当地已有的女书生态旅游恢复习俗

---

① 湖南省档案局. 珍档赏析-女书档案［EB/OL］. 湖南省档案局官网，2006-09-13.

② "贺三朝"指姑娘出嫁后的第三天，以坐歌堂的形式唱歌跳舞，妇女们喜欢手拿用女字写的《三朝书》读读唱唱，非常热闹。"四月初八女子斗牛节"指每年正月十五和四月初八，青年女子带上自己写得最好或绣得最好的女书作品及食品到当年本村内即将出嫁的女子家或村内最年长的姑娘家聚集。共同会餐，评议刺绣，传诵女书新作等，这些活动就叫斗牛。"吹凉节"指每年阴历六月至七月上旬，青年女子要相邀聚集，选择风凉舒服之家，一起纺织刺绣，以女书为媒介，读书作诗，当地称这段时节叫女子吹凉节。

③ 周波. 从"身份认同"到"文化认同"：论"非遗"代表性传承人制度设计的新面向［J］. 文化遗产，2022（02）：19-26.

的基础上，结合当下网络发达、短视频流行等时代特点，创新女书习俗表现形式，打造一个线上线下相结合的立体式女书文化生态。例如，借助直播平台、VR 技术等大众喜闻乐见的形式展现当地女书习俗，让社会各地网友实时参与进来，实时互动，共享女书文化的盛宴；此外，还可以在传统节日里，如"四月初八女子斗牛节""吹凉节"，发起线上节庆活动，举办女书书法接力、女书字义猜一猜、女书漂流瓶等趣味活动，让全国各地的网友参与进来，感受女书习俗的乐趣与魅力。这些措施若能走进现实，必定能在一定程度上坚定当地对女书档案资源开发利用的信心，强化人们对女书的文化认同，从而形成利好于女书文化发展繁荣的良性循环。

3. 创新女书档案的宣介方式，为民族与世界文化多样性增添光彩

如今，在乡村振兴的时代背景下，"乡村以非遗为基础的文化建设已经成为乡村文化振兴的重要环节，成为实现乡村振兴的必由之路"①。女书档案及女书习俗作为重要的非遗，也已置身于乡村振兴的时代大幕之下，肩负着乡村文化振兴的重要使命。这既是责任，也是女书向全民族和全世界讲述故事、展示风采的宝贵机遇。而如何面向民族和世界，利用好女书档案，讲述好女书故事，在本质上是一个文化宣传和推介、构建更广泛的文化认同的问题。对此，本小节认为可从以下三点入手进行创新。

其一，挖掘女书档案的内涵，将女书文化与教育学习相结合。女书档案文化是由实体女书档案及其形成的背景与环境构成的活性生态，而教育又是宣介文化影响最为深远的方式。青少年儿童正处于文化认同的建构初期，具有较强的可塑性。因此，可以创新开展女书档案文化进校园活动，形式包括但不限于女书档案展览、女书书法学习、女书文献诵读、女书故事新编等，前期可以在民族中小学进行试点，再逐步推广至其他学校。鼓励青少年儿童近距离感受女书文化的魅力，让这一中华民族优秀传统文化根植于心，为构建其文化认同提供源源不断的内生动力。此外，还可以以现有的女书档案为本，通过设计女书印刷字体以规范使用、便利交流，编撰女书字典供学习者参考等方式，让女书变成实用的交流工具，真正"活"起来，以构建起社会对女书的持久而深远的文化认同。

其二，提取女书档案中的文化符号，创新女书文创产品开发。相关研究

---

① 胡曦幻. 乡村振兴视域下的江永女书文化遗产发展路径［J］. 中国乡村发现，2021（04）：52-57.

表明，目前女书的文创开发也存在着产品同质化严重、内容缺乏创意、品牌意识不够、定位不明确等通病。① 女书以其字体灵动秀美、内容意蕴独具特色而闻名，市面上的文创周边如服饰、文具、日用品等表现形式往往千篇一律，难以体现女书更深层次的魅力。女书要获得更大的社会知名度与影响力，首先，应该提升品牌意识，从现有的女书档案中提取如字形、笔画、结构、装饰图案等文化符号，打造属于女书的文化 IP，并设计专属的如女书吉祥物的品牌形象，以亲切又不失文化内涵的形象走进群众生活。其次，可以寻求更广泛的社会合作，如互联网虚拟形象联名设计。这方面可以借鉴敦煌研究院与手游"王者荣耀"的合作经验，如游戏角色杨玉环的"遇见飞天"主体皮肤，设计灵感与素材就来源于莫高窟第 423 窟的天宫伎乐飞天，在唐朝飞天形象的基础上，融合创新理念，利用敦煌最经典的元素纹样进行再创作。② 女书档案也是一个优秀的文化素材宝库，如能与海内外知名品牌合作，无疑会收获双赢的结果。

其三，以女书档案为本，以女书文化为魂，拍摄面向海内外放映的纪录片、电影、电视剧，扩大女书文化的宣介。此前，由美国华裔女作家邝丽莎所著的英文小说《雪花秘扇》（*Snow Flower and the Secret Fan*）以及由其改编的同名电影就是一个很好的向世界推广女书文化的参考范本。小说是作者在充分搜集相关资料后，融入丰富的女书文化与习俗，讲述百合与雪花两位生长在湖南偏远乡村的女性，通过女书互诉心迹，相伴从封闭的世界中暂时走出，共同分享彼此的希望、梦想以及成就的故事。小说与同名电影以女性的温情和力量打动了一批海内外读者与观众，也将女书文化散播海外。在电影方面，据悉，2022 年 2 月，国产电影《女书传奇》在江永开机，而讲好湖南故事、讲好中国故事，让世界听到中国声音，正是《女书传奇》的创作初衷。③ 不论是基于女书文化的文学创作，还是影视拍摄，都应通过阅读女书档案文献、实地调研等方式，在充分了解和把握女书的历史与文化内涵基础上进行，真实而生动地展现女书文化的魅力；同时，要始终肩负起讲好女书和女性故事、讲好中国故事的使命，让全民族和全世界听见女书的声音，以推

① 胡佳慧，饶鉴. 江永女书文创产品开发研究 [J]. 今古文创，2022（05）：65-67.

② 王者荣耀. 王者荣耀×敦煌研究院丨遇见神鹿，阿瑶迎来新皮肤 [EB/OL]. 搜狐网，2020-04-16.

③ 胡弋. 电影《女书传奇》湖南江永开机 助力千年非遗传承 [EB/OL]. 红网，2022-02-14.

动女书与世界文化更好地融合，为民族与世界文化多样性增添光彩。

　　从过去到现在，女书档案或直接或婉转地记录着当地女性的身份与境遇，也生动地书写着中华民族的智慧，其价值影响已从女性身份认同融入更加广泛的民族和世界的文化认同。因此，在对其进行开发利用时，也应走出过去相对狭窄、单一的个体性或群体性认同，转而面向更加普遍、广泛的社会需求，融入全民族和全世界的文化认同体系，助力提高人民群众的获得感、幸福感和认同感，让这朵开放在山谷的"野玫瑰"的馥郁芳香散播到世界的每一个角落。

第五章

后现代语境下档案与身份认同研究的
前景与困扰

后现代是流动的现代性。鲍曼曾用"固态的现代性"和"流动的现代性"来指代"现代性"和"后现代性"。在《流动的现代性》一书中，鲍曼用"流体"来比喻现代性历史中的一个阶段——"现在"，他认为"现在"就像流体一样轻易地流动着，或"流动"，或"溢出"，或"泼洒"，或"溅落"，或"倾斜"，或"渗漏"，或"涌流"，或"喷射"，或"滴落"，或"渗出"，或"渗流"，千姿百态，不一而足。① 在鲍曼看来，我们身处的"现在"其实已经被置于后现代的语境之下，后现代的千变万化、流动不居使得身处其中的人们其身份不再像前现代那般随阶层的固化而固化。后现代语境下身份的流动、多样和不确定，亟须"一个认同的过程"对身份加以"认证"，但在这一过程中，我们追求的认同结果——再一次固化的"身份"只不过是一件"我们想要用易碎的生活原料塑造的艺术品"，对身份的追寻也只不过是一场"抑制和减缓流动、将流体加以固化、赋予无形的东西以有形的持续性的斗争"。② 由此，身份认同在多元化的后现代语境下，具有复杂和多面的特征。

第一节　后真相下的档案"真实 vs 虚构"
与身份认同的差异逻辑

"后真相"（post-truth）一词在 2016 年底成为《牛津词典》所评选的年

---

① 鲍曼. 流动的现代性［M］. 欧阳景根，译. 北京：中国人民大学出版社，2017：3.
② 鲍曼. 流动的现代性［M］. 欧阳景根，译. 北京：中国人民大学出版社，2017：126-127.

度热词之一，该词汇起初被用于哲学圈层和国家政治领域，随后逐渐超越了政治生活而渗透至日常生活的各个方面。随着传媒技术的革新，媒介、权力与技术相互交织，真相和真理成了这个时代最为可贵但却难以企及的追求，立场、情感和利益成为置于真相和真理之前的价值取向。而后现代理论的无形渗透又为后真相的兴起提供了理论基础，后现代理论所鼓吹和提倡的解构宏大叙事、解构现代性所包含的立场与观点，解构真实与意义及其价值，为后真相的兴起提供了思想准备。

后真相并非真相或真理的对立面，但又不等同于惯常我们所说的真相与真理。赫克托·麦克唐纳（Hector MacDonald）在《后真相时代》中提出了"竞争性真相"（competing truth）的概念以解释"后真相"的内涵意指，并引入了理查德·伯顿（Richard Burton）在《哈吉·阿卜杜·埃尔-叶兹迪的卡西达》中的名言："真相是散落成无数碎片的镜子，每个人都认为自己看到的一小片是完整的真相。"① 竞争性真相是真相的"完整画面"② 的一部分，是故事的多样性的一个侧面，是复杂事件的冰山一角。由此可见，竞争性真相并非意味着不是真相或者不具有真实性。反之，竞争性真相具有同等的真实性，但就如同意大利面一样，竞争性真相只是大碗面中的一根，"每根意大利面都是一个竞争性真相：你选择抽出来的那根面条将决定你对过去的理解，而你的理解又会影响你现在的行动"③。

档案与真相之间有着千丝万缕的联系。如果将档案看作是讲故事（叙事）的重要媒介和文本来源，那么档案叙事就被赋予了极大的力量，档案也因其原始记录性的本质属性而赋予了档案叙事更强的真实性与可信性。尽管如此，档案叙事也并非昭示着唯一的真相，它可能仅仅只是真相之一种或如上文所说真相"完整画面"的一个侧面，这就类似于麦克唐纳所论述的"竞争性真相"。其中，档案以其真实性（"档案的真实"）为后真相时代添加了众多"竞争性真相"中最为可靠、可信的历史记录；但另一方面，档案记录也可能由于种种原因会出现与真相之间的偏差（"档案的虚构"），这体现在档案所

---

① 麦克唐纳．后真相时代［M］．刘青山，译．北京：民主与建设出版社，2019：27.

② "完整画面"主题出自 1986 年《卫报》在电视台和电影院播出的一则名叫《视角》的广告，该广告由 BMP 的约翰·韦伯斯特（John Webster）制作，目前仍然被称为史上最佳的电视广告之一。这是一次有力的宣传，取得了很大的成功，这使该报在 2012 年的宣传中再次采用了"完整画面"的主题。

③ 麦克唐纳．后真相时代［M］．刘青山，译．北京：民主与建设出版社，2019：60.

载内容中基于情感或利益的"超越"真相的更丰富的叙述表达。由此，基于档案而呈现或建构的身份认同就同时具有了真实性和虚构性，正如周宪在《认同建构的宽容原则和差异逻辑》一文中所认为的，认同是一个集虚构性和真实性二合一的概念。他认为，认同具有真实性，是因为"认同本身是一个存在的心理事实，关系到一个人或一个群体的现实存在及其延续"；但认同又具有虚构性，并非说认同"纯然是一个幻想，而是说认同是一种心理建构或叙事"。① 基于"档案的真实"呈现与建构的身份认同更多是制度导向下的产物，而基于"档案的虚构"呈现与建构的身份认同则更多是情感导向下的结果。

一、"档案的真实"与制度导向下的身份认同

（一）"档案的真实"阐释

"档案的真实"一直是档案工作者引以为傲的职业逻辑起点，在他们的观念里，他们所保存和守护的档案信息具有其他任何文献载体所不具备的特质，这种特质的最显著表征即是"档案的原始记录性"，亦可理解为"档案的真实性"。档案这一信息载体自产生以来，一直以原始记录性、真实性为其本质特征，档案的真实性亦成为这一信息载体与其他文献类型相区分的重要表征。档案的真实性构成了档案职业合理性和合法性的基础，甚至自 20 世纪后半期以来，随着后现代主义思潮对档案职业的渗透，档案学家受质疑权威、接受多元等后现代主义哲学观的影响而对一些传统的、理性的、科学的档案观进行批判，更有甚者在后结构主义的理论支撑下提出了档案的后保管范式，对档案学的支柱理论——传统的来源原则发起挑战。但"档案的真实性"一直是档案界根深蒂固的专业信条，这种专业信条在加拿大档案学家特里·库克的演绎下，档案工作者又被赋予了新的职业使命——"全世界的档案工作者仍在建造记忆宫殿"。自此，守护全人类的社会记忆与历史记忆，成为档案真实性的逻辑衍生品，档案的真实性构成了捍卫社会记忆真实性、守护社会真相的重要基础。

为了捍卫档案的真实性，在古典档案学时期及之前的几个世纪里，档案工作者的首要职责就是对档案进行伦理保护，而不做任何形式与任何方面的

① 周宪. 认同建构的宽容原则和差异逻辑 [M]//周宪. 文学与认同：跨学科的反思. 北京：中华书局，2008：239-245.

处理。这种伦理方面的道义责任在英国档案学家希拉里·詹金逊（Hilary Jenkinson）所开启的古典档案学时期达到了顶峰。詹金逊爵士在其蜚声国际档案界的《档案管理手册》（*A Manual of Archive Administration*）中单独以一节的内容论述了档案工作者对档案的伦理保护职责。在詹金逊所得出的结论中，"一旦档案工作者负责保存档案，除非在他或其他副手监督下（监督包括档案工作者或其副手亲临现场的无间歇监督），不允许任何人在任何情况下接触档案，甚至不允许有这种可能性。同样清楚的是，除了一位档案官员，任何人在任何情况下都不允许在一份文件上做记号或进行丝毫改变（改变包括一份文件与另一份文件的关系的改变）"[①]。由此，詹金逊奉行的信条在守卫档案真实性的行动中得到不断强化，他反对任何形式的档案伦理风险，反对档案工作者为了迅速实现档案的利用，而过于匆忙地处理档案。尽管詹金逊不反对对接收的档案进行整理，但这种整理也仅限于保证档案文件本身的属性和其关联文件之间的有机联系，而不对档案做任何其他形式的处理，以维护档案证据的神圣性。在詹金逊看来，即使遇到错误放置或从未整理的档案，那么为了"维护证据神圣性""维护档案真实性"的信条，档案工作者也要"防止对最初的管理人员或是任何汇编档案的个人或组织进行任何改变，因为他们的所作所为就是档案本身的一部分"[②]。

显然，即使是在档案错误放置或从未整理的情况下，詹金逊仍然认为档案工作者的职责与使命是尽可能地不做任何改变，必要情况下，"仅对文件进行纸上的重新整理，不进行任何实体整理"，唯有如此，才能保证档案工作者完全客观的、中立的地位，保持档案之间客观、真实的有机联系，从而保证档案所反映史实及相互关系的真实，最终为历史学家和其他利用者保存完整而真实的史料。詹金逊所秉承的信念持续影响了英国乃至欧洲大陆的档案实践，直到 20 世纪 50 年代中叶美国档案学家西奥多·罗斯福·谢伦伯格基于二战之后美国文件激增的现状，提出了档案工作者需要参与对档案的鉴定观念之后，詹金逊的观点才被不断挑战。但谢伦伯格的档案鉴定观并非以牺牲档案的真实为代价，只不过是基于客观因素的考量而增加了档案管理中人为干预的成分。到了 20 世纪 80 年代，"新詹金逊主义"（The Neo-Jenkinsonian）

---

① JENKINSON H. A Manual of Archive Administration [M]. London：Percy Lund, Humphries & Co ltd, 1937：83.

② JENKINSON H. A Manual of Archive Administration [M]. London：Percy Lund, Humphries & Co ltd, 1937：113-114.

兴起，詹金逊的拥趸者们再一次基于档案真实性的专业逻辑起点，呼吁档案工作者采取行动最大限度地承续档案证据神圣性的思想内核。以加拿大档案学家露西安娜·杜兰蒂（Luciana Duranti）为代表的新詹金逊主义者将"现代文件真实性永久保障"① 作为代表性理论，并受文件历史观的影响，将古文书学的研究方法运用到阐释现代文件的证据特征中，从而为认定文件作为形成者证据的地位和真实性提供思想支撑。

对于"档案的真实"，可以从两个层面加以理解：一是档案表面历史遗迹的真实性，即历史的真迹；二是档案内含历史内容的真实性，即历史的真实。② 对于其一，档案表面历史遗迹之真是不可置疑的，自档案形成起，它就带有历史的痕迹，如书写方式、书写载体、所用措辞和适用语境等，即使是伪造的档案也带有伪造者所处时代的历史痕迹。因此，从这个角度来看，档案表面负载的历史遗迹永远都是真实的，都是时代的烙印，有时很多史家还会以档案的历史痕迹之真来判断档案的历史内容之假。通常所举的一个例子便是，清朝官员为掩败免罪或怀着某种政治目的而伪造太平天国档案，虽然其伪造的档案之"伪"主要是其所包含的历史内容与真实的历史不相符，但其表层的历史遗迹却是当时伪造者留下的"历史真迹"。曾国藩曾因不了解太平天国"杨韦之乱"之后"昌辉"二字不再避讳，将《李秀成自述》中本不避讳的"昌"字改为"玱"字。正是这点"历史真迹"泄露了他篡改的天机。③ 而对于其二，档案内容之真，在档案形成的过程中则不可避免地掺杂了个人的主观意图，经由主观干预的档案记录与历史真实之间的隔阂可大可小。一般而言，基于某种目的的主观刻意篡改导致的档案虚构可能离历史的真实相去甚远，但通常随着人类社会活动的自然发展而自然形成的档案，则可以代表历史的真实。加之档案以全宗为基本单位进行保存，即表明档案是一个群体的概念，档案之间的有机联系性增加了档案作为历史真实记录的效力。换言之，每一份档案只是历史的部分记载和片段，如果要通过档案了解小至某一事件的前因后果、大至整个人类的历史进程，则需要全宗内诸多档案甚至不同全宗档案的集合，诚如利奥波德·冯·兰克（Leopold von Ranke）所

---

① 李福君. 新詹金逊主义初探 [J]. 档案与建设，2017（08）：7-10.
② 岳宗福. 历史的真迹与历史的真实：关于档案真实性的二重性思考 [J]. 档案与建设，2005（09）：7-9.
③ 岳宗福. 历史的真迹与历史的真实：关于档案真实性的二重性思考 [J]. 档案与建设，2005（09）：7-9.

言，要写一部历史著作，"仅仅凭一个城市的档案文献是不足以知晓发生在过去的所有历史事实的"。因为在他看来，"这些档案文献是没有一个很完整的，并且这些档案本身所带来的问题还是无法解答的；但是这些档案还是蕴含着丰富的信息的""这些丰富的信息是可以相互弥补彼此的不足，共同构成一个比较完整的历史事实序列"。① 档案能够作为构成揭秘真相的重要元素，也从侧面说明了档案的真实。

（二）制度导向："档案的真实"下的身份呈现与认同延续

基于"档案的真实"所呈现或建构的身份认同一般是制度导向下的结果。真实的档案就如同拉康的"镜像"一般，将档案所载主体自身的形象、特质等身份信息跃然纸上，档案的自然形成规律也使得其中蕴含的身份信息自然而然地呈现出来，这种身份的呈现更多的是无意识的，身份感蕴含的认同感也随着制度化的规引而逐渐延续下去。换言之，"档案的真实"下的身份认同更类似于曼纽尔·卡斯特所言的"合法性认同"（legitimizing identity），即"由社会的支配性制度（institutions）所引介，以拓展及合理化它们对社会行动者的支配"②。这种制度导向下的身份呈现和认同延续更加中规中矩，"关系到（一个人或一个社会群体）本身而不是其他某人或某物"③。这些起到规引性作用的制度可以是档案管理制度（一套严谨的专业系统），也可以是档案权力规制（权力体系蕴含的社会规制和规则）。

档案管理制度是"档案的真实"下身份呈现与认同延续的有力保障。从档案的收、管、存、用的流程延展开，制度化的档案管理流程是保证"档案的真实"下身份呈现与认同延续的重要基础。没有档案的收、管、存、用，就难以保证系统完整的档案留存和后期的深度开发与利用，档案中的身份信息自然就被隐匿甚至自然消失了，更遑论通过档案进行认同的延续了。

档案权力规制是"档案的真实"下身份呈现与认同延续的无形推手。档案中呈现哪些人的何种身份信息？通过这些身份信息的记录世代延续下去的是何种认同？这都与背后的权力息息相关。从古今中外的档案被誉为"帝王

---

① VON RANKE L, VORREDE. Deutche Geschichte im Zeitalter der Reformation [M]. Duncker & Humblet：Munchen und Leipzig, 1924：VI.

② 卡斯特. 认同的力量 [M]. 夏铸九，黄丽玲，等译. 北京：社会科学文献出版社，2003：2.

③ BENNETT T, GROSSBERG L, MORRIS M, et al. New Keywords：A Revised Vocabulary of Culture and Society [M]. Oxford：Oxford Blackwell, 2005：172.

的甲胄""国王的珍宝"等称谓中，就可以看出，档案与权力息息相关。尤其是在传统的官方档案收藏体系中，无名小辈和小人物很难进入馆藏范围内，即使个别档案全宗收录有底层或普通人群的记录，那也是时代发展的个别注脚。这种档案记录的"国家模式"也是传统档案管理"官本位"或"权力本位"思想的体现，反映了档案与权力的孪生关系。由此，档案中蕴含的身份信息、延续的认同观，有时也是权力规制下的产物。此处以正反两个例子予以说明，一是徐谓礼文书档案中的身份呈现与认同延续，二是女书档案中的身份呈现和认同延续。

2011 年初，被誉为"南宋官制百科全书"的"徐谓礼文书"在地下存放750 年之后重见天日，系"目前国内出土的最系统、完整的宋代纸质文书"，"记录了一个官员的仕宦履历和官场百态，展示了南宋的官僚制度、政务运作、社会风情，填补了宋史研究的一个空白"①。这批文书档案共分为"录白告身""录白敕黄""录白印纸"三部分，完整记录了徐谓礼从嘉定十四年（1221 年）起至淳祐十二年（1252 年）30 多年间的仕宦经历，包括其从政期间到任、考核、解任、担保、举荐等档案，还原了徐谓礼的生平、世系、历官等信息，记述之全为现存宋代文献所仅见，可以说是南宋官制百科全书和活化石。尽管徐谓礼仅是南宋的一位中下级官员，但其文书档案的留存与保管，以及被发现的这批文书档案中各类客观真实的史实记载，向后人昭示了他的"告身"（南宋官员阶官的"任命状"）、"印纸"（相当于官员的"业绩考核表"）等详细信息，可谓其身份的完整呈现。文书档案中徐谓礼本人从政30 余年的身份呈现，及其中蕴含的自我认同，通过偶然的文物发现之旅得以在750 余年后得以再现和延续，而档案中所昭示的徐谓礼本人的自我认同又转化为了社会认同，全社会通过这批文书档案开始认识徐谓礼、认识南宋官制、认识宋代的官场百态。尽管徐谓礼文书的发现是偶然的，但徐谓礼文书的记录却并非偶然，正是在一定的权力（徐谓礼官拜九品到官拜六品）制度下，徐谓礼本人才能将如此完整而系统的文书档案记录、留存（作为陪葬）、传承后世。

与徐谓礼文书相对应的另一个例子是前文提及的女书档案。据考证，女书形成不早于明代，盛行于清末与民国时期岭南一带的湘南、桂北瑶族聚居

① 浙博将展南宋官制百科全书，"徐谓礼文书"填补宋史研究空白［EB/OL］.澎湃新闻，2020-05-12.

地区，是女性之间来往专门使用的女性文字符号体系，也是汉文的一种异形表音字。① 女书档案则是女性在各项社会活动中直接形成的、以女书为书写符号或载体的、具有保存价值的原始记录。那么，为何在世代延续中会出现女书和女书档案？这些女书是谁来书写的？女书的发明又是基于何种历史现实？解读女书档案中的书写内容，其中大多是女性对生活苦难和命运不公的抗争与呐喊、对姐妹情谊的歌颂以及对逝去青春岁月的怀恋等，同时还有部分女书档案形成于重要的历史背景下，女书档案中的女性书写也以小家的视角见证着国家的历史。但从另一角度讲，为何这些渴望发声的女性不用传统的文字书写她们自身，反而要发明一种不为人知的文字符号来表征她们的身份，并将这类符号作为她们之间交流和倾诉的纽带呢？这是否与男权社会"男尊女卑"根深蒂固的观念密不可分呢？正是由于等级制度和尊卑观念的沿袭，女性身份意识的觉醒和自我认同的表达亟须一个不被男权社会所左右的渠道。于此，女书被发明出来，女书档案就如同一本专门讲述女性故事的"故事书"，凭借女书文字，女性开始采用独特的女性视角观察、思考问题，呈现女性的身份和表明女性的立场。绝大多数女书档案不仅蕴含着强烈的女性意识，回答了自身身份的问题，而且表明了自身是如何认同于女性而区别于男性的。② 从此点看，真实存在的女书档案是制度导向的结果，是男权制度下女性不得已的身份书写，同时女书档案所呈现的女性身份和世代延续的认同感直到今日仍值得我们进一步凝思。尽管在百余年后的今日，女书档案资源的价值已经获得了一定的社会认可与官方认证，将其视为珍贵的档案资源和文化遗产，但在后女书时代，女书档案仍面临着"失活""失散""失真""失语"问题。女书档案为某一时代女性个体身份的存在以及女性主体性意义的寄存提供了一个"档案空间"，甚至女书撰写者将女书视为她自己的化身，将女书作为至亲的陪葬品，这种"人书合一"的形式不仅体现了女书档案中女性身份的彰显，也是女性身份认同的起点和终点。

二、"档案的虚构"与情感导向下的身份认同

（一）"档案的虚构"阐释

"档案的虚构"尽管在理论上和实际上来看都是一个不可回避的事实，但

① 李庆福. 女书文化研究 20 年 [J]. 广西民族研究，2003（02）：90-94.
② 傅美蓉. 从"反再现"到"承认的政治"：女性身份认同研究 [M]. 北京：中国社会科学出版社，2019：193.

在档案职业范畴内，该词汇却一直隐晦地不被提及。由于历史学家对档案的定义及对"档案的真实"所抱有的不同看法，"档案的虚构"开始成为史学家史料批判的又一着力点。在历史学家看来，只有"官方文书"才可视为"档案"的范围，而像档案这种"官方文书"是"为着某种行政目的人为地被制作出来的"，会存在"有意为之的虚饰、删减、添加、修订等的文本校正技术"，存在"一叶障目之弊"。①

档案的虚构涉及档案的内容被人为隐瞒或篡改的问题。按照生命周期理论，档案自形成那一刻起，甚至在其文件起草阶段，即存在着人为干预的成分。档案是人类活动的记录，那么在记录社会活动的过程中，抑或是档案形成的过程中，就不可避免地存在着记录者将主观意志夹杂在档案记录之中的现象。其中涉及档案形成者由于个人能力和知识水平或认识水平等原因导致的档案内容的虚构，也存在记录者为了达到某种目的而有意为之、掩盖或歪曲历史真相而造成的档案内容的虚构。因此，在档案鉴定理论中，除了档案价值鉴定外，非常重要的是档案真伪鉴定，即将虚假、伪造的档案予以剔除。对人事档案的审核即为一例。为此，2015 年中共中央组织部发布了《中央组织部关于干部人事档案造假问题处理办法》（中组发〔2015〕23 号），旨在整治干部人事档案造假问题，维护干部人事档案的真实性、严肃性。

人事档案毕竟是专门档案中极特殊的一个类别，涉及干部的切身利益等个人信息，而在我们所称的历史档案中，由于特殊的时代背景与历史因素，档案中的内容真实性有时亦难以保证。这导致历史学家在从事历史学研究过程中利用档案时，即使将档案视为最重要的原始史料，也并不盲信档案，因为利用内容失真的档案所得出的历史结论，必然与真实的历史相去甚远。历史学家往往基于多种史料进行双边或多边的相互印证，如根据口述或当事人的回忆，尽可能地还原史实、刻画历史真相，因为他们深知"不可靠的"档案并不能保证全部的历史真实。韩李敏在其公众号"兰台拾遗"中曾举过两个例子证明"档案的（本体）真实不代表历史的真实"。其一是浙江省第六区行政督察专员兼保安司令公署《关于美机迫降地象山爵溪敌寇暴行的代电》，其二是《义乌县卫生院关于崇山鼠疫复发及调查经过的呈文》（1942 年11 月 29 日）。这两份档案中均有部分记录是虚构出来的，至于虚构的原因，

---

① 赵旭东. 民间文书与民间智慧——人类学线索民族志的文本搜集［J］. 原生态民族文化学刊，2015，7（04）：5-12.

作为档案的读者和历史的后来人不好妄加揣测，也许是由于笔误，也许是记录者和落笔者基于自身主观好恶的"添加"，也许是为了某种情感目的的刻意为之。总之，经考证后，"档案的虚构"已是难以辩驳的事实，档案的公信力也打了折扣。

但在学术语境中，"档案的虚构"是否还拥有着另一种可以解读的话语体系——档案中的不真实一定程度上反映了历史的真实？换言之，后真相下"档案的虚构"其实也是某种导向之下"竞争性真相"的一个缩影？具体而言，这类"虚构"或"虚假"的档案是特殊历史背景与时代语境的折射，反映了一定历史时期的真实社会景观，因此，这类档案尽管在内容上并不能作为真实的研究素材，但档案本身却可作为真实的时代见证物。美国历史学家娜塔莉·泽蒙·戴维斯的《档案中的虚构：16世纪法国的赦罪故事及故事的讲述者》① 所表达的可能也是这一层意思。该书利用的主要史料虽说是档案，讨论的着眼点却不是其内容，而是其作为一种文类的特性与形成过程。《档案中的虚构》一书不是直接从档案中探究历史的"真相"，而是探讨其"虚构"，即在叙述层面探究"虚构"的创作与手法、文学策略与依靠的假设及相关的阶层、性别等社会变量，最终探索这种文类兴起之政治过程。② 作者戴维斯指出，所谓"虚构的""不是指它们（档案中）捏造的部分，而是词根'fingere'其他的、更广泛的词义，即它们的构成（forming）、塑造（shaping）和定型（molding）的成分：也就是叙述的技巧"③。由此，这批藏于法国契据文献库中的、跨度从14世纪至1968年的赦罪书档案，其实更像是一个个生动的故事集，档案中记载的内容更像是"好故事"的脚注——赦罪之人及赦罪书的撰写者，他们心目中的好故事是怎样的，他们如何说明动机，他们如何通过档案中的文字叙述并结合当下的经验来理解始料未及的事件，他们如何因倾听者的不同而改变故事的叙述策略。因为赦罪书本身是"一份说服国王和法院的司法申请，一份关于某人过去行为的历史陈述，同时也是一个好

---

① 戴维斯. 档案中的虚构：16世纪法国的赦罪故事及故事的讲述者［M］. 饶佳荣，陈瑶，等译. 北京：北京大学出版社，2015.

② 戴维斯. 档案中的虚构：16世纪法国的赦罪故事及故事的讲述者［M］. 饶佳荣，陈瑶，等译. 北京：北京大学出版社，2015.

③ 戴维斯. 档案中的虚构：16世纪法国的赦罪故事及故事的讲述者［M］. 饶佳荣，陈瑶，等译. 北京：北京大学出版社，2015：4-5.

故事"①。无论是"司法申请"，还是"历史陈述"，抑或是"故事"，这些文类无疑包含了"制作"和"塑造"的成分，里面的"修饰"与"有意图地篡改"就变得不可避免了。那么这类赦罪书在千百年后成为档案留存于世，它们的可信性又有多大？当然，戴维斯作为这个时代最具创造力的历史学家，一如既往地以漂亮优雅的文笔，另辟蹊径地通过赦罪故事，为读者提供了观察16世纪法国人思想和行为的一条新路径，也展示了历史学家从事历史研究和写作的新视角。②"虚构的档案"进而引发了"虚构的""真实的"与"历史的"关系探讨。虚构的档案反映了特殊时代的政治历程，如果历史是"不加修饰"的、"干瘪"的真相，那么虚构的档案是否可以反映历史背景的真实呢？这与后现代主义不谋而合，按照伊万斯（Richard Evans）的说法，"后现代主义鼓励历史学家更仔细地审视文献，更认真地去掉其表面上的铜锈，以新的方式思考文本和叙事"③，在这一过程中，历史学家便对原本被认为是"真实"代名词的档案予以更加严苛的审视。

当然，谈及"档案的虚构"并非贬低档案的价值。任何形式和载体的史料都不能记录和反映历史的全部与侧面，可能只是代表历史真相的一个面向，档案这一信息载体亦是如此。尽管作为历史的记录，档案中的虚构成分亦不可避免，这就需要以辩证的眼光进行看待——"虚构中有大量的'现实'的话语与权力分析可以开展，只要我们处理得当，借此揭示出虚构的社会理由及其背后所蕴含的社会机制，在'不真实'中找到'真实'，就能让这些文献获得更深层次意义的'再生'"④。

此外，在后真相时代下，每个人都可以是真相的发声渠道。相辅相成的是，越来越多的人倾向于在网络媒体发表自己的观点，分享自己的价值立场和情感态度。网络媒体具有技术赋权的优点，它可以让更多的人拥有发声的权力，精英或权威对信息传播的垄断被解除。网络媒体提供了可视化技术与海量信息的承载能力和呈现能力，这种能力往往可以让"真相"来得更快、

① 戴维斯. 档案中的虚构：16世纪法国的赦罪故事及故事的讲述者［M］. 饶佳荣，陈瑶，等译. 北京：北京大学出版社，2015：5.

② 以上话语中的部分词汇来自该书的评论者们——亨利·海勒，《社会史》；乔纳森·德瓦尔特，《社会史杂志》；理查德·C. 崔斯勒，《文艺复兴季刊》；理查德·戈登，《16世纪学刊》。

③ EVANS R J. In Defence of History［M］. London：Granta Books，2001：248.

④ 张侃. 田野工作、历史文献与史学研究［N］. 光明日报，2007-08-31（理论版）.

更直接，但却更不全面，网络媒体上"一时的狂欢"过后，没有人能承担得起"真相"的权威解释者和代言人的角色。这也是网络媒体传播的特点，它"采用了与历史和文学完全不同的叙事方式。这种叙事方式必须适应速度的要求，因此面对现实中碎片化的事实，它必须无视某些可能的因果关系，它必须强调和呈现，也必须删除或者遗忘，这种取舍既显示在它的选题和文本表现形式上，也体现在它的生产流程上"①。对于网络媒体，因其发布信息（新闻）缺乏严格的生产机制、生产纪律、审查程序，加之发布信息的个人亦缺乏"全面客观记录事实"的职业道德束缚，大量的碎片化的甚至片面性的（相较于全面与完整的）或歪曲化的所谓"有图有真相"的信息被发布出来，而当这些信息被归档后，待百年后所传递出的将会是什么样的真相与真实？在后真相时代，詹金逊爵士所坚持的价值中立和客观公正的档案工作立场已被虚无化并不断地被批判，其所宣称的那种与主观性、价值倾向性相互疏离，以便得出一个不偏不倚的客观结论的理念，则走向了后真相的反面。复旦大学王金林教授在《后真相政治探幽》中，将社交媒体视为后真相政治兴起的三大动因之一，认为社交媒体为后真相政治之兴起提供了便利的技术条件。"社交媒体的流行使事实来源多元化，每个用户都可以就任何问题对整个世界发声，不管他是否了解真相，是否愿意透露真相。不同的渠道有着不同的诉求，不同的诉求有着不同的利益，事实或真相往往在众声喧哗中隐而不现。后真相意味着事实本身的危机，事实由谁来发布？机构和专家对事实的垄断在互联网时代日益岌岌可危。昔日王谢堂前燕，飞入寻常百姓家。人人都可发布事实，表达观点。"② 那么在这个时候，谁又来重塑事实和真相的权威性呢？

（二）情感导向："档案的虚构"下的身份叙事与认同建构

后真相的一个最大特点就是以情感、利益为基点的叙事生成，尤其是在日益扁平化和杂冗化的信息环境中，情感化的话语叙事逻辑逐渐替代了基于客观事实的话语叙事逻辑，这就使得真相不再是"拨云揭雾"般被竭力追求的对象，而成了一种制造的事实。"档案的虚构"又使得后真相下的档案载体面临诸多质疑与困境，如档案的客观性与权威性被一定程度消解，档案与社会大众之间出现了无形的信任裂隙，情感和价值观取代了档案所揭示的真相。

---

① 胡翼青. 再论后真相：基于时间和速度的视角 [J]. 新闻记者，2018（08）：23-29.

② 王金林. 后真相政治探幽 [J]. 探索与争鸣，2017（04）：21-23.

与此同时，与"档案的真实"下的身份呈现与认同延续相比较而言，"档案的虚构"下的身份认同变得越来越趋向叙事化和心理建构性。

"档案的虚构"导致的"认同的虚构"，或者反过来看，以"认同为目的"的"档案的虚构"正契合了档案本身的叙事性和认同的建构性。早在2005 年版英美文化研究者合编的《新关键词：文化与社会的修订术语》（*New Keyword：A Revised Vocabulary of Culture and Society*）中，"认同"就有了"虚构"的表意："认同也许可以被当作是一种虚构，把一个有序的类型和叙事置于实际的复合体之上，置于心理世界和社会世界的多重特性之上。"[①] 此种"认同"需要一定的叙事策略和心理建构，而"档案的虚构"正是基于一定的档案叙事和文本加工，并以一种表意实践的方式，通过"虚构"的"故事""人物""情节""史实""场景"来塑造个体和群体的身份并建构符合心理预期的认同。此种"身份叙事"和"认同建构"的背后则蕴藏着情感的导向。

"档案的虚构"下的认同建构带有明显的情感偏向。此处以美国学者劳伦·克莱因（Lauren Klein）在其《缺席的图像：档案沉默、数据视觉化和詹姆斯·赫明斯》一文中使用的《托马斯·杰斐逊文件》为例。该文以托马斯·杰斐逊（Thomas Jefferson）总统与其奴隶赫明斯的关系为研究对象，努力从关于奴隶制档案的研究材料的空白处辨识并发掘非洲裔美国人的历史声音，以帮助理解历史档案中的沉默和断裂，反思人文历史研究中的权力和伦理关系。[②] 1801 年 2 月 22 日，托马斯·杰斐逊在给其朋友威廉·埃文斯（William Evans）的信件中，劳烦他派人去找寻他"从前的仆人詹姆斯"，并且告诉詹姆斯"只要他能到我这里来，我会很乐意接待"。在完成这封信后，杰斐逊用他那台特制的复印机生成了一份原稿的复印件，交由秘书将复印件存档保存。由于杰斐逊"对自己的生平记录的保存努力"，这封成为档案的信件自形成起即带有更多的杰斐逊个人立场的诸多因素。这封信中提到的"他从前的仆人詹姆斯"，系美国解放黑人奴隶前服务于杰斐逊的詹姆斯·赫明斯，由于赫明斯学过上流的法式烹饪，在解放黑奴之前一直担任杰斐逊巴黎寓所的主厨。但这个人物在《托马斯·杰斐逊文件》中屈指可数的出现大多

---

① BENNETT T, GROSSBERG L, MORRIS M, et al. New Keywords：A Revised Vocabulary of Culture and Society ［M］. Oxford：Oxford Blackwell, 2005：172.

② 克莱因，宋迎春. 缺席的图像：档案沉默、数据视觉化和詹姆斯·赫明斯 ［J］. 山东社会科学，2018（09）：65-77.

是以"詹米""吉姆"或"吉梅"等代称或仅有名无姓的形式出现，而非全名。在以"詹姆斯·赫明斯"（James Hemmings）为关键词对杰斐逊文件数字版进行检索时，"得到的是令人心寒的空白""与之形成对照的是，如果对（收件人）威廉·埃文斯（William Evans）进行人名搜索，我们却能得到一连串通信记录，并能通过这些记录辨识出赫明斯后来的命运"。后来埃文斯给杰斐逊的回信是这样讲述的："（赫明斯）给我的答复是，除非你亲笔写信给他，否则他不会去（华盛顿）。"但这封信也没有出现在以詹姆斯·赫明斯为关键词的搜索结果中，詹姆斯·赫明斯在《托马斯·杰斐逊文件》中成了一个幽灵般的沉默存在。这种沉默在档案中的存在是档案形成者有意为之的产物，彰显了美国奴隶制时期白人和黑人奴隶之间不平等的权力关系，亦显示了杰斐逊"作为主人无可置疑的权威"。因此，赫明斯的很多信息在杰斐逊档案中处于不可见状态。但这些不可见状态的信息价值却远超"表面阅读"① 所看到档案所记载的信息价值，在揭示美国奴隶解放制度和相关历史中更能揭示深层次的、隐蔽的真相。但这些信息却被档案的形成者用一种看似婉转的方式在波澜不惊中刻意隐瞒掉了，让如同赫明斯一般"在场，而非缺席"的阴影，在档案中若隐若现。这个例子并非严格的"档案的虚构"的例证，但例子中对黑人奴隶真实姓名的刻意隐去，表明了彼时美国社会的白人奴隶主对黑人奴隶这一时代身份的一种潜在的认同性建构，他们不想将即使是烹饪技术很好的贴身主厨的黑人认同为平等关系的个体，而是通过通信中的称呼和通信人的选择（非奴隶本人，而需他人转达）来表明其对黑人奴隶地位的体认。这种有意建构的认同多少带着白人对黑人的情感因素及其附加的态度，正是这种情感的指引下，"档案的虚构"下的认同建构目的性更强，也更加的"有意识"，与"档案的真实"下无意识的身份呈现和认同延续形成了鲜明的对比。

另外，还有一个值得思考的问题是，"档案的虚构"下的身份叙事与认同建构存在着两个明显的悖论：一是档案的情感价值与档案的客观性之间的悖论，二是身份认同的主体想象与客观延续之间的悖论。至于其一，档案文本中蕴含的情感无疑是主观的，但档案又是自然而然累积的产物，是客观的历

---

①　表面阅读（surface reading）系斯蒂芬·贝斯特和莎伦·马库斯于 2009 年所提出，指的是一整套批评方法，强调关注文本的物质性及其语言的结构，也强调关注批评者对目标作品所持有的情感或伦理立场。

史记录。档案中的身份叙事必然带有一定的叙事策略和叙事手段，而叙事就需要语言的渲染和情节的设计，这就与传统观点下的档案的客观性存在一定矛盾。至于其二，作为一种心理建构的身份认同，是一种虚无缥缈的存在，它是个体主观感受的结果；但作为一种客观延续的身份认同，则更多的是一种客观的存在，具有更强的稳定性和持久性。这两个悖论也值得后续有关档案与身份认同相关研究进行更加深入的思考。

第二节　后殖民下的"多元档案"与身份认同的塑造

"后殖民"这一词汇当从 post-colonial 翻译而来时，即表示"殖民之后"，是一个时间的概念，意指宗主国和原殖民地迁移与融入、压迫与被压迫、控制与被控制的状态，以及由这种状态引发的或抽象或具体的全球状况与精神指向，如阿里夫·德里克在《后殖民氛围：全球资本主义时代的第三世界批评》中对"后殖民"的三个内涵界定：一是"从字面意义上描述曾是殖民地的社会的状况"，二是"描述殖民主义时期之后的全球状况"，三是"描述论及上述状况的一种话语，这种话语是通过由这些状况产生的认识论和精神的方向来传达的"①。而从 post-colonial 翻译而来时，"后殖民"则是一个融贯的整体性概念，更像是一种殖民批判话语的表述方式，蕴含着一种反殖民的倾向，正如罗伯特·扬（Robert J. C. Young）在《后殖民主义——历史的导引》（*Postcolonialism：an Historical Introduction*）一书中所言："后殖民所标示的不是殖民，而是战胜殖民。"② 此外，除了宗主国和原殖民地这种异国、异族的外部殖民关系外，后殖民在后现代语境下又衍生出了一种"内部殖民"的关系，即一个国家、民族、共同体内部的强势群体压制弱势群体、多数族裔压制少数族裔的状态，这种状态是传统上外部殖民的内化。被"内部殖民"的主体亟须一种话语表达机制来呈现他们的"庶民"身份和处境。由此，在后殖民语境下，"少数族话语"③ 和身份认同的关系变得无比密切。由"后殖

---

① 德里克. 后殖民氛围：全球资本主义时代的第三世界批评［M］//德里克. 后革命氛围. 王宁，译. 北京：中国社会科学出版社，1999：114.

② 罗伯特·扬. 后殖民主义：历史的导引［M］. 周素凤，陈巨擘，译. 高雄：巨流图书公司，2006：62.

③ 罗如春. 后殖民身份认同话语研究［M］. 北京：中国社会科学出版社，2016：6.

民"延展而来的后殖民理论（postcolonial theory）与后现代理论中的消解中心和权威、倡导多元文化的潮流相呼应，将多种文化政治理论和批评方法相结合，旨在纠正纯文本形式的研究偏颇，掀开更广阔的文化视域。①

无论是指代外部殖民还是内部殖民，后殖民主义的思想根源可追溯到解构主义理论对逻各斯中心主义的消除，对二元对立等级制度的摧毁，对"差异"的关注及对"多元化"与"异质性"的提倡。② 后殖民主义自出生起就与多元文化密不可分，这种对多元文化理论的关注转化为宗主国与殖民地之间、不同种族与民族之间、不同国家话语之间、不同权力主体之间的实践问题，这些实践问题不同于殖民主义在军事、政治与经济领域的聚焦，而是更多地体现在对知识、文化与语言的控制。这也是后殖民主义与殖民主义之间最大的区别之一。后殖民主义对"多元"的强调与"不稳定的""流动的"解构主义所称之为"不可能的"身份认同高度契合。无论是法农的民族文化理论，还是赛义德的东方主义学说，抑或是霍米·巴巴（Homi K. Bhabha）的第三世界文化理论，都不约而同地通过多元文化与语境的探讨，揭示文化身份和权力的内蕴与历史走向。由此，后殖民主义与身份认同之间达到了最大程度的通约。后殖民理论中关注的东西方分化问题、文化霸权问题、语言殖民问题，甚至是更加中性的跨文化交流问题、文化认同与历史记忆问题等，都烙印有"主体文化身份认同"及"身份认同阐释焦虑"的话语痕迹。而在此种语境下，身份可能是虚构的（如西方的"想象性东方"和"虚构的东方"），认同也是幻想中的，正如《德里达》所言："根本就不存在什么身份。不，身份从来不是给定的、被接受的或获得的，只有身份认同无终止的和不确定的幻想过程是永存的。"③

本节聚焦于后殖民下的"多元档案"与身份认同的"塑造"，正是基于后殖民主义对多元的强调，并试图从档案的视角出发，探析如何缓解后殖民下日益兴盛但却隐于无形的文化控制浪潮。一是从后殖民少数族裔的认同建构和档案实践出发，探析档案是如何作为少数族裔认同建构的工具的，以及档案实践是如何在少数族裔社群中快速发展的；二是探讨后殖民时代的档案研究与身份认同问题，从"关注档案本身"出发剖析后殖民时代档案研究的

---

① 王岳川. 后殖民主义与新历史主义文论 ［M］. 济南：山东教育出版社，1999：1-2.
② 傅美蓉. 从"反再现"到"承认的政治"：女性身份认同研究 ［M］. 北京：中国社会科学出版社，2019：90.
③ 哈恩. 德里达 ［M］. 吴琼，译. 北京：中华书局，2003：27.

另一解读视角，并引申至转向"社群机制"作为后殖民档案研究的另一种基点，以管窥身份认同话语给档案研究带来的理论转机。

一、后殖民少数族裔的认同建构与档案实践

（一）后殖民少数族裔的"抗拒性认同"建构

后殖民主义作为后现代主义的重要表征之一，其遗传并镌刻着后现代主义的某些特征。后现代作为一种社会思潮，其后现代社会观在政治领域的表现之一是"社区和网络化"，在经济领域的表现之一是"适当的技术和社区合作社"，在文化领域的表现之一是"一种新的根基隐喻"。[①] 这就意味着"参与性"在后现代语境下变得日益重要，也更有生机。多主体、多层次的"参与式"逐渐代替了"官僚式""等级式"的治理模式，尤其是在信息社会，去中心主义和主流祛魅使得那些闭塞之地和边缘群体也被纳入了社会的主流。此外，值得注意的是，后现代语境下的"社群"不同于传统我们所理解的"族群"。按照乔纳森·弗里德曼的界定，族群更像是一种生物单位，是基于某种与遗传有关的实践活动界定的成员关系，尽管成员会随着地理的迁徙而对族群的吸纳力逐渐式微，但这种以遗传或血缘为根基的身份认同是铭刻在身体上的，不会轻易改变；而社群更像是一种聚集的产物，是成员基于某种外在于人的特征，在一个新的环境下被自觉地吸纳进某一个群体，或接受了这一群体的价值观乃至信仰，这种基于外在社会实践或外部象征而构建起来的身份认同是外化的，较容易发生变动。[②]

后殖民研究契合了后现代主义对社群的关注，而衍生出了更多的文化意义，其中包括后殖民少数族裔的文化认同问题。自 20 世纪 80 年代起，在后殖民研究和族群研究等领域中，认同一直是精神分析批评、后结构主义批评和文化唯物主义批评论证的焦点问题。[③] 无论是外部殖民还是内部殖民，都无法忽略少数族裔的生存问题，他们可以是一个国家、一个地区、一个种族、一个性别群体，甚至是一个被冠以特殊称谓的群体。但无论这个被殖民者是谁，他们都是以少数人的姿态对抗着社会权力上游的压制甚至是奴役。由此，

① 格里芬. 后现代精神 [M]. 王成兵，译. 北京：中央编译出版社，2011：94-98.

② 弗里德曼. 文化认同与全球性过程 [M]. 郭建如，译. 北京：商务印书馆，2004：47-48.

③ MOYA P M L, HAMES-GARCIA M R, et al. Reclaiming Identity：Realist Theory and the Predicament of Postmodernism [M]. Berkeley：University of California Press，2000：1.

发出声音、彰显身份、构建认同成了他们争取权力和权益的重要手段，而这些手段在后殖民的时代背景下有了更加多样的实践形式。

如果按照美国社会学家曼纽尔·卡斯特的认同划分维度，后殖民少数族裔的认同构建更多的是一种"抗拒性认同"建构。卡斯特在其《认同的力量》一书中认为社会权力关系是影响认同的重要因素之一，并从普遍性权力关系角度将认同分为了"合法性认同"（legitimizing identity）、"抗拒性认同"（resistance identity）和"规划性认同"（project identity）三种类型。其中合法性认同"由社会的互配性制度所引入，以拓展及合理化它们对社会行动者的支配"；抗拒性认同则是"由那些在支配的逻辑下被贬低或污蔑的行动者所拥有的"认同，这些行动者"筑起了抵抗的战壕，并在不同于或相反于既有社会体制的原则基础上生存下来"；而规划性认同是指"当社会行动者基于不管什么样的能到手的文化材料，而建构一种新的、认同重新界定其他社会地位并因此寻求全面社会转型的认同"。① 在这三种认同建构形式和来源中，抗拒性认同被视为社会中最重要的一种认同建构，"它往往以历史、地理或生物学所清楚界定的、很容易就能分辨出抗拒边界的认同为基础，建构出集体的、抗拒那些不如此就无法承受的压迫力量的认同"②。在这种抗拒性认同建构的导向下，少数族裔将其自身的历史、地理或生物学特征整合、浓缩成其特有的文化资源，这些文化资源通过各种形式和媒介传递给"主流社会"和"主流人群"，从而为他们在后殖民时代赢得一席之地，以期摆脱边缘地位和受殖民的境地。而在这些实践活动中，社群档案实践以如火如荼的方式席卷全球，成为被殖民者"抗拒性认同"建构的生动注脚。

（二）少数族裔的社群档案实践起源及发展

社群主义（communitarianism）最早萌芽于社会不平等现象加剧、国家职能弱化的 19 世纪末，到了 20 世纪初形成较为系统的社群学说。20 世纪 50—60 年代，弱势群体反抗和争取权利运动在西方社会兴起，和解、自由、平等成为时代新思潮，也成为西方政治和文化的鲜明特征。20 世纪 80 年代，在以约翰·罗尔斯（John Bordley Rawls）等学者发起和参与的新自由主义论战中，社群主义得到新发展，并再次走入大众视野。20 世纪 90 年代，社群主义深入社会生活各个领域，成为各界广泛讨论的话题。进入 21 世纪，互联网的高速

① 卡斯特. 认同的力量［M］. 曹荣湘，译. 北京：社会科学文献出版社，2006：6-7.
② 卡斯特. 认同的力量［M］. 曹荣湘，译. 北京：社会科学文献出版社，2006：8.

发展使得社群突破地理空间的限制，网络虚拟形态的社群应运而生。虚拟社群这一概念的出现，使得分布于世界各地，在信仰、性取向、族裔等方面具有共同特征、拥有相同利益诉求的人们以最高效的方式联结在一起，表达自我、争取社会其他群体的认同、维护自身的合法权益。于此，传统社群的定义得到突破，社群的范围前所未有地扩大，社群的虚拟形态开始逐渐取代实体形态。

　　无论是实体还是虚拟状态的"community"，这一英文表达在中文语境中既能够翻译成社区，又可以翻译成社群，二者都含有"共同体"含义，但又存在本质上的不同，需要将其区分开来。社区是居住在同一地方的人们在开展各类社会活动时形成的地域生活共同体，其内部成员往往具有共同的利益目标，参与并支持社区举办的社会性活动。由此可见，社区侧重于成员行为的一致与地理空间的相近，弱化了种族、阶级等具有鲜明分化性的要素。① 社群则与社区不同，除了地理位置外，社群的形成还涉及社会、文化、政治、经济、宗教、性别、性取向、种族等多元维度，族群内部的个体行为遵循群体内共同的文化、习俗、信仰和价值追求。而随着网络的高速发展，地理位置因素在社群形成并壮大过程中的影响力逐渐式微，与此同时，与社群成员切身利益更加密切的、彰显身份特征的其他因素的影响力逐渐上升。社群与社区的区别开始明显分化，与淡化区别、强调一致的社区不同，社群这一概念既强调同一性又强调差异性。究其原因，社群产生于弱势群体因其自身的种族、性取向、信仰等不同于（差异）主流群体，据此呼唤差异之下的权利平等与相互尊重（同一）的背景。社群这种追求包容差异、接受不同、人人平等的身份诉求正契合了认同政治的理念。社群主义学者爱茨尼（Amitai Etzioni）认为一个良好的社群及衍生出来的社群主义应遵守的基本宗旨包括：人类的尊严（human dignity）、自由（liberty）、责任（responsibility）和开放的话语（open discourse）。② 这四条基本宗旨深刻揭示了社群要在尊重个体权利和自由的前提下追求共同体的共同利益，个体对社群负有责任的同时，社群也需要对个体的需求做出及时回应，在一个运行良好的社群中，个体的权利和自由能得到最大限度的保障。

---

① 陈明. 权利认同与情感认同维度下社群档案建设发展路径研究 [D]. 哈尔滨：黑龙江大学，2021.

② 成伯清. 社会建设的情感维度：从社群主义的观点看 [J]. 南京社会科学，2011（01）：70-76.

社群档案是社群和社群主义发展到一定阶段的产物。从 20 世纪 60 年代开始，社会新思潮、政治运动、信息技术和社交网络的飞速发展使得人们逐步意识到主流机构叙事中存在的空白和偏见，① 为了掌握对自身历史的记录权与保管权，社群档案这一媒介形态或社会运动开始进入人们的视野。20 世纪 70—80 年代，西方国家对地方历史与社群历史项目的开展直接推动了社群档案的兴起，尤其是这一时期历史工作室运动（The History Workshop Movement）在西方国家的繁荣兴盛，迅速推动了底层历史、社会历史、日常生活史、普通公民历史研究的发展。随着口述历史、公民历史项目的逐步完善，档案学者也开始加入社群历史研究行列，以期关注弱势叙事群体，思考如何使档案工作实践满足建构社群历史的需要。② 在 1996 年第十三届国际档案大会上，特里·库克在回应社会趋势对档案理论的影响时，直接把"社群"纳入档案学的第四个发展范式。但由于对社群的理解众说纷纭，档案界对社群档案的定义也多种多样。安德鲁·弗林（Andrew Flinn）为社群档案下的定义是：主要由某个特定社群中成员收集起来的材料集合，从而实现社群成员一定程度的控制权，它们或完全独立于主流文化遗产机构，或者接受来自这些机构某种形式的支持。③ 该定义将社群档案与地方权威机构或政府机构的馆藏相区分。苏·麦凯米什（Sue McKemmish）将社群档案定义为社群中成员或组织在多层次的合作、互动中产生的各种形式的文件的集合。④ 上述两种定义虽不完全相同，但却异曲同工地强调社群成员能够实现对自身产生材料的控制，并能够按照自主意愿参与记录和分享，同时也不排除与其他机构进行合作的可能性，以期为更广泛、更包容的社群档案活动提供开展空间。笔者认为，既然社群与身份认同暗合着某种意涵的深切关联，社群档案则可视为身份特征及自我认知一致的群体在参与社会活动过程中形成的材料。但相较于讲述人

① 谭雪，孙海敏. 国外社群档案概念的兴起背景、研究进展与评析［J］. 浙江档案，2015（11）：13-16.

② 谭雪，孙海敏. 国外社群档案概念的兴起背景、研究进展与评析［J］. 浙江档案，2015（11）：13-16.

③ FLINN A, STEVENS M, SHEPHERD E. Whose memories, whose archives? Independent community archives, autonomy and the mainstream［J］. Archival Science, 2009（09）：71-86.

④ MCKEMMISH S, GILLILAND-SWETLAND A, KETELAAR E. "Communities of memory", pluralising archival research and education agendas［J］. Archives and Manuscripts, 2005（05）：146-174.

（社群共同体或社群内的个体）的身份，社群档案更关注的是讲述的内容，其更像是对传统档案从新角度出发的扩展补充，而不是简单的下位类属。社群档案为那些通常闻所未闻的人发声，阐明其生活远不止一些冰冷的统计数据，从而揭示官方记录中鲜少提及的社群生活经历，揭示传统资源无法构建的鲜活个体经验，为我们提供"深描"书写历史的方法，更好地反映出个人身份的多重性和历史的复杂性。① 当互联网使不同地区的人们突破地理位置的局限而聚集在虚拟环境中，当一定群体的人们感到自己正在失去身份、被边缘化和被忽视的感受变得日益强烈，社群档案项目即获得了良好的内外部发展条件。

　　西方的社群档案项目是在激烈的阶级冲突与种族矛盾尖锐的社会背景中产生、发展、壮大的。西方社群的存在是对主流阶级所建构的主从关系的"反抗性"联结，这些"反抗性"群体通过社群建档来力求在与上层权力的抗争中得到公正对待。② 在西方语境下，社群通常指的是人口较少的少数族裔群体，他们因人口占比低而在本族文化书写、历史留存等问题上处于不利地位，成为与主流叙事群体相对的弱势叙事群体。于此，少数族裔社群建档成为社群档案实践中长盛不衰的重要议题。正是由于人口基数较少，少数族裔个人和群体的档案痕迹在正式的官方档案中较为稀缺，虽然他们在与政府、企业或司法部门互动中会产生相应的档案，但是这些信息痕迹通常是一维的，官方档案常常将社群中鲜活的个体信息简化为一串统计数字，并通常以一种有问题的职业形态、僵化的种族或者信仰面貌出现，其中蕴藏的社群复杂性被极大程度减少或忽视。③ 但少数族裔社群建档能更加全面立体地代表整个社群的多样性乃至全体社会的多样性，成为推进档案民主化进程的关键部分，有助于将政治民主化和文化丰富性引入国家遗产，使档案成为讲述所有人，并对所有人讲述的历史。由此，少数族裔社群建档能够成为米歇尔·卡斯威尔（Michelle Casewell）口中所谓的"抗击历史边缘化群体象征性毁灭的重要

---

① 弗林，徐欣云. 社群历史，社群档案：一些机遇和挑战［J］. 北京档案，2019（08）：40-45.
② 陈明. 权利认同与情感认同维度下社群档案建设发展路径研究［D］. 哈尔滨：黑龙江大学，2021.
③ 弗林，徐欣云. 社群历史，社群档案：一些机遇和挑战［J］. 北京档案，2019（08）：40-45.

工具"①，为少数族裔社群争取应有的权益与地位。

目前，少数族裔的档案实践既可以是少数族裔社群自发组织的，也可以是档案馆主导或参与的。前者如美籍犹太人历史协会（The American Jewish Historical Association，下文简称 AJHS）自发组织的历史材料收集出版活动。早期美国移民群体为应对种族和文化差异，通过建立组织、出版刊物以提升族群在美国的地位，其中，于 1892 年成立的 AJHS 是众多组织中的典型代表。AJHS 创始之初的目的就是真实、完整地记录并呈现美籍犹太人的历史。因此，AJHS 的工作主要围绕相关档案材料的收集、鉴定、保管、编辑和出版等各项活动展开，借助档案出版物为美籍犹太人社群塑造一个具有凝聚力并且积极正面的形象。② AJHS 将档案作为建构美籍犹太人身份的工具，通过筛选相关档案资料，编辑并出版专题档案出版物，为美籍犹太人身份的合法性与权威性提供有力证明。例如发起全国范围内的调查，收集并整理参加美国战争的犹太人的名字，翻译 1850 年前埋葬在美国公墓中的犹太人的姓名，以提升美籍犹太人群体对自身的认同感和对美国的归属感，增强美国主流社会对美籍犹太人的认可，消除偏见和歧视，打造一个完整的、积极的美式犹太人身份。后者如 1981 年于伦敦布里克斯顿创立的黑人文化档案馆（Black Cultural Archive，下文简称 BCA）。BCA 致力于记录、收集和传播非洲和加勒比社群在英国的历史和现状，以抵抗英国主流社会中那些被边缘化的黑人群体因材料缺失而引起的疏离感和挫败感。BCA 的联合创始人莱恩·加里森（Len Garrison）在谈到创立初衷时说道："我们需要有自己的档案馆，在那里可以汇集现在已经分散和被推到欧洲历史边缘的、属于我们过去的重要活动和取得的成就；在那里，可以从我们的角度重新诠释现在具有消极意义的材料，使其成为推动解放的积极因素。"③ 与传统档案馆不同，BCA 的馆藏源于多年来积累的社群档案，即使其现已转变为符合国际质量标准的专业档案馆，但它仍然扎根于创造它的社群。BCA 的社群建档填补了英国历史上属于非裔黑人的空白，代表着更具包容性、开放性的历史。此外，传统的档案馆也开始启动并策划一系列社群档案项目，以期主导或参与方兴未艾的社群建档实

---

① CASWELL M. Seeing youself in history: Community archives and the fight against symbolic annihilation [J]. The Public Historian, 2014, 36 (04): 26-38.

② 王晓云. 西方社群档案理论发展的五个阶段及其实践所面临的挑战 [J]. 档案学通讯, 2017 (05): 84-88.

③ Black Cultural Archives [EB/OL]. [2022-7-26]. https://blackculturalarchives.org/.

践。如巴西坎皮纳斯州立大学（UNICAMP）的埃德加·鲁恩洛斯档案馆（Arquivo Edgard Leuenroth）依据馆藏档案发起的一个反种族主义项目。该项目考虑到档案有可能成为反种族主义的有力武器，而考虑将圣保罗州黑人社会组织的文件资料收藏进馆，并将参与式模式引入该项目的档案实践之中。黑人档案进馆不仅能以档案记录的方式提升黑人群体在国家历史和未来中的作用和地位，而且能让人们看到档案机构在全球反种族主义中的作为。该项目的一个亮点就是将黑人组织的档案捐赠者纳入档案机构在这类档案的决策流程之中，他们在档案机构此类档案实践中的参与，将为这些档案的著录标引提供更多的背景信息，从而使得这些档案被更多的人看到，使得档案中黑人组织的声音被更多人聆听。①

少数族裔的档案实践除了社群建档外，还包括少数族裔个体在档案中的认同话语表达。2019 年 6 月英国伦敦诞生的"过去和现在的种族主义"（Racism Past and Present）项目对种族主义相关议题的关注，让我们看到了档案在种族主义叙事中的力量。英国国家档案馆的区域社区合作经理伊克巴尔·辛格（Iqbal Singh）在参与这个项目的宣讲中，发现英国国家档案馆馆藏中有一封黑人水手詹姆斯·吉莱斯皮（James Gillespie）写给牙买加时任首相戴维·劳合·乔治（David Lloyd George）的信，该信件中描述了其与白人妻子的炸鱼薯条店是如何在 1919 年的英国种族主义暴动中被白人抗议者袭击的，在种族关系紧张的暴力冲突中，他渴望与妻儿回到牙买加，但由于种种原因受到阻挠。因此，他面临着回不去的家乡与留不下的国家两难处境，为此他写信给内务部，希望他的声音和诉求能被听到。这份档案中所反映的吉莱斯皮的遭遇并非个例，尽管一战之前的英国已经是一个多种族国家，但在 1919 年种族骚乱后，黑人社群才开始被看见和重视，而这种看见和重视却是带有敌意的，他们不被认同、不被接受，他们成了"偷走白人工作和住房的人"，成了"不受欢迎的异类"。② 吉莱斯皮的信件与其是对他自身境遇的陈述，不如说更多的是作为一个无辜者的形象宣泄着他对自身在种族暴乱中所遭受的不公平对待的抗争，这种无声的抗争通过信件记录了下来。这种少数

---

① RAJH A. Antiracism and black memory in the archives：A project to preserve black organization collections at the University of Campinas（Brazil）[J]. Archives and Records，2021，42（03）：304-323.

② The National Archives. Love divided [EB/OL].［2020-11-29］. https：//media. nationalar-chives. gov. uk/index. php/love-diveded/.

族裔个体在档案中的认同话语表达，不仅讲述了个体的故事和遭遇，也引发了共同体内具有相似经历的人的共鸣，成为达成相互之间理解的重要叙事媒介。

（三）少数族裔社群档案实践的社会意义

少数族裔的社群档案实践是对抗后殖民话语的有效方式。"后殖民话语（postcolonial discourse）是殖民者的语言和文化对殖民地文化和语言进行的撒播和渗透，这使得殖民地的土著不得不以殖民者的话语方式来确认自我'身份'，而在自己的黑色皮肤上带上白色人的面具。这样，在一种扭曲的文化氛围中，完成了心理、精神和现实世界的被殖民过程。从而，使被压迫与压迫者之间的对立关系，转化为文化的渗透与认同关系。"① 由此，后殖民下的少数族裔寻求身份认同的过程，并非一个渲染冲突、鼓吹对立、非此即彼的过程，而是一个倡导多元、保留差异的过程，他们建构的"抗拒性认同"抗拒的是多数群体妄图掩盖差异，甚至是抹平差异的文化霸权。少数族裔的社群档案实践作为"处于中心之外"那些"非主流"群体文化权力运作的实践方式，希望通过将他们自身的历史与特有的文化习俗以归档化管理的方式，从而为自我族裔的存在和延续提供文本的证明，这也是社群档案的内在价值，即档案是族裔内部身份呈现和延续性认同的明证；对外而言，社群档案也是少数族裔实现与"异质文化"进行文化碰撞和文化沟通的载体和媒介，这些档案的留存并非企图让原本的弱势文化变成一个新的强势文化，或是让弱势文化跻身强势文化之中，而是希望借由档案这一载体实现相互之间的对话与商讨甚至是和解，利用多彩的档案达到文化权力的均衡，以至更进一步实现文化权力的认同。

少数族裔的社群档案实践是走向团结和承认的重要途径。身份认同的最终归属有两个走向：一是走向团结，二是走向承认。认同不仅是历史地追溯过去，也是具有现实关怀地关涉现在、指向未来，它既是一个静态的过程，也是一个动态的过程。团结赋予社群内在的凝聚力与外在的社会认同感。社群的内在凝聚力是社群内部所有成员对社群整体的支持，社群的外在社会认同感是社群希冀获取外部社会对该社群的肯定。少数族裔的社群档案实践通过档案这一载体留存其自身独特的历史，就是希望将社群内共同的经历与信仰物化为可以流传的档案，以便社群内部成员进行自我审视，并加深社群外

---

① 王岳川. 后殖民主义与新历史主义文论 [M]. 济南：山东教育出版社，1999：63.

部成员对"我群"的理解。承认即自我的认同与他者的承认。实现自我认同是身份认同的重要目的之一，而他者的承认从另一方面凸显了自我认同的结果与效果。少数族裔的社群档案实践在引领社群成员走向团结的过程中势必会增强社群的自我认同，并在档案的宣传与自我彰显中引导他者对我群的承认。综合观之，通过少数族裔社群档案实践，少数族裔社群主动向内谋求团结，积极向外寻求认同，从而为少数族裔在政治、经济、文化等社会生活各个方面争取平等的待遇，为最终走向"承认的政治"① 奠定初步基础。

少数族裔的社群档案实践是"自我发现"的独特手段。德国社会学家乌尔里希·贝克基于西方社会"人的解放"运动，在论证自反性现代化理论时提出了个体化理论，即越来越多的人不希望再被"他人所决定"，取而代之的是"自己决定自己的命运"。② 吉登斯也提倡"去传统化"，即个体逐渐从诸如家庭、等级和血缘等社会框架的约束中脱离出来，从而达到阶级、社会地位、性别角色和家庭等范畴的弱化甚至解体。③ 以上观点折射在后现代语境下，逐渐演化为"进取的自我"和"欲望的自我"④，二者也成了个体化理论的另一种呈现方式，如女性主义和后殖民主义对权力的争取以实现自我价值，以及人性化和自由化倡导者对私人生活中的情感和欲望更加重视。讲述社群历史、现在乃至未来的社群档案是记录、存储和挖掘社群遗产的"草根活动"。既然是"草根活动"，其根本动力和最终目标应该来自社群成员本身，社群成员的参与感和自我表达在其中发挥了重要作用。少数族裔在社群档案实践中可以摒弃主流档案实践观的固有沉疴，更加从容地自主决定档案材料的选用，自主决定通过档案留存所要塑造的自我形象，以及通过何种方式向社会传达这种"自塑"而非"他塑"的形象。在这层含义上，档案不仅是记录其生活、历史的载体，也是其展示自我、发现自我的媒介。

（四）少数族裔社群档案实践的创新策略

一是调动少数族裔社群自身力量，积极参与身份建构。通常情况下，少数族裔社群中，社群成员的主体自由意志长期受主流社会的压制，导致少数

① 鲍曼. 共同体 [M]. 欧阳景根，译. 南京：江苏人民出版社，2007：174.
② 章国锋. 后现代：人的"个体化"进程的加速 [J]. 中国政法大学学报，2011（04）：5-10.
③ GIDDENS A. The Consequences of Modernity [M]. Stanford：Stanford University Press，1990.
④ 阎云翔. 中国社会的个体化 [M]. 上海：上海译文出版社，2016：336-337.

族裔社群内部的文化、信息与外界形成阻隔，呈现闭环形态。由此，少数族裔社群主体具有谋求平等表达与被倾听的强烈诉求，这种诉求通过社群档案实践得以实现。在少数族裔社群档案实践中，少数族裔自身是重要且不可或缺的主体力量。究其原因，少数族裔是自身故事最好的叙述者，第三方的转述或代述都难以避免在一定程度上存在不公正、不真实或不客观、难共情的弊端。但通过档案进行叙事（讲故事）同样需要一定的理论、策略、技术与方法，而被边缘化的少数族裔社群在保管自身历史时往往缺乏档案专业知识，这就需要根据当地少数族裔社群的需求，探索出合适的档案教育方式，以增强少数族裔社群自发建档的意愿，提高其在身份建构上的能力。

二是推动档案馆参与，提供专业的指导帮助。尽管少数族裔社群是建档实践的主体力量，但社群档案不论是在材料来源还是在项目影响上都不应局限于社群本身，还应辐射至社会中的其他机构和组织。由此，少数族裔社群档案实践主体也不应仅局限于少数族裔本身，而需要广泛联合其他主体，如当地档案馆等文化机构。档案馆在参与少数族裔社群档案实践中的作用主要体现在提供丰富的档案材料以及业务流程上的专业指导两个方面。就提供丰富的档案材料而言，目前少数族裔档案叙事中的最大矛盾在于社群普遍认识到少数族裔档案在讲述当地和社群故事中的重要性，以及由于缺乏少数族裔相关档案材料而造成的讲述困难，这就需要当地档案馆主动承担起发掘、开发、收集少数族裔档案材料的任务。就提供业务流程上的专业指导而言，档案馆拥有较为成熟的实践平台以及一整套系统化的档案工作流程，能够为少数族裔社群档案实践提供规范的档案流程指导，高效科学地推动社群建档实践的开展。于此，促进少数族裔社群和当地档案馆间建立平等互利的伙伴关系，推动主流档案馆与少数族裔社群档案实践合作或将后者作为其职能外延的一部分，也是目前少数族裔社群档案实践普遍采取的形式。

三是引入数字人文，增强少数族裔社群档案实践的感染力、影响力。数字化技术的发展和应用极大地便利了虚拟社群的形成，社群借助在线虚拟环境按照地理位置信息和身份特征组成虚拟社群，进一步推动了社群成员间的信息资源共享。在众多数字化技术中，数字人文将数字技术与人文底蕴有机融合，通过深度挖掘少数族裔历史，成为少数族裔社群档案实践的重要途径之一。一则，数字人文凭借通达的互联网络连接，能够迅速扩大少数族裔社群档案项目的传播范围，让世界各地了解少数族裔社群在历史发展中的独特历程与当下的生活现状。二则，数字人文利用可视化手段，灵活生动地呈现少数族裔社群档案的编研成果，运用多媒体技术营造特定的氛围，全面深入地叙述少数族裔的历史故事，从而有效地唤起人们对那段时光、那个特定历史背景下少数族裔发展历程的理解和认识。这种呈现方式不仅加强了少数族裔群体对自身的理解和认同，还极大地推动了全社会走向社区范式，在"社会生活的基层""直接认识到在某一特殊环境下一个种族所独有的一些思想和情感方式"①，从而对少数族裔社群产生接受与认同。

二、后殖民时代的档案研究与身份认同

（一）关注档案本身：后殖民时代档案研究的另一解读视角

关注档案本身，即除了档案文本中所记载的内容外，档案的写作方式、整理方式等文献架构外的因素同样重要，同样影响了档案中的身份呈现和认同建构。而后殖民时代对档案本身的关注，较为典型的例证除了来自档案学领域外，还来自视档案材料为最重要史料来源的史学领域，甚至可以换一个角度来理解后殖民时代对档案本身的关注，将其比作档案学领域（档案工作者）和史学领域（史学家）消除隔阂、相互理解甚至加强融合的润滑剂。

1. "关注档案本身"是后殖民时代档案学和史学融合的桥梁

传统的史学工作者从自身"追求历史的真实性"使命出发，在从事客观的历史学研究、撰写如实的历史学论著时，往往需要档案的支撑，他们将档案视为历史研究的"食粮"，将档案馆视为史料的存储库。于是，历史学家自然而然地因为对"档案"这一史料的重视，而忽视了对这类"史料"进行管理和研究②的另一类职业群体——档案工作者——的存在价值。甚至有时候会因档案查询过程中的"难取难得"而迁就于档案工作者的"不作为"，这种抱怨之声伴随着档案信息本身的"内向性"和"政治性"而不断加深历史学界对档案界的"刻板印象"。在历史学家眼中，档案工作者被描述为"守门人"和"没有原则立场的档案保管者"③ 等形象。加之长期以来，历史学家

---

① 周荣德. 中国社会的阶层与流动：一个社区中士绅身份的研究 [M]. 上海：上海学林出版社，2000：35.

② 这里所说的"研究"与历史学家对档案内容的研究有所不同，档案工作者对历史学家眼中的"史料"（档案）进行的研究有别于历史学家。

③ 历史学家对档案工作者之所以形成"没有原则立场的档案保管者"这一"印象"，源于社会上存在这样一些现象，即利用档案需要通过"关系""打招呼"才能获取。

一直是档案的最主要利用者这一事实①，档案职业自其产生起就被冠以"历史学家的女仆"的称号。由此，对档案工作者"辅助性"的角色认知千百年来根深蒂固地镌刻在历史学家的脑海之中。

传统的档案工作者尽管对历史学家无不良印象，对历史学家利用档案需求的懈怠回应亦无本质上的工作恶意，但为了专业的独立性和职业的独立性，档案工作者一直试图与历史学家进行剥离，久而久之，这种剥离随着时间的流逝演变成了二者之间相互隔阂的藩篱。历史学家眼中的档案工作者专业性欠佳，不能为他们提供很好的档案利用服务，历史学家不了解也无意了解档案工作者的职责与档案处理流程；档案工作者眼中的历史学家随着职业化的进程，成了一群只为满足自身研究利益、曲高和寡的博学者，且试图干扰并影响档案工作者对档案的整理乃至鉴定。二者的隔阂不断加深，档案工作者逐渐摆脱了"历史学家的女仆"的身份枷锁，起码"档案工作者首先是档案的公仆，然后才是公共学者的公仆"②；历史学家逐渐摆脱了对档案史料的完全依赖，而不断探索新的史料来源，更无意了解档案工作者的职业旨趣。由此，历史学家和档案工作者的角色变成了完全不同的两个类别。

然而，档案工作者的角色仅仅是历史学家的助手吗？档案工作者也只能是历史的中间人吗？后现代主义思想先锋认为，档案不仅是对象或文本的存储库，它也是选择、排序、保存过去的过程——简而言之，创造历史的过程。③ 档案工作者共同创造历史，除了通过权力的"隐喻"所赋予的"档案之魅"以外，还可以通过其基本的业务环节在不知不觉中影响历史的书写。这就需要我们重新审视历史学家所惯常认为的档案的选择、排序、保存等过程，即档案的收集、鉴定等业务活动。特里·库克在《档案犹如异乡：历史学家、档案工作者和变迁的档案景观》（*The Archive（s）Is a Foreign Country：Historians，Archivists，and the Changing Archival Landscape*）④ 一文中，引用了

---

① 根据山东省档案馆 2014—2018 年"档案利用人次"及"目的为历史研究的人次"比对，后者占比一直保持在 50% 以上（2014 年为 66.82%，2015 年为 50.45%，2016 年为 50.77%，2017 年为 65.28%，2018 年为 62.93%）。数据来源：吕洁. 基于史学研究利用需求的数字档案资源整合与服务研究 [D]. 济南：山东大学，2020.

② JENKINSON H. A Manual of Archive Administration [M]. London：Percy Lund，Humphries & Co ltd，1937：124.

③ 郑竹韵. 关于酷儿情感与酷儿档案的对话 [EB/OL]. 实验主义者公众号，2020-08-04.

④ COOK T. The archive（s）is a foreign country：Historians，archivists，and the changing archival landscape [J]. The American Archivist，2011（74）：600-632.

加拿大社会史学家乔伊·帕尔（Joy Parr）于 1955 年在《加拿大历史评论》中发表的一篇极具反思性的论文。帕尔在文章中表示：历史并不始于史学家们着手著书或撰写文章之时，而要追溯到"档案盒被打开"，里面的文件被解读出来的时候。库克继而延伸开来，认为"决定历史意义的关键并不在史学家打开档案盒之时，而是在更早以前，即档案工作者填充档案盒之时"①。这也意味着作为主体认识的历史并非在历史学家打开档案盒进行诠释之时，而是在档案工作者装盒之际。档案工作者在决定着哪些记录可以被称为档案并被收集进入档案馆之中拥有绝对的主导权，这是他们职业和专业所赋予的技能。在接下来的档案鉴定活动中，档案工作者又有权决定哪些可以进入文件的"天堂"得以永久保存，而哪些又该进入销毁的"地狱"成为碎纸片。库克在文中得出一个结论，即"大多数档案工作者和历史学家都没有注意到档案自身的历史，也没有意识到档案人员其实是历史的共同创造者"②。库克以档案鉴定为例论证了他的观点："档案工作者在鉴定的时候，就是在决定未来的人们能知道过去的哪些内容，谁的声音会被保留下来，而谁又得保持沉默。因此可以说，档案工作者参与创造了档案。鉴定在一开始便决定了哪些形成者、职能和活动将被保存下来。同时，只有经过鉴定这一环节，随后的档案管理流程才能进行下去。然而，即便文件已经被鉴定为拥有档案价值，已经被档案机构获取并被保管着，也不能保证它们就能得到平等的待遇。为了解决文件积压问题，合理分配有限的资源，档案工作者会进行二次鉴定。……同样也是鉴定决定了哪些文件会被销毁，会被关在档案馆的大门之外，会最终从社会记忆里消失。"③ 档案鉴定意味着并非所有关于历史的记录都会被留存，甚至经过鉴定后销毁的档案占了绝大多数。那么，在这其中，档案工作者的权力绝对超乎想象。

为了走向和解，历史学家和档案工作者更应基于两种职业的联系纽带——"档案"——加强对对方职业的理解，从而更好地守护与发挥档案的价值，尽可能记录与还原真实的历史。这就是所谓的"关注档案本身"。从历

---

① COOK T. The archive（s）is a foreign country：Historians，archivists，and the changing archival landscape [J]. The American Archivist，2011（74）：600-632.

② COOK T. The archive（s）is a foreign country：Historians，archivists，and the changing archival landscape [J]. The American Archivist，2011（74）：600-632.

③ COOK T. The archive（s）is a foreign country：Historians，archivists，and the changing archival landscape [J]. The American Archivist，2011（74）：600-632.

史学家的角度来看，了解档案是如何收集、存储、分类、鉴定与开放利用的，对于获取充足和相关的档案文献十分有益。牛津大学沈艾娣教授写过一篇文章，提醒历史学家要特别注意档案保管员和政府规训对于历史学家客观利用档案的影响。"当我们阅读这些档案时，需要意识到这些档案本身便是政权的工具，而不只是供研究者研读的信息源。"① 在利用档案馆的档案时，历史学家很少注意档案的分类、档案放在哪些地方、档案是怎么被收进档案馆等问题。然而，对这些问题的忽视可能会影响到历史学家的写作。在沈艾娣看来，"第一，若要使用档案，那就需要了解资料生产组织的档案加工过程及其基本常识；第二，档案本身便是强而有力的存在对象以至于可以影响我们如何书写历史"②。

2. 文本发生学视角下"关注档案本身"的学理基础

"关注档案本身"，何以成为后殖民时代档案研究的另一解读视角，这又关涉"关注档案本身"的学理基础。如前所述，"关注档案本身"不仅涉及档案的真实性问题，也涉及档案的写作方式（及整理方式）等问题。文本发生学正以其对传统的结构主义理论的质疑、对文本作品是如何被创作出来的等问题的关注而契合了"关注档案本身"这一论调，并为其提供了可供信服的学理基础。

文本发生学的产生与后现代主义思潮和后结构主义文论息息相关。在 20世纪以来的文学理论领域，结构主义文论，即"形式文论"，长期占据主导地位。它过于强调理论操作性而忽视了文本的鲜活性，导致当时的文学理论研究进入了一个枯燥的循环。在后现代主义思潮和后结构主义文论影响下，以解构主义为代表的后现代主义文论应运而生。20 世纪的文学理论推陈出新，百家争鸣，几乎都离不开对几个基本概念及其关系的探讨：作家—作品—读者。从作家（主体）角度看，后现代主义文学理论消解了传统意义上作者的地位和职能，实现了"去中心化"；从作品角度看，后现代主义文学理论使得现代意义上的"作品"让位于文本；从读者角度看，后现代主义文学理论强调了读者的地位，将他们与创作者置于平等的关系中。在此背景下，"文本发生学"（La Génétique des textes）于 20 世纪 70 年代在法国诞生，在作家如何创作作品这个较少被关注的研究领域默默发展。到如今，文本发生学的成果

---

① 沈艾娣. 关于如何阅读当代史档案的一些想法 [J]. 社会科学, 2015 (11)：146-150.
② 沈艾娣. 关于如何阅读当代史档案的一些想法 [J]. 社会科学, 2015 (11)：146-150.

不断增加，甚至引领了21世纪文学理论研究的前沿，同时引发了众多其他学科的关注。

文本发生学可视为"文本"与"发生学"两个术语的合流，此处我们不再细致地罗列这两个概念的源流和内涵，而直接从法国文学理论家皮埃尔-马克·德比亚齐（Pierre-Marc de Biasi）的论著《文本发生学》中找寻解释："通过草稿或准备性资料对作品进行诠释，30年来，这种诠释被称作'文本发生学'或'发生校勘学'。"① 通过德比亚齐的论述，我们可以了解到，文本发生学作为一种研究文学的理论方法，是通过对保存下来的"起源的材料"和"前文本"② 进行研究，对作品的诞生过程进行阐释，进而揭示作品的形式和意义。这样的研究方法被分为两个具有过程性的阶段，一是研究"起源的材料"形成"前文本"，二是研究"前文本"到"发生学批评"。"起源的材料"是"人们所要研究的起源有关的资料和手稿的全部材料"③，具体指"记事本、笔记本、笔记、早期的手稿、书信、未取得成果或未出版的作品的计划和文章、准备性材料、草稿、复制品、印刷作品的修改校样等。起源的材料也可以通过一些资料（亲笔或非亲笔写的、手稿或书籍、私人的或公共的）变得更为丰富，这些材料包含作品起源以外的其他信息，但是对分析来说是非常珍贵的：如书信、所收到的信、作家个人的藏书、出版合同、正式的证书和证件、遗嘱、家庭档案等，以及作家收集或完成的可视资料（油画、雕刻、图画、照片等）、音像资料（录音）或视听资料（电影、录像）等"④。笔者认为，如此定义下的"起源的材料"具有档案的性质。而"前文本"就是研究者根据研究需要对起源的材料整理（包括辨认、推定、编目、归类、排序等档案编研手段）形成的（供文本发生学批评研究的档案编研成果）。第一阶段的研究充其量称作研究材料的整理，并算不上是对作品起源的研究。"起源的研究则是校勘的论说。通过这种校勘的论说，发生学家用特殊方法的预先假定做出其对程序的解释和评估：诗歌的、社会学的、精神分析的等。就是通过这一特殊的校勘的论说，发生学家才能在活跃的程序的指引下，解释作品的形式和意义，正是这一活跃的程序使作品的形式和意义得以产

---

① 德比亚齐.文本发生学［M］.汪秀华，译.天津：天津人民出版社，2005：1.

② 在文学理论领域，这些"起源的材料"和"前文本"落实到具体就是作家手稿。

③ 德比亚齐.文本发生学［M］.汪秀华，译.天津：天津人民出版社，2005：28.

④ 德比亚齐.文本发生学［M］.汪秀华，译.天津：天津人民出版社，2005：28.

生。"① 所以，"发生学批评"就是研究者在"前文本"的基础上对作品的起源进行分析、评论、阐释，从而解释作品的形式和意义。

档案是社会组织或个人在以往的社会实践活动中直接形成的具有清晰、确定的原始记录作用的固化信息。可以说，相当一部分的档案在概念上与日益扩大的文本概念有所重合，因为它们既符合文本形成过程中包含人的社会活动的特征，又符合文本的特征。所以，对文本的研究和方法论在一定程度上也可以覆盖到档案学研究当中去。同时，在对档案概念与定义的阐述中，我们对档案的描述中常常有过程性、时间性的表述，如"档案是已经形成的而不是正在形成或尚未形成的东西"，这一过程含义恰恰就是发生学方法的体现。② 如此看来，文本发生学的方法论在"关注档案本身"这一议题中具有较为契合的理论空间。文本发生学关注"起源的材料"和它经过辨认、推定、编目、归类、排序这一系列过程性处理形成的"前文本"，这其实就是"关注档案本身"意涵下对档案形成过程（从"起源的材料"到"前文本"）中的写作方式及整理方式研究的理论基点。下面将以安·劳拉·斯托勒（Ann Laura Stoler）的后殖民档案研究为例并引申开来，以探寻"关注档案本身"下的身份认定问题。

3. "关注档案本身"下的后殖民研究和身份认定

安·劳拉·斯托勒教授长期以来以其人类学和历史学研究而闻名学界，并在殖民史和后殖民史研究领域著述颇丰。2009 年，斯托勒的《叩问档案：认知焦虑与殖民常识》（*Along the Archival Grain：Epistemic Anxieties and Colonial Common Sense*）③ 一书出版，该书也被视为后殖民时代档案研究的典范。沈艾娣教授在《关于如何阅读当代史档案的一些想法》④ 一文中，着重推介了斯托勒的"后殖民时代的研究"。

　　安·斯托勒在其关于 19 世纪至 20 世纪荷兰东印度公司的研究中，着重关注了档案本身并由之产生了很多想法。她主张历史学家不应如开采宝藏般执着于在档案中寻找奇闻逸事且仅仅用来支撑我们所希望讲述

---

① 德比亚齐. 文本发生学［M］. 汪秀华，译. 天津：天津人民出版社，2005：30.
② 丁海斌. 档案工作时间论［J］. 档案学通讯，2012（01）：31-34.
③ STOLER A L. Along the Archival Grain：Epistemic Anxieties and Colonial Common Sense
　［M］. Princeton：Princeton Universitry Press，2009.
④ 沈艾娣. 关于如何阅读当代史档案的一些想法［J］. 社会科学，2015（11）：146-150.

的故事而已。相反，我们需要将档案视为一个整体来予以解读。换而言之，档案本身才是有趣的。

斯托勒指出档案中那些受规训的写作方式（及整理方式）皆是政府的工具，档案会要求行政部门与官员以某种特定方式来进行记录，问题在于文献架构外的因素几乎不可能被提及。

斯托勒在检视东印度公司的档案时，发现在经过很长一段时间后殖民地官员已无法跳出既有的资料分类进行认知，陷入他们自己所构建的事务"常识"之中。实际上，那些被视为"常识"的事务不过是国家政权的幻想而已，档案记录生硬地制造出了诸多群体而非民众自主形成，在国家政权的压力下又迫使民众接受这种身份认定。

斯托勒也提醒我们档案所显现的情绪同样值得怀疑。当我们读到档案中显现出愤怒或恐惧的情绪时，我们常容易轻信，官僚机构则向来看重其成员关于某类特定情绪的表达。因此当我们看到强烈情感的表达时应保持谨慎的态度，这或是当时人们在上级面前所做的表演，又或是官僚机构已被规训为只能体察到这类情绪。①

沈艾娣教授的简短评论，促使我们进一步思考，斯托勒"关注档案本身"下的后殖民研究，是如何揭示出档案中受规训的"写法"方式和整理方式塑造了国家政权幻想下的群体身份，并使这些被塑造的群体身份成了被接受的身份认定？档案中显露的情绪与身份的认同又有何种关联？

对于第一个问题，如果说身份具有意识形态性，身份认同可以充当被压迫群体的反抗手段，以反抗更强大的文化对其进行同化②；反之而言，身份也可成为强权对弱者压迫的枷锁，一旦弱者接受或被迫接受了强者给定的身份，那么身份就成了一种统治的工具和手段。斯托勒在其著作里多处提及了东印度公司档案中的身份认定问题。第一处出现在书中第三章第84页，"请愿书的保证金、后续报告的注释，以及其中所指向的混乱的人群，被一页一页地潦草地书写着。问题在于抱怨的'真实性'和关涉人员的种族身份。改善养老金分配的要求被认定为主要与'本土基督徒'（Inlandsche Christenen）有关。但在9月，殖民地部长向国王的报告表明，参与人群的身份尚不清楚。其中的条款被添加了'Portugezen''creolen''kleurlingen'等代表有色人种

① 沈艾娣. 关于如何阅读历史档案的一些想法［J］. 社会科学，2015（11）：146-150.
② 拉雷恩. 意识形态与文化身份［M］. 戴从容，译. 上海：上海教育出版社，2005：221.

的标签。随后，后两者被划掉了，代之以‘Inlandsche kinderen’字样标注在页边空白处。如果对于哪些人称之为混血阶层的下层较为模糊的话，这一群体本人对他们的缺点似乎更为清楚。正如殖民地部长所言，这些人的需求很少，对他们来说，一半的养老金比欧洲人的全额养老金还要多，因为他们心智有限，他们所从事的工作很少能超越文员和监督员的职责。"① 第二处出现在第六章第198页，"到19世纪70年代中期，随着荷兰军队越来越接近他们的家园，更多的Gayo（当地人）面临着服从亚齐当局、屈服于荷兰统治或是逃跑至森林中的多重选择。……瓦尔克（Valck）和他的同代人似乎对这些Gayos来自何处以及他们与谁是盟友并不十分清楚。在官方信件中，Gayo和Acehnese这两个词汇在某些记录中有所区别，但在另外一些记录中却可以互换使用。……正如我们所看到的，这些术语并不是用来标注种族身份的，而是用来标注对殖民事业不同威胁程度的人群，并按照威胁程度的大小，被称之为‘普通罪犯’或‘叛乱分子’"②。第三处出现在第七章第267页，"如果被强加的‘双重意识’的‘特殊感觉’正如杜波依斯（Du Bois）所认为的那样，那些受种族化身份支配命运的人，是Eduardo Glissant所描述的忍受‘精神分裂症’的人，那么这种感觉也是诸如瓦尔克等中等殖民者所共有的。尽管权力关系确保统治者和被统治者之间的‘双重意识’是不相称的，但一些特征却能引起共鸣。弗朗茨·卡尔（Franz Carl）的书信就如一种自觉的练习，有时会破坏他所括起来的世界。但在这些信中，他塑造了一个‘似是而非’的自我：一个有前途、光荣的公务员，一个有教养的知识分子，一个专业的、保护性的、管教的父亲"③。

以上描述中，多次提及了荷兰东印度公司殖民档案中的"身份"界定问题，无论是殖民者在请愿书中对种族身份的标注、对养老金分配请求者"本土基督徒"的身份认定，还是将有色人种的标签人为地贴合在"混乱的人群"身上，抑或是将"普通罪犯"或"叛乱分子"等身份自然地赋予那些对殖民统治不满甚至威胁的人群，等等。这些身份标签成了殖民者对被殖民者进行

① STOLER A L. Along the Archival Grain: Epistemic Anxieties and Colonial Common Sense [M]. Princeton: Princeton Universitry Press, 2009: 84.
② STOLER A L. Along the Archival Grain: Epistemic Anxieties and Colonial Common Sense [M]. Princeton: Princeton Universitry Press, 2009: 198.
③ STOLER A L. Along the Archival Grain: Epistemic Anxieties and Colonial Common Sense [M]. Princeton: Princeton Universitry Press, 2009: 267.

"分类"甚至是"认知"的特定术语，而为何以这些词汇作为身份标签有时甚至没有充分的凭证与根据，仅仅是凭借殖民者的"喜好"或"常识"。在殖民与被殖民不平等的权力关系中，这些被贴上身份标签的人在现实世界甚至是未来延续数百年的档案世界中，一直背负着此种身份标签而存世。久而久之，这个世界认识、了解他们的方式亦即伴随着这些身份标签在档案中固化下来。此外，受殖民国家的人民在长期的殖民语境下开始被迫地或自然地接受了他们受殖民者的身份，尽管会有反抗和抗争，但却承受着特定身份下的不公平待遇——领取仅有欧洲人一半的养老金，只能从事文员和监督员的工作。

这又使我们联想到荷兰阿姆斯特丹大学档案学系查尔斯·杰根斯（Charles Jeurgens）教授领衔的"激活荷兰东印度公司档案"（Unsilencing Dutch East India Company Records）项目①中对殖民档案的人工智能标注。该项目旨在利用基于内容的标注（content-based indexing）方法识别和挖掘出那些隐藏在档案背后的个体（名字）。以荷兰东印度公司的遗嘱档案为例，现有传统的人名索引仅仅局限于档案中所记录的 10000 个白人男性，而里面更多样的性别、种族的个体却未被标注出来，这就自然导致这群人在档案中一直处于沉默状态。人工智能与历史档案的相遇就是希冀以智能化手段自动识别出那些隐匿在档案中的每一个个体，无论其肤色如何、性别如何、地位如何，以使其身份、历史、故事被更多人感知。为此，该项目从注释类型学视角将著录项分为人物（person）、地点（place）、组织（organisation）和专有名称（proper name）四大类型，通过这些项目的著录以对殖民档案内容进行挖掘；而对人物类别的下属特征的标注更加细致，如从性别（男性、女性、群体、未识别）、法律地位（被奴役、自由、未识别）、角色（立遗嘱人、公证人、见证人、受益人、代理公证人、立遗嘱受益人、其他）等进行标注，这些信息均是彰显殖民档案中所记录人物身份信息的重要表征。如此，那些隐匿在殖民档案中的女性、不具姓名的土著人群就被自然地呈现出来，而这部分人群其实在殖民档案叙事中占有大部分比例：在一个卷宗中，相比于白人男性，

---

① 该项目负责人 Charles Jeurgens 教授于 2022 年 5 月 16 日受邀进行了一场讲座，题为 Artificial Intelligence as a tool to unlock historical data：Unsilencing Dutch East India Company Records as an example（应用人工智能解锁历史数据：以激活荷兰东印度公司文件为例），对该项目的人工智能标注做了严谨而细致的讲授，笔者此段落的文字即受该讲座的启发。

女性的身影占据约 61% 的比例，土著与非欧洲人群占据约 30% 的比例。这"61%"和"30%"在传统的标注中是不被看见的，这又反过来印证了传统的档案管理活动在传统规训之下、按照国家政权统治下的"常识"从事档案各环节的管理工作，在让一部分人发声的同时却让另一部分人失声。

对于第二个问题，如果说身份蕴含着情感的投射，反之而言，情感的表达又何尝不是为身份塑造和认同建构而服务的呢？这不仅在斯托勒的后殖民研究中如此，在古代司法档案中更是体现得淋漓尽致。这里仅举一例说明档案中的情绪表达是怎样塑造身份认同的。司法档案《天启崇祯年间潘氏不平鸣稿》（以下简称《不平鸣稿》）中的三次诉讼就暗含着档案中的情绪表达是如何帮助诉讼双方塑造身份的。从《不平鸣稿》的记载来看，这起延宕六年之久，经过三次诉讼的案件，实际上并不复杂，所争"标的"乃是一块价值 25 纹银的庄地。只是，按照徽州的习俗，在转移庄地时，庄仆必须听从新主的役使；然而，出卖庄地的旧主潘氏不准仆人听从新主余氏的役使。① 以上便是潘、余两家作为庄地交易的双方的矛盾根源，在矛盾冲突期间，两家曾发生过斗殴事件。

第一诉，原告余绩诉被告潘槲庄地转移违规，霸阻仆人应役。案件审理人是当时的休宁县知县侯国安。原告余绩在他提交衙门的第一份告词中，将被告形容为"本村十虎三彪，恶党潘槲、文浩等，霸据一方，害人无算"。声称潘槲等人"刑禁"庄仆程长文、长节等人不让应役。之后，在案件审理期间，余潘两家发生斗殴事件。余显功于天启四年（1624 年）二月二十日提交的告词声称："兄绩、侄二哥、男希贤，三命遭杀，投里。胡继海、邓芝、汪洋等证。男危不能起，兄侄头脑遍体重伤。"再一次加重了事件的严重性。② 第二诉，原告余显功不服侯国安《初审看语》上诉军厅。案件审理人是"军厅李公"李一凤。第二诉，是余显功的上诉。在这期间，所有的证据包括被告的《潘镀供状》在内，加之"卖产五年以上，不准回赎"的法条依据，都支持原告余显功对庄地的所有权和管业权。然而，军厅李一凤的《军厅李公

---

① 徐忠明. 关于明清时期司法档案中的虚构与真实：以《天启崇祯年间潘氏不平鸣稿》为中心的考察 [J]. 法学家，2005（05）：42-49.

② 侯国安《初审看语》对案件事实的描述是这样的：审得潘槲等公共之地税、佃仆已入公祠用，潘应乾安得独卖？而余氏安得谋买哉？私相授受，均任其失矣。合断原价二十五两给余，地税、佃户仍归之潘可也。至田，原系余显辅买之潘镀，已交四两，尚欠八两交未明晰。余宜给八两价与潘，潘以契还余，则不清可剖矣。其相詈殴，各有验伤，则以斗殴论可也。应乾、余绩、显辅、潘镀，各杖。

结语》除了增加十两回赎银子之外，基本上维持了侯国安《初审看语》的原判。第三诉，是三年后，潘镗和潘铭再次霸阻仆人应役，余显功将他们告至知府，转批知县朱陞审理。然而，朱陞的参语只是维持军厅的裁决。余显功依旧不服，告到屯院，复又转批给徽州府理刑厅鲁元宠审理。鲁元宠《参语》陈述除了提到"潘姓始有盗卖之说，谓应乾先于十二年间将前产仆卖入祠堂，据其户册，历历可按"这一新的案情细节外，依旧维持原判。① 至此，余潘双方的六年三诉告一段落了，虽然案件的不断审理让事实不断清晰，但是始终没有真相大白。

从司法档案中的诉讼词来看，里面蕴藏的情绪表达多体现在对事实和情节的夸张、歪曲上，以此来抢占道德制高点、博取司法官员的同情，最终在诉讼过程中彰显自身的弱者身份以占据有利位置。例如，被形容为"本村十虎三彪，恶党潘榭、文浩等，霸据一方，害人无算"的潘氏如果真的如余氏所述蛮横无理、恶贯满盈，而余氏又是纯良弱小之辈，双方频繁、大量的交易是如何得以进行的？② 从文本发生学角度来分析，余氏在告词中示弱，一是为了博取司法官员的同情，二是为了借惩恶扬善之高义，塑造自己善良、弱者的身份以博得司法官员情感上的认同。又如，潘余斗殴事件中，余氏三人重伤、生命垂危的惨状，也是原告虚构出来的情节。根据值日医生徐应新所写的《医生结状》报告"验得余绩顶心肿破一口，斜长五分，血糊，左太阳红紫色，脊心青肿。又验得余二哥左额颅皮破、红肿，右肋微红色，左手上臂紫肿"，我们完全可以推断，实际上，余绩和余二哥的伤势并不严重。对余希贤的伤势，同一报告只字未提，也不见其他资料提及，看来也不是什么严重的伤势。③ 由此可见，告词故意情绪化地夸张了斗殴事件的严重性，以此来引起司法官员的重视。这些诉讼档案中的情绪化表达，恰恰真实地反映了明清时期百姓的诉讼策略，即通过夸张的、情绪化的言辞，将自身描绘成真善美的化身，把对方形容为邪恶的蛮霸，这种对自身身份的凸显和对对方身份的认定，目的在于为自己博得司法官员的同情。换言之，在告词作者表面

---

① 徐忠明. 关于明清时期司法档案中的虚构与真实：以《天启崇祯年间潘氏不平鸣稿》为中心的考察 [J]. 法学家，2005（05）：42-49.

② 就《不平鸣稿》所收集汇编的契约文书来看，余姓购买潘姓土地、庄仆的很多。尤其我们值得注意的是，即使在产生纠纷和诉讼过程中，两姓之间的交易也没有完全停止。

③ 徐忠明. 关于明清时期司法档案中的虚构与真实：以《天启崇祯年间潘氏不平鸣稿》为中心的考察 [J]. 法学家，2005（05）：42-49.

"冤抑"的情绪化渲染背后,是"利益"或者"权利"的诉求、非常宽广的制度语境和极其浓厚的道德氛围。

(二)转向"社群机制":后殖民时代档案研究的另一种基点

特里·库克在《四个范式:欧洲档案学的观念和战略的变化——1840年以来西方档案观念与战略的变化》一文中,将"认同"视为后现代理论影响下档案与真相、正义、人权产生关联的重要范式基点,档案工作者也作为自觉的中介人帮助社会通过档案记忆资源形成多元认同;而后,呼之欲出的"社会/社区"范式将无论是"城市和乡村中的真实社会/社区",还是"网络空间社会媒体连接起来的虚拟社会/社区"的建档行为整合起来,使"社会群体找到认同并由此获得力量"。① 由此可见,"认同"范式和"社会/社区"范式在某种程度上是紧密相连、相得益彰的。而这两种范式的前后交替或并向而行又与传统的司法证据和官方记忆导向下的档案研究有所不同,这种不同构成了后殖民时代档案研究的另一种基点。

如果将传统基于司法证据和官方记忆的档案研究比作"行政机制"下的档案话语阐释,那么基于认同和社会/社区的档案研究则更多地带有"社群机制"的意味。换言之,"社群机制"是后现代语境下"档案转向"的表征之一。"社群机制"下的后殖民档案研究,除了前文谈及的多学科交叉下对某一特殊群体历史学、社会学和人类学、文化学等视角的关注,以及实体社群和虚拟社群的诸多建档行为和档案实践之外,还体现在档案学界对社群档案研究的思考。此处所要探讨的后殖民时代档案研究的"社群机制",即聚焦于档案学研究领域本身。下面将从档案整理方式中的社群因素、档案机构的去殖民化和档案学研究对流散档案的关注三个方面管窥近年来档案学研究的"社群机制"转向。

一是档案整理方式中的社群因素。档案整理方式包括文本发生学视阈下从"档案的原始材料"到"档案前文本"过程中的一系列中间环节,如辨认、推定、编目、归类、排序等档案编研手段,以及"原始材料"成为"馆藏档案"必经的鉴定等其他环节。档案整理方式并非简单的、机械的一套工作流程,而是蕴藏着文化、权力、利益等诸多因素的博弈。"社群机制"导向下的后殖民档案研究开始更多地将社群因素考虑其中,以期凸显更多、更广

---

① 库克,李音. 四个范式:欧洲档案学的观念和战略的变化——1840年以来西方档案观念与战略的变化 [J]. 档案学研究,2011 (03):81-87.

泛、更多元的社群利益。以档案著录为例，如何让馆藏档案中隐藏的社群被更多地看见、理解并为这些社群赢得应有的尊重，是档案工作者在"社群机制"导向下档案实践研究的一项重点工作，而这项工作的重点又在于档案著录中将这些社群的特征显而易见地标注出来。例如，圣安德鲁斯大学（University of St Andrews）尝试通过交叉引用和识别匹配的方法，将英国奴隶制遗产数据库（LBS）与圣安德鲁斯大学特藏档案目录中的"奴隶制"变得更为明晰，以使奴隶制和被奴役人们的身份可以被更容易地识别和发现。这个探索性项目最终利用了六种方法，包括按殖民地名称搜索文件、按遗产文件类型搜索文件等方式，以期使"奴隶制"在档案目录各个层级上都能被检索，并以此提高受奴役者在档案目录中的可见度。① 再以档案鉴定为例，保留哪些人的档案就意味着这些人的声音可以永久地被历史听见、被时代记住，尤其是被殖民地区的档案实践更易受强权标准的影响而主动或被动地忽略了一些档案遗产。牙买加和南非作为英国殖民地，一直以来将社会关系、官僚机构和社会认识论中的白人至上作为其国家档案馆档案鉴定的准则，然而在去殖民化浪潮中，思考在档案鉴定过程中如何评估种族主义的相关问题，以使殖民的过去不再沉默，尤其是将社群因素融入档案鉴定实践，将更有助于后殖民时代的受殖民者产生新的归属感、价值和尊严。②

二是档案机构的去殖民化。后殖民时代的一些档案研究机构也经历着去殖民化的痛苦历程和挣扎，这些研究机构的去殖民化也带动了对殖民主义叙事的反抗甚至破坏。例如，伦敦卫生与热带医学院图书馆与档案系（Library & Archives Service，London School of Hygiene & Tropical Medicine）自 2019 年起开始反思其殖民历史和殖民遗产，并采取一系列措施，如为有色人种创造良好的科研环境、基于档案编目加强宣传教育等，使该档案机构去殖民化，以期允许不同的叙事存在，从而对档案文件中固有的白人至上主义提出挑战。③ 与之相似，英国利物浦大学（University of Liverpool）档案和文件管理硕士在 2020 年所作调查数据显示，英国档案界内部尽管对一直以来的白人至上主义

---

① BUNCOMBE M，PREST J．Making "slave ownership" visible in the archival catalogue：Findings from a pilot project [J]．Archives and Records，2021，42（03）：228-247.

② GRIFFIN S H，TIMCKE S．Re-framing archival thought in Jamaica and South Africa：Challenging racist structures，generating new narratives [J]．Archives and Records，2022，43（01）：1-17.

③ CRANNA V，HIRSCH L．Decolonising the London school of hygiene & tropical medicine's archives service [J]．Archives and Records，2021，42（03）：248-265.

持有强烈的改变愿望，但受管理层的象征性姿态、白人特权（white privilege）、白人脆弱（white fragility）等诸多因素的影响，通向档案行业多样性和包容性历程之路并不顺畅。但英国档案管理员已经意识到白人至上主义对档案工作实践，尤其是对档案实践中的反种族主义行动产生了诸多负面影响，亟须从社群机制出发采取果断行动。① 此外，原殖民地国家如火如荼地开展社区档案项目，也一定程度上宣示了档案机构去殖民化的决心。例如，尼日利亚社区档案项目为昔日的被殖民国家提供了一个集体创伤治疗的场所，以重塑身份认同。《通过肯·萨罗·维瓦档案重塑社群身份》（*Restor（y）ing Community Identity Through the Archive of Ken Saro-Wiwa*）一文②就探讨了肯·萨罗·维瓦个人数字档案及在线展览项目是如何为那些处于不利地位的少数族裔群体提供了一个独特机会，让他们重新拥有了自己过去和现在的故事，并通过社区档案对过去的"有效恢复"而塑造未来的。维瓦这位曾被处决的社会活动家的档案记录了其所在社区和所属社群所经历的不公正与创伤，尼日利亚的社区档案项目为他们在后殖民时代构建积极的身份认同及身份赋权提供了来源。

三是档案学研究对流散档案③的关注。此处所指的流散档案是殖民地国家流失在外的档案，而这类档案一般都保存在殖民者国家手中。目前，学界对这类流散档案的确权和归属问题的讨论较多，但在去殖民化和后殖民语境下的探讨却相对较少。德国吉森大学（University of Giessen）两位学者在《档案肤色线：种族、记录和后殖民时期的保管》（*The Archival Colour Line：Race, Records and Post-colonial Custody*）一文④中，着重从殖民者国家（一般是白人国家）持续保管殖民地国家（一般是黑人国家）档案文件的后保管思想入手，

---

① MACFARLANE S M. How do UK archivists perceive 'white supremacy' in the UK archives sector？[J]. Archives and Records, 2021, 42（03）：266-283.

② PLATT V L. Restor（y）ing community identity through the archive of Ken Saro-Wiwa [J]. Archives and Records, 2018, 39（02）：139-157.

③ 流散档案：英语世界的"displaced archives"和"migrated archives"并非同一事物。前者的概念要远远小于后者，本节所指的概念更倾向于"migrated archives"的含义。

④ LINEBAUGH R, LOWRY J. The archival colour line：Race, records and post-colonial custody [J]. Archives and Records, 2021, 42（03）：284-303.

探讨了"档案肤色线"①是如何形成的，以及"档案肤色线"在帝国主义种族主义作用下又是如何反之进一步巩固了帝国主义的种族主义。文章以英国占有肯尼亚凯里科（Kericho in Kenya）档案文件这一事实为例，深入剖析了后殖民时代英国在与肯尼亚政府的几次交涉中拒绝归还其殖民时期迁移和占有的档案文件的原因。尽管殖民主义已经过去，但英国带走并占有的前殖民地档案文件，仍可被用作殖民的历史证据，且在尚未消失的种族主义的作用下，流散档案的归还更加遥遥无期，而殖民者国家对流散档案的占有又反过来进一步巩固了种族主义，由此使得"档案肤色线"成为现实。目前，这些殖民档案在事实上仍属于英国公共档案的一个组成部分并被保存在位于伦敦的英国国家档案馆之中，这些档案秘不示人并处于安全保管的最高等级（直到 2011 年才有一小部分开放出来以供查阅），昭示着在殖民时期英国对肯尼亚的"文献霸权"（documentary bullying）。毕竟，这些档案的存在对于英国而言是他们不情愿承认的帝国侵略的过去，而非值得骄傲的怀旧性资料来源，档案中所记录下的他们所构建的肯尼亚种族身份也是为了彰显白人殖民者的优越性；肯尼亚政府及当地的每一个个体却将这些档案视为他们在殖民时期所遭受不公正对待的证明，他们需要从中得到一些真相甚至期待着一句道歉。而对流散档案的占有又意味着新的殖民："既然土地被殖民不能长久，为何档案被殖民不可呢?"②"档案肤色线"告知档案世界白人对档案的"监护权"以及较暗和较轻种族的分隔线仍然持续存在。

以上列举虽稍显局限且不全面，但一定程度反映了后殖民档案研究的另一种基点——转向"社群机制"。无论是档案处理方式中的社群元素，还是档案机构的去殖民化取向，抑或是档案研究中日益对流散档案的关注，都代表了档案学研究在后殖民时代面对殖民与后殖民议题的关注焦点。而在此关注焦点下档案学者的眼光不再局限于档案领域简单的管理流程和单一的价值表象，而是深入宏大的社会背景和时代思潮乃至人类社会的未来。

---

① 文中"档案肤色线"借用了美国历史学家和社会学家威廉·爱德华·布尔格特·杜博伊斯（W. E. B. Du Bois）在其 1903 年著作《黑人的灵魂》（*The Souls of Black Folk*）中提出的"肤色线"概念，即用以命名"亚洲、非洲、美洲和海洋岛屿深色人种与浅色人种的关系"。

② GHADDAR J J. Total archives for land, law and sovereignty in Settler Canada. ［J］. Archival Science, 2021, 21（01）: 59-82.

第三节 后全球化下的身份认同与
消除刻板印象中的档案价值

全球化和现代性的发展如同一把双刃剑，在加速文明进步、文明互鉴的同时，也滋生了国家、民族、性别和阶级等疆界的模糊地带，原本坚固的身份认同开始出现裂隙，个人身份认同与社会身份认同也随着跨国和跨文化运动的加剧而变得日益难以确认。后全球化是伴随着技术革命、国家主义让位和资本主义转型而出现的一股后现代主义潮流，是对全球化和世界主义挑战的回应。在后全球化时代，"集体认同强烈表达的漫天烽火"宣誓了"为了捍卫文化的特殊性，为了保证人们对自己的生活和环境加以控制"① 的强烈意愿，开始成为与全球化相对立的趋势而存在。身份认同成了后全球化时代下个人与集体诉求的新焦点，而在捍卫身份认同的过程中，档案在消除传统对个体或集体的固有刻板印象中日益表现出其独特的价值，成为捍卫身份认同的一件利器。聚焦后全球化下日益繁盛的"乡愁话语"和"东方主义"问题，剖析档案在消除身份的刻板印象和在认同实现过程中的价值所在。

一、电子媒介与身份生产——以"乡愁话语"中的档案价值为例

后全球化时代下，个体的快速流动加速了其在空间上和时间上与过去的背离，这种背离与高速前进的现状相背而驰，并衍生出了多种多样的情绪和表达欲望，乡愁与怀旧即是其中之一。一般而言，乡愁和怀旧指向同义。而在后现代语境中，怀旧不再是老年人的专属活动和心理状态，更日益成为社会中的每一个体在当下情境中感到空虚和焦虑时最容易产生的情感波动。怀旧并非在百无聊赖中无病呻吟的主观情感宣泄，而是具有意义建构的深远内涵。通过怀旧，我们更容易追思过去的我们，并与我们正在做的事情产生关联，从而指导未来我们将归向何处。从此点意义来看，怀旧更是一个自我意识觉醒和身份意义产生的心灵疗伤。弗雷德·戴维斯在《怀旧与认同》中阐述了怀旧与认同二者之间的关联："怀旧是我们用来不断地建构、维系和重建我们的认同的手段之一，或者说，是一种毫不费力即可获得的心理透镜。把

---

① 卡斯特. 认同的力量 [M]. 曹荣湘，译. 北京：社会科学文献出版社，2006：2.

这个光学隐喻再往前推进一步，我们可以把怀旧想象成生活的一种远距镜头：当它放大或美化了我们过去的某些部分时，同时也使另外的部分变得模糊和暗淡，特别是那些和当下的我们更接近的部分。"① 怀旧的过程也是一个记忆选择和恢复的过程，有关过去的、混沌的、无序的事实成了怀旧时挑选的对象，这些过去的事实有时需要物质的承载，有时仅仅存储在头脑沟壑之中。挑选的过程无形地完成了个人的认同建构过程，从杂乱的过去中拯救出来的自我就是个人潜意识中认同的那个自我。在此种意义的怀旧中，乡愁也变得更加抽象，成了一种流行的表达方式，即此节所称为的"乡愁话语"。在后全球化时代下，"乡愁话语"逐渐从具象的"思乡情更切"转变为抽象的"对自己过去的体认"和"对传统流逝的忧患和反思"②。

既然"乡愁话语"变成了"对过去的体认"和"对传统的反思"，那么如何追忆过去和再现传统就成了守望乡愁的重要前提。然而，"过去"和"传统"已经随着时间的流逝消失不见了，在时光的放映机里变成了触不可及的虚拟影像。那个再也回不去的过去就如同已被拆迁的老房子和街巷，物理上的虚无感对抗着心理上欲寻求的强烈的归属感，这种撕裂在后全球化技术革命的裹挟下试图寻找一个崭新的出口。伴随技术革命而来的是，社会的网络化、身份的虚拟化、交流的去中心化使得我们每个人的身份在电子媒介时代变成了一个个符码，这种变化有时会让我们手足无措。但也"正是在这些社会的后巷，即在另类的电子网络或者在共同体抗拒的基层网络"，我们才能看到"一个由认同的力量在历史的战场所赢得的新社会，开始崭露头角"。③ 换言之，"乡愁话语"中"对自己过去的体认"和"对传统流逝的忧患和反思"并非回到过去的"此情此景"之中去"重新发现身份"，而更像是霍尔所言的"生产身份"，"不是根植于考古学中而是根植于对过去的重述中的一种身份"④。电子媒介恰逢承担起了这一角色，日益成为进入乡愁的重要入口，正如莫利和罗宾斯所认为的那样："满足各种——寻求社会群体感、传统感、身份感和归属感的——'怀旧情愫'的重担日益落到电子媒介的身上。"⑤

---

① 周宪. 文学与认同：跨学科的反思 [M]. 北京：中华书局，2008：105-119.
② 周宪. 文学与认同：跨学科的反思 [M]. 北京：中华书局，2008：225-238.
③ 卡斯特. 认同的力量 [M]. 曹荣湘，译. 北京：社会科学文献出版社，2006：419.
④ 罗钢，刘象愚. 文化研究读本 [M]. 北京：中国社会科学出版社，2000：210.
⑤ 莫利，罗宾斯. 认同的空间：全球媒介、电子世界景观与文化边界 [M]. 司艳，译. 南京：南京大学出版社，2001：6.

（一）电子媒介时代"乡愁话语"中的档案价值

档案是"乡愁话语"的记录与发声渠道之一。"乡愁话语"中的"怀旧情愫"需要一定的载体和发声渠道，数字化时代的档案就一定程度上充当了这种记录和发声的渠道，加之数字传播技术的辅助，档案日益成为承载"乡愁话语"的"记忆之场"。百年旧物声音档案馆（Conserve The Sound）是一个收集百余年来一些老物件的声音网站，凡是能够发声的科技类设备都属于其虚拟馆藏档案，比如老式固定电话的拨号盘声音、磁带机装卡带的声音、打字机敲打键盘的声音、照相机拨胶卷然后按快门的声音等都是该网络档案馆①收藏的声音档案。这些声音不仅能唤起人们童年甚至久远的回忆，也能使怀旧的人们暂且忘掉身边的喧嚣和车水马龙。与此同时，网站中播放的短则几秒钟的一声快门、一声电话响动在开启记忆大门的同时，也使更多人进入了属于自我的回忆空间。从此种意义上说，这些声音档案就成了某些带有怀旧情愫的个人和群体寻找久违的自我与过去的重要渠道。

与此相类似的案例是近年来方兴未艾的地方方言的数字化建档行动。"在社会符号学中，语言是一个社会群体用以标记其身份特征和社会关系的符号。……方言不仅是一种语言形态和表达载体，更是族群身份认同的标志和集体记忆建构的桥梁。……方言语音建档可在实践层面上将这种身份认同的情感诉求转化为深刻的文化建构。"② 由此，语言这一族群文化的外在表征不仅关涉一个族群或一个区域的文化认同与文化权利，而且也充当着群体内部的个体之间拉近距离、个体自身彰显"我从哪里来"与追忆乡愁的工具。方言的数字化建档正是基于数字档案这一电子媒介，将方言中所蕴含的光阴的故事和所折射的生活时代的变迁浓缩在方言档案数据库、语音资料库等数字化存储平台上，如"台湾南岛语数位典藏计划"建立的11种方言语料库、地理资讯系统（GIS）和书目资料库，浙江方言语音档案建设工程建立的"浙江方言语音资料库"，天津方言语音档案建设工程建立的"传统天津方言语音资料库"，等等。传播的稳定性与直接性、联通的即时性与便捷性、展示的形象性与生动性等优势，赋予了地域方言的数字化保护与传承更多的文化意义——帮助现代人守护族群记忆、守护地方文脉、追寻身份认同。因为"地域方言在现代化浪潮冲击下的式微不仅是一种交流方式的消失，更是依附于

---

① 因与现有的数字档案馆有所区别，姑且在这里将百年旧物声音档案馆称为网络档案馆。
② 闫静. 乡音的守望：地域方言的数字化保护［J］. 中国档案，2016（08）：38-40.

此的身份认同和族群记忆的消失。……方言建档正是从文化权利的理念高度，借助科技与人文的力量，使族群得以再现自己、再现传统"①。此外，方言建档还借助更加传统的广播、电视等电子媒介延展了乡音的传播范围、扩大了乡音的传播力度，让"乡愁话语"的共鸣在更广泛的人群中回响。

　　档案项目是"乡愁话语"的表达途径之一。纵观近年来国内外开展的诸多档案项目，不难发现，"寻求社会群体感、传统感、身份感和归属感"的"乡愁话语"这一目标无形之中贯穿于各类档案项目的初衷和始终。如自 20 世纪末期开始蔓延的档案城市记忆项目，近年来档案界持续开展的档案数字人文项目和社群档案（community-based archives）项目，等等，实质上都旨在以档案为媒介，通过怀旧来实现历史、现在和未来的对话。下面将以如火如荼的档案数字人文项目为例，剖析其中所体现出来的"乡愁话语"，以及档案数字人文项目中是如何通过"对自己过去的体认"和"对传统流逝的忧患和反思"来到达身份认同的彼岸。

　　数字人文（Digital Humanities），起源于人文计算（Humanities Computing 或 Computing in the Humanities）②，最初着眼于文本资料的数字化和计算语言学领域，随后逐渐演变为将现代计算机和网络技术应用于人文学科的跨学科研究领域。数字人文发展到今天，更多的学者愿意拥抱其所倡导的"人本""以人为中心""保护个人空间"的理念，试图实现人文学和数字时代高科技的真正汇流与融合，将数字人文视作一种"更大愿景下的策略考量"，而非技术至上主义"为了改头换面的强行圈地"③，从而顺应数字时代的发展趋势。档案与数字人文的相遇得益于"数据与文本"相结合的数据库或资料库建设，发展于档案记忆资源的整合与开发。档案数字人文项目作为数字技术与人文学科张力性结合与双向联动的产物，旨在通过技术与人文的合流、技术逻辑与人文逻辑的耦合，实现档案价值的深度开发和社会延展，并以档案的历史属性和文化意蕴赋予当代数字化人工制品和信息化技术工具更多的价值理性。

　　目前，欧洲数字人文协会（The European Association for Digital Humanities，EADH）网站所公布的数字人文项目多达 200 余个，多涉及将历史档案、手

---

① 闫静. 乡音的守望：地域方言的数字化保护［J］. 中国档案，2016（08）：38-40.

② 2004 年，由于技术对人文研究的全面渗透，数字人文取代了人文计算。参见：HOCKEY S. The history of humanities computing［M］// SCHREIBMAN S, SIEMENS R, UNSWORTH J. A Companion to Digital Humanities. Malden：Blackwell Publishing Ltd, 2004：1-19.

③ 徐立恒，陈静. 我们为什么需要数字人文［N］. 社会科学报，2017-08-24（005）.

稿、古籍、经籍等的数字化工作。而按照欧共体（欧盟前身）1991 年公布的欧洲一般分类方案（Common European Research Classification Scheme，CERCS）划分，EADH 研究平台所收录的数字人文项目学科分布居榜首的二级学科是"文献、信息、图书馆学、档案学"，项目数量高达 85 个①。其中，美誉中外的威尼斯时光机（The Venice Time Machine）即是档案数字人文项目的典型代表。该项目以威尼斯国家档案馆现存馆藏档案数字化资源为基础，通过数据分析、数据建模等数字人文方式为城市历史建立一个"时光机"，以期构建一个跨越数千年的欧洲历史地图，彻底改变人们感知欧洲历史和文化的方式。②该项目聚焦复原历史，其实就是还原传统，使我们在了解过去之中更好地理解现在和未来，使我们通过电子媒介拨动时光的倒带，从而更好地了解我们共同的历史和文化。而只有真正地了解了历史和传统，群体及群体中的个体才能获得心灵上的收获并更好地理解人类自身的未来。

综观国内，目前图情档学界主持的数字人文项目也多则数十项，这些项目多基于历史档案、古籍、方志等文献资源的数字化工作，深入阐释与展现其中的知识关联并予以可视化呈现，如国家图书馆（古籍保护中心）主持的"国家珍贵古籍名录知识库""中国记忆实验网站"，上海图书馆（历史人文大数据平台）主持的"中文古籍联合目录及循证平台""中国家谱数据库""中国近代文献图库"，浙江大学图书馆主持的"中国历代墓志铭数据库"，中国人民大学信息资源管理学院主持的"北京记忆数字资源平台""中国古文书样本数据库""高迁数字记忆项目"，等等。这些数字人文项目的文献资源都或多或少带有档案的身影，以其中的"中国家谱数据库"和"高迁数字记忆项目"为例，我们可以明显地感觉到项目中的人文关怀——蕴含着社会群体感、传统感、身份感和归属感的追寻。基于"中国家谱数据库"建成的"中国家谱知识服务平台"，秉承"踏上寻根问祖的文化之旅"理念，旨在通过家谱档案的呈现实现"血缘亲疏的辨析，族群世系的认同"③ 这一家谱留存的最原始目的。该网站通过"家谱文化""家规家训""在线修谱"等栏目，通过"姓氏浏览"和"时空浏览"等方式，让每一个对自己的先祖、血统、家族起源等信息感兴趣，并欲求寻找家族归属感的个体，在时空中探究

---

① 朱大丽．王丽华博士应邀作《中国 GLAM 公开课》主题报告，从学科交叉融合视角解析数字人文的前世今生［EB/OL］．上海大学图书馆，2022-05-15.

② "时光机项目"（Time Machine Project）［EB/OL］．数字人文本体知识库，2019-06-06.

③ 家谱的起源［EB/OL］．中国家谱知识服务平台，2018-09-18.

"我是谁""我来自哪里""我将向往何处"等关乎个人身份感、认同感、归属感和社会群体感的问题，从而实现对个人身份的体认。"高迁数字记忆项目"则聚焦村落历史文化的多维叙事，利用数字化技术手段助力传统文化保护与传承的连续性、整体性和系统性，将仙居县高迁村这一浙江台州古村落的历史与现在、传统与当代的光影立体化地呈现出来，"让居民望得见山、看得见水、记得住乡愁"①。该项目基于古村落档案资源的主动建设和深度开发，结合电子媒介方法、数字技术和数字艺术进行档案资源记录、数字文化叙事，将古村落的历史档案和口述档案、照片档案、文献等内容进行语义化组织，最终建设成"记忆高迁·爱得我所"门户网站，将"乡愁"具体呈现在乡土文化之中，呈现在"前站后库"的古村落数字档案资源之中。此外，该项目还衍生出了吴氏家训诵读、《天上北斗·人间高迁》专题片、高迁古村全景漫游、高迁精神空间数字创意呈现、慎德堂 3D 建模、谱系精英人物可视化展示、吴氏家族十大纪事等数字文化产品，将古村落的人、事、物、历史、现在和未来通过电子媒介创意性联动起来，不仅使当地人可以追根溯源、缅怀先辈、探寻身份、感受认同，也使当代每一个中国人在数字媒介中探寻中国传统社会的根基，拨动"乡愁"的心弦，正如项目组在宣介该项目时所言："古村落承载着厚重的历史文化和连绵不绝的乡愁，用数字方法活态保护古村落、留存古村落文化记忆，意义重大，任重道远。"②

（二）档案在"乡愁话语"中生产身份认同的同时是否也生产隔阂？

如果从二元辩证的角度延续这一议题的探讨，档案在唤起乡愁和怀旧情绪的同时，是否会导致新的隔阂？正如有学者所担忧的那样，在全球化愈演愈烈和社会日趋多元的今天，认同的积极意义何在？认同的张扬是否有助于世界的和谐？这里我们必须明确，任何形式的认同都意味着对其他人的排斥。③如此，档案在"乡愁话语"中生产身份认同的同时是否也生产隔阂？这一问题也契合了后全球化身份认同议题对传统"积极建构说"的反思。

其一，正如传播学家所言"媒介即信息"，当数字化达到一定程度，数字

---

① 习近平总书记在 2013 年召开的中央城镇化工作会议上指出："要让居民望得见山、看得见水、记得住乡愁。"

② 梁继红，马林青，陈洁，等．古今碰撞：高迁古村落数字记忆建设经验［EB/OL］．档案那些事儿公众号，2020-09-23．

③ 范可．全球化语境中的文化认同与文化自觉［M］//何成洲．跨学科视野下的文化身份认同：批评与探索．北京：北京大学出版社，2011：228-240．

媒介就构成了体外信息，而档案机构就是体外信息存储的主体。雅克·德里达认为，档案产生于口头记忆发生崩溃的地方，档案本身蕴含着损失、衰退、遗忘和无序。① 而不断发展的数字媒介技术扩大了档案机构的资源体量，使其在某种程度上，成为混乱的、非人类处理的历史数据的积累，可供高效率的检索和浏览。但矛盾之处在于，档案的物质性特征使得信息固化在羊皮纸、纸张、雕塑、光盘等模拟态、数字态载体上，才能传递、交流而不被遗忘，而为了延续避免遗忘的冲动，在数字媒体技术发展之后，档案机构开始努力引进大数据、云计算、区块链和内容管理等技术，从管理上使资源更加结构化、有序化、完整化，致力于使固化的记忆不发生混乱。但这样一来，如果仍仅延续传统的目录、检索和分类等思路，即输出信息而非记忆，则档案的数字化始终无法还原记忆所特有的"情感联想的秩序"。② 换言之，从一开始的以物化为起点，到技术使得馆藏进一步有序化，档案资源始终都是信息的，而非记忆的甚至是情感的。如此一来，电子媒介时代下档案在"乡愁话语"中所生产出的身份认同也会因缺少记忆和情感的联想而在不同群体中加深隔阂，甚至走向反认同。例如，根据徐拥军和王露露等人于 2017 年对我国 103 个城乡记忆工程的调研结果，目前的项目建设还主要依赖网站、视频制作等数字媒体形式，内容多停留在记录城乡地理面貌和发展变迁等表层记忆层面，未能深入到城市和乡村的深层记忆，重内容收集与保管、轻内容开发与利用，③ 更不用提进行二次艺术创作。再者，人类的情感是任何时候都不能被忽视的，数字媒体技术在对档案进行数字化管理与传播的过程中，实际上可以看作二次的艺术创作，而一些档案项目在利用数字媒体技术过程中出现的问题，本质上不仅在于审美的丢失，更是在于对符号解释趣味的忽略、对人类记忆与情感的背离。④

其二，档案学家吉利兰（A. Gilliland）和卡斯韦尔（M. Caswell）曾提出："无论是在档案理论还是实践中，都应明确承认个人档案和集体档案的缺

---

① DERRIDA J. Archive Fever：A Freudian Impression ［M］. Chicago：University of Chicago Press，1996：15.

② KIM J. The archive with a virtual museum：The（im）possibility of the digital archive in Chris Marker's Ouvroir ［J］. Memory Studies，2020，13（01）：90-106.

③ 徐拥军，王露露，洪泽文. 我国城乡记忆工程建设研究 ［J］. 山西档案，2017（04）：18-26.

④ 王露露，闫静，周延. 数字媒体与档案艺术的记忆问题反思 ［J］. 档案学研究，2021（04）：80-86.

失，以及任何无法获得的档案，都有其必然的作用。"① 这一观点并非针对档案完整性与结构性的反对意见，只是她们感知到缺失、无序、混乱对于档案解释空间的重要意义，无论是不可抗的自然缺失还是人为设计的考量，都可以被赋予符号表达的意义。通过前文的分析，历史上本身也有一些档案出现了遗失与混乱，没有办法满足某类少数群体的需求。尽管很多因素造成了这些历史信息片段的缺失，吉利兰和卡斯韦尔却认为，即便这些信息无法物质化，但是作为影响的表现、作为集体悲伤和愿望的象征、作为具有证据力的文件，所具备的想象不可能的未来的能力，是不可估量的，甚至个人、社区乃至整个社会，对真相的感知可能内化在了情感（或记忆）中，而不必作为事实直接存在。② 另一方面，身份是流动的、多元的和变化的，档案在身份认同建构中的介入还需根据当事人的主观感受和意愿，否则或许会造成档案在生产身份认同的同时也生产隔阂这一局面。

二、东西分野与东方主义的身份表征——以档案史料讲好"中国故事"为例

在后全球化时代，人类共同居住的地球不再是一个空间概念，而是成了人类命运共同体的物质承载。虽然在后全球化时代，西方与东方不再像现代时期和现实时代那般被视为区隔地球两端，"他们眼中的我们"与"我们眼中的他们"的代号被反复提及，但亘古留存的东西分野也难以一下子消弭。爱德华·沃第尔·赛义德（Edward Wadie Said）在《东方学》中就秉承这样一种观点，即"东方"和"西方"的身份是在相互参照"他者"的过程中被建构和生产出来的，"每一种文化的发展和维护都需要一种与其相异质并且与其相竞争的另一个自我（alter ego）的存在。自我身份的建构——因为在我看来，身份，不管东方的还是西方的——牵涉到与自己相反的'他者'身份的建构，而且总是牵涉到与'我们'不同的特质的不断阐释与再阐释"③。在后全球化的时代背景和构建人类命运共同体的时代使命下，在亘古的东西方概念框架下，如何向西方社会讲好中国故事，如何发挥档案史料在讲好中国故

---

① GILLILAND A J, CASWELL M. Records and their imaginaries: Imagining the impossible, making possible the imagined [J]. Archival Science, 2016, 16 (01): 53-75.

② GILLILAND A J, CASWELL M. Records and their imaginaries: Imagining the impossible, making possible the imagined [J]. Archival Science, 2016, 16 (01): 53-75.

③ 赛义德. 东方学 [M]. 王宇根，译. 北京：生活·读书·新知三联书店，1999：426-427.

事增强"四个自信"中的作用，如何在利用档案史料讲好中国故事中构建一个富含骨气与底气的东方主义身份表征，既关涉档案理论与实践的认同范式转向，又佐证了档案史料在后全球化背景下身份认同建构的价值。

自 2013 年习近平总书记在全国宣传思想工作会议上强调要"着力打造融通中外的新概念新范畴新表述，讲好中国故事，传播好中国声音"① 以来，讲好中国故事就成了一项时代使命。如何讲好中国故事，传播好中国声音，展示真实、立体、全面的中国，在"百年未有之大变局"的时代背景下变得更加重要。2016 年，习近平总书记在庆祝中国共产党成立 95 周年大会上的讲话指出，全党要坚定中国特色社会主义道路自信、理论自信、制度自信、文化自信，坚持党的基本路线不动摇，不断把中国特色社会主义伟大事业推向前进。②"四个自信"由此形成。讲好中国故事和坚定"四个自信"是相辅相成的。坚定"四个自信"是讲好中国故事的思想信念之本，没有"四个自信"是绝对讲不好中国故事的；讲好中国故事是坚定"四个自信"具体实践的行动外化，好的中国故事呈现的是客观、全面、生动的中国观，以及与其他国家具有共通性的故事之道，是需要"四个自信"作为支撑的。档案史料是没有掺过水的史料，是社会发展的凭证，是人类文明的记忆，更是中国特色社会主义道路探索史、理论创新史、制度建设史和文明发展史的原始记录和生动诠释，档案史料中蕴含的科学认知、价值认同和情感归属是讲好中国故事、增强"四个自信"的源头活水。

（一）用档案史料讲好中国故事、增强"四个自信"

档案史料是讲好中国道路故事、阐释中国特色社会主义发展道路优势的资源库。习近平总书记在学习贯彻党的十九大精神研讨班开班仪式上发表重要讲话强调："只有回看走过的路、比较别人的路、远眺前行的路，弄清楚我们从哪儿来、往哪儿去，很多问题才能看得深、把得准。"③ 档案史料中蕴含着中华民族上下五千年和纵横九万里的智慧和力量，真实地记录了我们从哪儿来，昭示着我们将往哪儿去。从红色档案中赓续的红色血脉，到乡村档案

---

① 习近平在全国宣传思想工作会议上强调 胸怀大局把握大势着眼大事 努力把宣传思想工作做得更好 [EB/OL]. 共产党员网，2013-08-21.

② 习近平. 在庆祝中国共产党成立 95 周年大会上的讲话. [EB/OL]. 中国共产党新闻网，2021-04-16.

③ 习近平在学习贯彻党的十九大精神研讨班开班式上发表重要讲话 [EB/OL]. 新华网，2018-01-05.

中展现的农村发展换新颜，从城建档案中镌刻的城市变迁，到非遗档案中流淌的民族文化别样美，都是中国发展道路和发展模式的生动注脚，无言地诉说着中国道路是人民、历史和现实的正确选择。档案史料还记录了中国特色社会主义发展道路的由来及演变历程。一份 1927 年 8 月 7 日中央紧急会议档案，记录了大革命失败后，毛泽东同志开创中国革命新道路的开端，从此中国开始了漫长而艰难的中国特色社会主义道路探索之路。档案史料中记录的新民主主义革命时期中国共产党农村包围城市、武装夺取政权的社会主义革命历程，记录的新中国成立后中国共产党领导人民医治战争创伤、恢复国民经济的社会主义建设历程，记录的改革开放以来中国共产党领导人民进行经济建设、政治建设、文化建设、社会建设、生态文明建设中的经验和教训，无不蕴含着从毛泽东到习近平几代党和国家领导人在革命征途中，对带领中国人民坚定地走社会主义道路的信仰和初心，是中华民族从站起来、富起来到强起来的伟大注脚。

档案史料是讲好民族复兴故事、培育和践行社会主义核心价值观的语料集。早在 1936 年，毛泽东同志在和埃德加·斯诺谈及 1920 年赴北京阅读马克思主义著作的情况时说过："我接受马克思主义，认为它是对历史的正确解释，以后，就一直没有动摇过。"这种最初的理论自信随着中国特色社会主义道路的发展而创造性地创新为马克思主义中国化和中国特色社会主义理论体系。党的十八大以来，习近平总书记反复强调"马克思主义始终是我们党和国家的指导思想""马克思主义就是我们共产党人的'真经'"。实践是检验真理的唯一标准，我们对中国特色社会主义理论体系的科学性、真理性和正确性的自信来源于民族复兴的伟大实践。档案史料中记录了中国共产党将马克思主义与中国革命和建设具体实践相结合，带领中国人民进行伟大斗争、建设伟大工程、推进伟大事业、实现伟大梦想的历史成就；记录了中国共产党治国理政的故事、中国人民奋斗圆梦的故事、中国坚持和平发展合作共赢的故事。档案史料中这些生动的事例、事实通过档案展览、档案编研等形式转变为爱国主义教育、家庭美德教育、个人价值观教育的重要素材，成为民族复兴故事的重要组成部分，更易在世界舞台上同频共振，向世界传达出中国的理论自信。

档案史料是讲好发展改革故事、传播中国特色社会主义制度优势的传声筒。习近平总书记在主持中央政治局第十七次集体学习时强调："讲好中国制度故事，引导人们充分认识我们已经走出了建设中国特色社会主义制度的成功之路。"① 档案史料中蕴含着中国制度来龙去脉的大历史观，记载了中国共产党成立以来致力于建立人民当家作主的新社会的实践，积累了中国共产党在局部地区执政的宝贵经验。档案中的原始记录真实地表明中国特色社会主义制度不是简单套用马克思主义经典作家设想的"模板"，不是延续中国传统国家制度的"母版"，不是其他国家社会主义实践的"再版"，更不是西方国家制度的"翻版"，而是符合中国国情、体现国家性质、保证人民当家作主、持续推动中国进步与发展、深得人民拥护的"新版"，是党和人民自己的伟大创造。档案史料中呈现了彰显中国制度显著优势的"两大奇迹"，记录了新中国成立 70 多年来，尤其是改革开放 40 多年来，中国历史的沧桑巨变，蕴藏着"经济快速发展奇迹和社会长期稳定奇迹"的制度密码。档案史料中所记录的这些变化和奇迹生动地诠释了中国特色社会主义是当代中国发展进步的根本制度保障。

档案史料是讲好中华文化故事、建设中国特色社会主义文化强国的助推剂。2016 年 7 月 1 日，习近平总书记在庆祝中国共产党成立 95 周年大会上强调："文化自信，是更基础、更广泛、更深厚的自信。在 5000 多年文明发展中孕育的中华优秀传统文化，在党和人民伟大斗争中孕育的革命文化和社会主义先进文化，积淀着中华民族最深层的精神追求，代表着中华民族独特的精神标识。"② 文化自信来自历史面向未来。档案与文明传承和文化积淀天然相关，档案史料中浓缩了中华民族 5000 年的文明史，传统文化中讲仁爱、重民本、守诚信、崇正义、尚和合、求大同的思想均可在档案中找到具体的案例加以佐证。侨批档案中蕴含着海外华侨情系桑梓、爱国爱乡的家国情怀，家谱档案中诠释了"记述先世、弘扬家史、敦宗睦族、凝聚血亲"的孝悌之道，红色档案中党的重要会议、重要事件、重要任务蕴藏着党的初心使命，抗疫档案中归集的文书、实物、音像、网页等绘制了疫情之下每一位无私奉献抗疫人精神内涵的地图。各种载体、各种类型档案中所体现出的爱国主义、集体主义、社会主义思想，无不是社会主义先进文化的浓缩。

（二）利用档案史料讲好中国故事、增强"四个自信"的有效策略

利用档案史料讲好中国故事、增强"四个自信"，应深入推进档案资源体

---

① 习近平在中央政治局第十七次集体学习时强调 继续沿着党和人民开辟的正确道路前进 不断推进国家治理体系和治理能力现代化［EB/OL］．中国日报网，2019-09-24．

② 习近平．在庆祝中国共产党成立 95 周年大会上的讲话［EB/OL］．中国共产党新闻网，2021-04-16．

系建设，全面记录经济社会发展进程。习近平总书记在对档案工作重要批示中提到，要把新时代党领导人民推进实现中华民族伟大复兴的奋斗历史记录好、留存好，更好地服务党和国家工作大局、服务人民群众。① 讲好中国故事要有源源不断的素材，而浓缩时代发展侧影的档案资源就是最生动的素材之一。建设一个覆盖面更加广泛、内容更加丰富、形式更加多样、结构更加优化的新时代档案资源体系，不仅是档案事业发展的内在要求，也是讲好中国故事、增强"四个自信"的素材库。尤其是反映新时代新成就的"四史"档案材料、"四重"档案材料、习近平总书记亲自部署亲自指挥的脱贫攻坚和疫情防控"两类档案"，要做到应收尽收。通过档案资源建设，为新时代取得的历史成就提供一个档案标本，更好地展现中国力量和中国精神。

利用档案史料讲好中国故事、增强"四个自信"，应深入推进档案利用体系建设，充分实现档案对国家和社会的价值。一是加快档案开放进程，为中国故事提供更多原始素材。中国故事不仅要中国人自己来讲，还需要外国人从他们的视角来讲。1980年，历史档案的开放为外国人了解中国提供了一个真实的窗口，40余年来伴随着档案开放进程的持续推进，中国也以更加自信的姿态向世界展现这个文明古国的历史、现在和未来。继续加快档案开放进程不仅是"四个自信"的体现，也可为国内外展示一个更加真实的中国形象。二是以档案叙事赋能档案史料开发，为中国故事提供现代叙事范式。习近平强调要加快构建中国话语和中国叙事体系，打造融通中外的新概念、新范畴、新表述。档案史料凭借其原始性、真实性的特征成为叙事的天然原料，档案叙事可通过朴素的语言及其特有的历史温度再现过去发生的事，为中国故事背后的精神力量和思想力量增添无限的人文情怀。

利用档案史料讲好中国故事、增强"四个自信"，应积极深入推进档案对外交流合作，提升国际影响力和贡献力。一是推进"档案外交"，加强双边和多边合作交流。如通过"一带一路"档案建设、申报世界记忆名录、加强侨批档案的海外征集、推动奥运档案的宣传等活动加强与世界其他国家的联系，并在这一过程中将中国追求和平发展、珍视传统文化、争创合作共赢的理念潜移默化地传递给合作国家。二是充分挖掘档案史料在构筑身份认同中的价值，为人类命运共同体的构建提供档案话语。档案蕴含着身份信息、镌刻着

---

① 国家档案局印发《通知》要求认真学习贯彻习近平总书记对档案工作重要批示［EB/OL］. 国家档案局，2021-07-29.

认同基因，是"我们从哪里来、现在在哪里、将到哪里去"的生动呈现。在档案对外交流合作中，档案工作者应消弭政治和地理上的差异，将自己作为全球大家庭的一分子，通过档案这一共有的历史遗产构建一个包容的信息空间。如与海外华侨所在国进行侨批档案联合开发，与"一带一路"沿线国家进行丝绸档案联合开发，与奥运举办国及城市进行奥运档案联合开发，这些举措可为构建一个立体多彩的中国和世界贡献档案力量。

习近平总书记强调："我们有本事做好中国的事情，还没有本事讲好中国的故事？我们应该有这个信心！"[①] 讲好中国故事、展现中国形象、传播中国声音、阐释中国特色本身就是"四个自信"的体现。档案史料虽是历史的记录，但其中记录的中国故事不是"过去时"，而是"现在时"甚至是"将来时"。档案史料以其生动的案例、朴实的笔触无声地说服人、打动人、感染人、影响人，为绘制一个可信、可亲、可敬的中国形象提供"自塑"而非"他塑"的原料，为增强"四个自信"、增强做中国人的骨气和底气树立精神路标。

---

① 中共中央党史和文献研究院. 论党的宣传思想工作 [M]. 北京：中央文献出版社，2020：121.

结语与余论

档案中的"显现"与"再现"

在最后，还是需要再次强调一下身份认同的跨学科属性，档案与身份认同的关联既是后现代语境下后现代档案学的当代焦点问题，也是身份认同这一个跨学科题目下档案视角的解答。既然是一个跨学科议题，那么其中的答案并非一个学科所能解决或回应的，本书仅在二者相互辩证的关系中明晰了档案之于身份认同的效用，以及身份认同之于档案的影响，并花了大量的笔墨试图从文本与田野中找到档案实践中身份认同的实现策略。尽管档案与身份认同这一议题具有广阔的研究前景，但其中也必不可少一些研究的困扰，尤其是在后真相、后殖民、后全球化背景下，乃至诸多的尚未列举出来的"后××"之下档案与身份认同面临的新的议题，仍有待继续探索。最后的最后，笔者意图再从哲学语境谈一下档案与身份认同中尚需进一步思考的问题。

档案中的身份认同，归根结底是一个"显现"和"再现"的过程：通过档案呈现、塑造或建构一种身份，从而实现认同。但无论是呈现、塑造还是建构身份认同，档案作为一种人的主观能动性形成的记录样态，可能无法原原本本地进行"显现"，换言之，档案中的身份认同是在原本"显现"基础上的"再现"。而"再现"本身却是一个哲学味非常浓烈的词。自20世纪70年代斯图亚特·霍尔将"再现"引入文化研究领域之后，这个词开始作为那些被视为"他者"的群体——如妇女、移民、少数族裔、性少数者等边缘或非主流群体——寻求身份认同的理论支撑，而斯图亚特·霍尔的再现理论也成了少数群体寻求认同的理论工具。如果追溯历史，"再现"这个词与"摹仿"常常被等同使用。① 随后，关于"摹仿"是对原事物的一种"显现"还

---

① 朱立元. 西方美学范畴史：第3卷 ［M］. 太原：山西教育出版社，2005：2.

是"再现"成了一个被持续争论的问题，这又引出了另一个问题，"摹仿"中蕴含着被动的现象还是主动的现象？到了亚里士多德那里，"摹仿"被视为"一种经过精心组织的、以表现人物的行为为中心的艺术活动"，这时与"摹仿"相等同的"再现"有了更多的积极和主动的成分。

斯图亚特·霍尔对"再现"的界定是："再现是借助语言对我们头脑中诸概念的意义的生产。它是联结概念与语言的纽带，能使我们指涉物、人或事的'真实的'世界，甚或虚构的物、人和事的想象的世界。"① 其实，"再现"不一定唯有借助语言，文字和其他的表意符号同样可以"再现"并在记录中进行意义的生产。而作为历史记录的档案，在这里作为一种"再现"形式，为身份认同打开了一扇门。

但"再现"与"显现"之间的关系如何呢？傅美蓉在《从"反再现"到"承认的政治"：女性身份认同研究》中认为："从终极意义上来说，再现必然是对原本显现（presence）的扭曲，换言之，每一个显现都是无法再现的。"② 赫拉克利特（Heraclitus）认为："在我们的心灵进入状态之前，即使视觉上最好的观察结果也可能是一种误现（misrepresentation）。"以上说法不免有些极端，但却是不争的事实。于是，一个问题呼之欲出：档案中的身份认同是"显现"的结果，还是"再现"的结果呢？如果"再现"是对"显现"的扭曲或"误现"，档案又可以在其中发挥多少作用呢？尤其是身份认同在后现代语境中逐渐走向身份政治③，这就意味着在传统社会建立的亲缘关系和现代社会建立的等级制度之后，身份认同的诉求并不"纯粹"，档案又如何保持客观中立、不偏不倚的立场呢？笔者在这里并非想探求一个固定的答案，也并非绝对地把身份认同导向身份政治，而只是将书中未竟的议题抛出来，以期在后续的研究中继续探索。

不管后现代是否真正到来，或者是否已然过时，不管档案在身份认同中的正负作用是否被更清晰、更明确地认知，希望在档案理论与实践的探索中将个体和群体的特定期望以一种记录的形式固化下来（至少不要随时间的流

---

① HALL S. The work of representation [M]//HALL S, EVANS J, NIXON S. Representation: Cultural Representation and Signifying Practices. London, California & New Delhi: Sage, 1997: 17.

② 傅美蓉. 从"反再现"到"承认的政治"：女性身份认同研究 [M]. 北京：中国社会科学出版社，2019：32.

③ 贝尔. 资本主义文化矛盾 [M]. 严蓓雯，译. 南京：江苏人民出版社，2012：357.

逝而飘散），将之变为塑造认同中的重要力量。每个社会中的个体和群体在依附他者并保持独立的过程中，如朗曼（Langman）所畅想的那般"追求承认和尊严，感受到自我的能动性和增权，逃避恐惧和焦虑"①。

---

① LANGMAN L. Identity, hegemony, and social reproduction [J]. Current Perspectives in Social Theory, 1998, 18: 185-226.

参考文献

一、中文文献

著作类

［1］陈炳辉，等．后马克思主义的理论［M］．北京：中国社会科学出版社，2011．

［2］陈东原．中国妇女生活史［M］．北京：商务印书馆，2015．

［3］董建波．史学田野调查：方法与实践［M］．上海：上海辞书出版社，2013．

［4］杜正胜．中国式家庭与社会［M］．合肥：黄山书社，2011．

［5］方汉文．后现代主义文化心理：拉康研究［M］．上海：上海三联书店，2000．

［6］费孝通．江村经济：中国农民的生活［M］．北京：商务印书馆，2001．

［7］冯尔康．18 世纪以来中国家族的现代转向［M］．上海：上海人民出版社，2005．

［8］冯惠玲，张辑哲．档案学概论：第 2 版［M］．北京：中国人民大学出版社，2006．

［9］冯天瑜．中华文化辞典［M］．武汉：武汉大学出版社，2001．

［10］傅美蓉．从"反再现"到"承认的政治"：女性身份认同研究［M］．北京：中国社会科学出版社，2019．

［11］顾洪章，马可森．中国知识青年上山下乡大事记［M］．北京：人民日报出版社，2009．

［12］何成洲．跨学科视野下的文化身份认同：批评与探索［M］．北京：

北京大学出版社，2011.

[13] 黄兴涛. 新史学：第 3 卷：文化史研究的再出发 [M]. 北京：中华书局，2009.

[14] 晋江市档案馆. 十九世纪以来晋江侨乡与马尼拉之间经济文化研究 [M]. 北京：中国华侨出版社，2019.

[15] 晋江市档案局（馆）. 晋江侨批集成与研究 [M]. 北京：九州出版社，2014.

[16] 泉州市档案局（馆），晋江市档案局（馆）. 泉州侨批故事 [M]. 北京：九州出版社，2016.

[17] 梁江平，刘哲斌. 北大荒知青档案 [M]. 北京：中国文史出版社，2015.

[18] 刘悦. 跨文化记忆与身份建构：欧洲华裔新生代的文化认同 [M]. 厦门：厦门大学出版社，2020.

[19] 罗钢，刘象愚. 文化研究读本 [M]. 北京：中国社会科学出版社，2000.

[20] 罗如春. 后殖民身份认同话语研究 [M]. 北京：中国社会科学出版社，2016.

[21] 孟轲. 孟子：第 2 版 [M]. 杜玉俭，刘美嫦，译注. 2 版. 广州：广州出版社，2004.

[22] 欧阳宗书. 中国家谱 [M]. 北京：新华出版社，1993.

[23] 潘光旦. 寻求中国人位育之道：潘光旦文选 [M]. 北京：国际文化出版公司，1997.

[24] 孙本文. 现代中国社会问题：第 1 册 [M]. 北京：商务印书馆，1946.

[25] 王世贞. 弇州四部稿：外六种 [M]. 上海：上海古籍出版社，1993.

[26] 王永和. 多元文化背景下的国家认同研究 [M]. 银川：宁夏人民出版社，2016.

[27] 王岳川. 后殖民主义与新历史主义文论 [M]. 济南：山东教育出版社，1999.

[28] 王朱唇，张美寅. 闽南侨批史话 [M]. 北京：中国广播电视出版

社，2006.

[29] 吴宝康，丁永奎. 当代中国档案学论 [M]. 北京：档案出版社，1988.

[30] 吴宝康. 档案学理论与历史初探 [M]. 成都：四川科学技术出版社，1986.

[31] 吴振棫. 养吉斋丛录 [M]. 北京：中华书局，2005.

[32] 吴仲强. 中国图书馆学情报学档案学人物大辞典 [M]. 哈尔滨：亚太国际出版有限公司，1999.

[33] 徐建华. 中国的家谱 [M]. 天津：百花文艺出版社，2010.

[34] 徐新建. 全球语境与本土认同：比较文学与族群研究 [M]. 成都：四川出版集团巴蜀书社，2008.

[35] 徐扬杰. 中国家族制度史 [M]. 北京：人民出版社，1992.

[36] 徐拥军. 档案记忆观的理论与实践 [M]. 北京：中国人民大学出版社，2017.

[37] 闫静.1949 年至 1966 年的中国档案学：作为一门独立学科的创建 [M]. 北京：中国社会科学出版社，2021.

[38] 阎云翔. 中国社会的个体化 [M]. 上海：上海译文出版社，2016.

[39] 杨宾. 柳边纪略 [M]. 北京：中华书局，1985.

[40] 杨东荃. 上海谱牒研究 [M]. 上海：上海古籍出版社，1999.

[41] 杨念群. 再造"病人"：中西医冲突下的空间政治：1832—1985 [M]. 北京：中国人民大学出版社，2006.

[42] 张弓，张玉能. 后现代主义思潮与中国当代文论建设 [M]. 北京：北京师范大学出版社，2014.

[43] 张国清. 中心与边缘：后现代主义思潮概论 [M]. 北京：中国社会科学出版社，1998.

[44] 章学诚. 文史通义 [M]. 上海：上海古籍出版社，2007.

[45] 赵静蓉. 怀旧：永恒的文化乡愁 [M]. 北京：商务印书馆，2009.

[46] 中国谱牒学研究会. 谱牒学研究：第 1 辑 [M]. 北京：书目文献出版社，1989.

[47] 周荣德. 中国社会的阶层与流动：一个社区中士绅身份的研究 [M]. 上海：上海学林出版社，2000.

[48] 周宪. 文学与认同: 跨学科的反思 [M]. 北京: 中华书局, 2008.

[49] 朱凤瀚. 商周家族形态研究 [M]. 天津: 天津古籍出版社, 1990.

[50] 朱立元, 张德兴, 等. 西方美学通史: 第7卷 [M]. 上海: 上海文艺出版社, 1999.

[51] 朱立元. 西方美学范畴史: 第3卷 [M]. 太原: 山西教育出版社, 2005.

[52] 邹威华. 斯图亚特·霍尔的文化理论研究 [M]. 北京: 中国社会科学出版社, 2014.

中文译著

[1] 埃尔, 纽宁. 文化记忆研究指南 [M]. 李恭忠, 李霞, 译. 南京: 南京大学出版社, 2021.

[2] 埃里克森. 同一性: 青少年与危机 [M]. 孙名之, 译. 杭州: 浙江教育出版社, 1998.

[3] 埃文斯. 拉康精神分析介绍性辞典 [M]. 李新雨, 译. 重庆: 西南大学出版社, 2021.

[4] 安德森. 想象的共同体 [M]. 吴叡人, 译. 上海: 上海人民出版社, 2003.

[5] 柏格森. 时间与自由意志 [M]. 吴士栋, 译. 北京: 商务印书馆, 1989.

[6] 鲍曼. 流动的现代性 [M]. 欧阳景根, 译. 上海: 上海三联书店, 2002.

[7] 贝尔. 资本主义文化矛盾 [M]. 严蓓雯, 译. 南京: 江苏人民出版社, 2012.

[8] 贝克U, 贝克-格恩斯海姆E. 个体化 [M]. 李荣山, 范譞, 张惠强, 译. 北京: 北京大学出版社, 2011.

[9] 戴维斯. 档案中的虚构: 16世纪法国的赦罪故事及故事的讲述者 [M]. 饶佳荣, 陈瑶, 等译. 北京: 北京大学出版社, 2015.

[10] 德比亚齐. 文本发生学 [M]. 汪秀华, 译. 天津: 天津人民出版社, 2005.

[11] 德里克. 后革命氛围 [M]. 王宁, 译. 北京: 中国社会科学出版

社，1999.

[12] 弗里德曼．图绘：女性主义与文化交往地理学［M］．陈丽，译．南京：译林出版社，2014.

[13] 弗里德曼．文化认同与全球性过程［M］．郭建如，译．北京：商务印书馆，2003.

[14] 弗洛伊德．自我与本我［M］．林尘，译．上海：上海译文出版社，2011.

[15] 福柯．性经验史［M］．佘碧平，译．上海：上海人民出版社，2010.

[16] 福原泰平．拉康：镜像阶段［M］．王小峰，李濯凡，译．石家庄：河北教育出版社，2001.

[17] 格里芬．后现代精神［M］．王成兵，译．北京：中央编译出版社，2011.

[18] 格罗塞．身份认同的困境［M］．王鲲，译．北京：社会科学出版社，2010.

[19] 哈恩．德里达［M］．吴琼，译．北京：中华书局，2003.

[20] 亨廷顿．我们是谁：美国国家特性面临的挑战［M］．程克雄，译．北京：新华出版社，2005.

[21] 霍默．导读拉康［M］．李新雨，译．重庆：重庆大学出版社，2014.

[22] 吉登斯．社会的构成［M］．李康，李猛，译．北京：生活·读书·新知三联书店，1998.

[23] 吉登斯．为社会学辩护［M］．陶传进，周红云，徐阳，等译．北京：社会科学文献出版社，2003.

[24] 吉登斯．现代性与自我认同：现代晚期的自我与社会［M］．赵旭东，方文，译．北京：生活·读书·新知三联书店，1998.

[25] 吉尔兹．地方性知识：阐释人类学论文集［M］．王海龙，张家瑄，译．北京：中央编译出版社，2000.

[26] 杰姆逊．后现代主义与文化理论［M］．唐小兵，译．北京：北京大学出版社，1997.

[27] 卡斯特．认同的力量［M］．夏铸九，黄丽玲，等译．北京：社会

科学文献出版社，2003.

　　［28］库恩.科学革命的结构［M］.金吾伦，胡新和，译.北京：北京大学出版社，2012.

　　［29］拉康.拉康选集［M］.褚孝泉，译.上海：上海三联书店，2001.

　　［30］拉克劳，墨菲.领导权与社会主义的策略：走向激进民主政治［M］.尹树广，鉴传今，译.哈尔滨：黑龙江人民出版社，2003.

　　［31］拉雷恩.意识形态与文化身份［M］.戴从容，译.上海：上海教育出版社，2005.

　　［32］赖特.拉康与后女性主义［M］.王文华，译.北京：北京大学出版社，2005.

　　［33］利奥塔.非人：时间漫谈［M］.罗国祥，译.北京：商务印书馆，2000.

　　［34］利奥塔.后现代状态：关于知识的报告［M］.车槿山，译.南京：南京大学出版社，2011.

　　［35］利科.作为一个他者的自身［M］.佘碧平，译.北京：商务印书馆，2013.

　　［36］林顿.人格的文化背景：文化社会与个体关系之研究［M］.于闽梅，陈学晶，译.桂林：广西师范大学出版社，2006.

　　［37］麦克唐纳.后真相时代［M］.刘青山，译.北京：民主与建设出版社，2019.

　　［38］莫利，罗宾斯.认同的空间：全球媒介、电子世界景观与文化边界［M］.司艳，译.南京：南京大学出版社，2001.

　　［39］诺拉.记忆之场：法国国民意识的文化社会史［M］.黄艳红，等译.2版.南京：南京大学出版社，2017.

　　［40］赛义德.东方学［M］.王宇根，译.北京：生活·读书·新知三联书店，1999.

　　［41］沈艾娣.梦醒子：一位华北乡居者的人生［M］.赵妍杰，译.北京：北京大学出版社，2013.

　　［42］泰勒.自我的根源：现代认同的形成［M］.韩震，王成兵，乔春霞，等译.南京：译林出版社，2001.

　　［43］托夫勒.第三次浪潮［M］.朱志焱，潘琪，张焱，等译.北京：

生活·读书·新知三联书店，1983.

［44］瓦蒂莫.现代性的终结［M］.李建盛，译.北京：商务印书馆，2018.

［45］韦尔策.社会记忆：历史、回忆、传承［M］.季斌，王立君，白锡堃，译.北京：北京大学出版社，2007.

［46］羽田亨.满和辞典［M］.台北：台北学海出版社，1998.

［47］远藤织枝，黄雪贞.女书的历史与现状：解析女书的新视点［M］.北京：中国社会科学出版社，2005.

［48］伍德沃德.认同与差异［M］.林文琪，译.台北：韦伯文化国际出版有限公司，2006.

［49］罗伯特·扬.后殖民主义：历史的导引［M］.周素凤，陈巨擘，译.高雄：巨流图书公司，2006.

期刊论文

［1］库克，李音.铭记未来：档案在建构社会记忆中的作用［J］.档案学通讯，2002（02）.

［2］库克，李音.四个范式：欧洲档案学的观念和战略的变化——1840年以来西方档案观念与战略的变化［J］.档案学研究，2011（03）.

［3］安小米，郝春红.国外档案多元论研究及其启示［J］.北京档案，2014（11）.

［4］卞利.宋明以来徽州血缘身份认同的建构与强化［J］.安徽大学学报（哲学社会科学版），2019，43（02）.

［5］曹冬生.论新家谱之新［J］.图书馆学刊，2015，37（03）.

［6］陈春声.侨批档案对中国区域社会史研究的挑战［J］.华侨华人文献学刊，2015（01）.

［7］陈聃.天津市档案馆举办“知青岁月”展览［J］.兰台世界，2013（22）.

［8］陈慧.性别政治视阈下女性话语权建构探究［J］.广西社会科学，2010（11）.

［9］陈世联.文化认同、文化和谐与社会和谐［J］.西南民族大学学报（人文社科版），2006（03）.

［10］陈贤华．吴宝康与中国档案教育［J］．档案学通讯，1987（06）．

［11］陈玉杰．农民工身份认同中档案的作用［J］．浙江档案，2018（03）．

［12］陈兆祦．关于"文件与档案双重价值论"的背景资料［J］．档案管理，2008（03）．

［13］程丹萍．古迪逊诗歌中自我认同危机与他者认同危机研究［J］．传播力研究，2020，4（03）．

［14］仇壮丽，刘歌宁．"女书档案"的征集、保护与开发研究［J］．档案学研究，2008（05）．

［15］楚艳娜，刘芮．侨批档案的场域式开发和利用模式解读［J］．兰台世界，2020（07）．

［16］戴建兵，张志永．个人生活史：当代中国史研究的重要增长点［J］．河北学刊，2015，35（01）．

［17］戴艳清，刘孟玲．"两个尺度"思想视角下女书档案价值开发研究［J］．山西档案，2020（06）．

［18］丁海斌．档案工作时间论［J］．档案学通讯，2012（01）．

［19］杜家骥．满族家谱对女性的记载及其社会史史料价值［J］．中国社会历史评论，2006（09）．

［20］杜梅．2012年国际档案大会：新环境新变化［J］．中国档案，2011（04）．

［21］范玲娟．Mona Baker 叙事理论的演进及其在翻译研究中的应用［J］．浙江外国语学院学报，2015（01）．

［22］方亭．从自我主体分裂到他者身份认同：文化研究语境中的拉康主体理论［J］．信阳师范学院学报（哲学社会科学版），2008（05）．

［23］冯惠玲．当代身份认同中的档案价值［J］．中国人民大学学报，2015，29（01）．

［24］冯惠玲．档案记忆观、资源观与"中国记忆"数字资源建设［J］．档案学通讯，2012（03）．

［25］傅美蓉．女书与性别身份认同［J］．湖南科技大学学报（社会科学版），2010，13（02）．

［26］高胜楠，吴建华．档案与国家认同：理论基础、作用维度与现实路

径 [J]. 档案学研究, 2021 (06).

[27] 葛孝亿, 陈岭. 学业与志业: 近代中国族谱叙事中的新女性——基于江西吉安 M 家族知识女性的考察 [J]. 中国教育: 研究与评论, 2019 (02).

[28] 宫哲兵, 刘自标. 女书与妇女文学 [J]. 湖南大学学报 (社会科学版), 2000 (01).

[29] 广安市档案局. 知青档案优先数字化 提高效率方便用户 [J]. 四川档案, 2015 (01).

[30] 郭玉奇. 牢记总书记教诲 传承北大荒精神 [J]. 前进, 2019 (12).

[31] 何玲, 马晓玥, 档案研究僧. 跨媒体叙事理论观照下的档案叙事优化策略: 以红色档案为例的分析 [J]. 档案学通讯, 2021 (05).

[32] 贺军. 女书档案: 世界记忆工程中的奇葩 [J]. 山西档案, 2005 (05).

[33] 贺夏蓉. 文化生态视野下的女书及女书文化保护模式探析 [J]. 中南民族大学学报 (人文社会科学版), 2010, 30 (02).

[34] 贺兴义. 个体叙事的群体认同建构: 社会学视阈的高校口述档案价值 [J]. 兰台世界, 2021 (06).

[35] 洪波. "个体—共同体" 关系的变迁与社会治理模式的创新 [J]. 浙江学刊, 2018 (02).

[36] 胡鸿杰. 再论档案文化及其建构 [J]. 档案管理, 2020 (02).

[37] 胡佳慧, 饶鉴. 江永女书文创产品开发研究 [J]. 今古文创, 2022 (05).

[38] 胡澎. 日本人战争记忆的选择、建构: 兼谈中日如何共享战争记忆 [J]. 东北亚学刊, 2016 (03).

[39] 胡曦幻. 乡村振兴视域下的江永女书文化遗产发展路径 [J]. 中国乡村发现, 2021 (04).

[40] 胡翼青. 再论后真相: 基于时间和速度的视角 [J]. 新闻记者, 2018 (08).

[41] 胡中生. 清代徽州族谱对女性上谱的规范 [J]. 安徽大学学报 (哲学社会科学版), 2007 (01).

[42] 户晓辉. 自我与他者：文化人类学的新视野 [J]. 广西民族学院学报（哲学社会科学版），2000（02）.

[43] 黄彩文，子志月. 历史记忆、祖源叙事与文化重构：永胜彝族他留人的族群认同 [J]. 西南民族大学学报（人文社科版），2017，38（03）.

[44] 黄海军. 叙事视角下的翻译研究 [J]. 外语与外语教学，2008（07）.

[45] 黄霄羽，管清潆，裴佳勇. 2018—2019 年国外档案学理论的研究热点与前沿趋势探析 [J]. 档案学通讯，2020（05）.

[46] 黄新荣，吴建华. 论档案学隐喻与档案学范式 [J]. 档案学研究，2014（04）.

[47] 惠清楼. 民国族谱中的女性形象探析 [J]. 中国社会历史评论，2009，10（00）.

[48] 季梦佳，王裕明，俞皓耀. 身份认同视野下高校档案服务思政教育的思考 [J]. 高教论坛，2018（09）.

[49] 加小双，徐拥军. 档案与身份认同：背景、内容与影响 [J]. 档案学研究，2019（05）.

[50] 加小双. 当代身份认同中家族档案的价值 [J]. 档案学通讯，2015（03）.

[51] 姜之茂. 语重心长盼飞跃——访著名档案学家、教育家吴宝康教授 [J]. 北京档案，1990（06）.

[52] 金光耀. 后知青时代的知青历史书写 [J]. 中共党史研究，2015（04）.

[53] 赖世鹤，范垂学. 回忆国家档案局成立的经过 [J]. 档案学通讯，1986（04）.

[54] 克莱因，宋迎春. 缺席的图像：档案沉默、数据视觉化和詹姆斯·赫明斯 [J]. 山东社会科学，2018（09）.

[55] 李尔岑. 清代"跨性别者"的日常生活、生计浅探 [J]. 河北师范大学学报（哲学社会科学版），2022，45（03）.

[56] 李福君. 新詹金逊主义初探 [J]. 档案与建设，2017（08）.

[57] 李海涛. 论柏格森时间 [J]. 法国研究，1988（02）.

[58] 李孟秋. 论档案叙事的发展演变：基于社群档案的分析 [J]. 浙江

档案，2021（06）.

[59] 李期耀. 失范与重构：潮汕浸礼差会女性传教人员社会性别演变（1860—1903）[J]. 暨南学报（哲学社会科学版），2015，37（09）.

[60] 李庆福. 女书文化研究 20 年 [J]. 广西民族研究，2003（02）.

[61] 梁兵，王子鹏. 关于名人档案若干问题的认识与思考 [J]. 云南档案，2010（01）.

[62] 梁兴博. 省档案馆大力开展黑龙江知青档案征集工作 [J]. 黑龙江档案，2017（01）.

[63] 林祥瑞. 略论福建华侨史的分期问题 [J]. 福建师大学报（哲学社会科学版），1983（04）.

[64] 刘惠，陈彦彦. 文化自信视域下北大荒精神的传承与弘扬 [J]. 江西科技师范大学学报，2019（03）.

[65] 刘惠明. "被叙述的自身"：利科叙事身份/认同概念浅析 [J]. 现代哲学，2010（06）.

[66] 刘建武，陈建生，林剑煌，等. 闽南侨批业与侨乡民间金融 [J]. 福建金融，2020（09）.

[67] 刘旭光. 一片冰心在玉壶：记我国档案界第一位女教授韩玉梅 [J]. 辽宁档案，1992（08）.

[68] 刘志峰，闫晶，谢春河. 知青档案的开发与利用 [J]. 黑河学院学报，2020，11（12）.

[69] 刘志森，耿志杰. 情感仪式视域下档案与身份认同：理论阐释、作用机理及提升路径 [J]. 档案学研究，2022（03）.

[70] 刘佐成，刘睿潇. 身份认同诉求下的高校档案信息资源建设策略 [J]. 教育教学论坛，2020（07）.

[71] 龙迪勇. 梦：时间与叙事——叙事学研究之五 [J]. 江西社会科学，2002（08）.

[72] 龙迪勇. 寻找失去的时间：试论叙事的本质 [J]. 江西社会科学，2000（09）.

[73] 陆阳，蔡之玲. 档案与身份认同研究现状考察与进路展望 [J]. 档案学研究，2021（01）.

[74] 罗铿. 数字人文背景下侨批档案资源的开发模式研究 [J]. 档案学

研究，2019（05）．

[75] 罗琳娜，陆阳．论档案在建构自我认同中的作用机理 [J]．档案与建设，2018（06）．

[76] 吕文婷，张帆．论个人档案的主体性特征 [J]．档案与建设，2020（05）．

[77] 马立伟．档案研究中"过程说"的理论初探：以云南陆军讲武堂的历史和档案文献研究为例 [J]．档案学研究，2020（04）．

[78] 毛立平．档案与性别：从《南部县衙门档案》看州县司法档案中女性形象的建构 [J]．北京社会科学，2015（02）．

[79] 农辉锋．历史人类学视野下的法国平民史：以《蒙塔尤》与《档案中的虚构》为例 [J]．世界民族，2009（06）．

[80] 欧文斯，李音．档案馆：记忆的中心和传承者 [J]．中国档案，2011（04）．

[81] 庞卫东．侨批业的兴衰与侨批的档案价值 [J]．兰台世界，2010（07）．

[82] 戚华英．安徽灵璧"知青档案目录"为异地查档提供方便 [J]．兰台世界，2013（16）．

[83] 钱杭．家谱价值的多元理解与一元底线 [J]．社会观察，2007（07）．

[84] 邵枫，朱丹娜．他是一座山：写在纪念新中国档案教育奠基人吴宝康先生百年诞辰之际 [J]．浙江档案，2017（11）．

[85] 邵凤丽．新旧家谱凡例的对比研究 [J]．民俗研究，2008（04）．

[86] 沈艾娣．关于如何阅读当代史档案的一些想法 [J]．社会科学，2015（11）．

[87] 沈友志，何日宣．湖南永州女书首登《中国档案文献遗产名录》[J]．湖南档案，2002（09）．

[88] 施蕊．关于档案身份认同的探讨 [J]．黑龙江档案，2013（04）．

[89] 宋丽丽，鲁京京，吴昊．黑龙江知青声像档案的采集与整理研究 [J]．文化创新比较研究，2017，1（32）．

[90] 苏立．"档案行动主义"：内容、实践与实质探析 [J]．档案与建设，2022（05）．

[91] 孙频捷. 身份认同研究浅析 [J]. 前沿, 2010 (02).

[92] 陶家俊. 身份认同导论 [J]. 外国文学, 2004 (02).

[93] 田李隽. 江永女书及其女性文化色彩 [J]. 中华女子学院学报, 2004 (04).

[94] 王笛. 论档案文献编纂在身份认同建构中的功能及其实现 [J]. 北京档案, 2018 (07).

[95] 王赓武. 中国情结: 华化、同化与异化 [J]. 北京大学学报 (哲学社会科学版), 2011, 48 (05).

[96] 王汉生, 刘亚秋. 社会记忆及其建构一项关于知青集体记忆的研究 [J]. 社会, 2006 (03).

[97] 王虹. 女性的回归与选择: 美国当代电影中的保守主义倾向 [J]. 西南民族大学学报 (人文社科版), 2008 (02).

[98] 王金林. 后真相政治探幽 [J]. 探索与争鸣, 2017 (04).

[99] 王晋生. 柏格森绵延概念探讨 [J]. 山东大学学报 (哲学社会科学版), 2003 (06).

[100] 王露露, 闫静, 周延. 数字媒体与档案艺术的记忆问题反思 [J]. 档案学研究, 2021 (04).

[101] 王茂跃. 争鸣不是个人恩怨 [J]. 中国档案, 2001 (05).

[102] 王勤美. 祠堂礼制与人群阶序: 清水江下游的乡村社会 [J]. 贵州大学学报 (社会科学版), 2018, 36 (04).

[103] 王晓飞. 中国的四代档案学者 [J]. 档案, 1989 (04).

[104] 卫华. 挑战与颠覆: 论西方文化研究视野中的怪异理论思潮 [J]. 浙江社会科学, 2007 (05).

[105] 温小兴, 朱俊. 从革命先烈到英雄祖先: 客家族谱的革命书写与文化认同——以篮夏桥 "祖先" 故事的书写为例 [J]. 赣南师范大学学报, 2021, 42 (02).

[106] 吴宝康. "文件生命周期理论" 问题引起的若干思考 [J]. 档案学通讯, 1993 (01).

[107] 吴宝康. 档案事业的建设与档案学: 一九八四年六月十六日在浙江省档案局、浙江省档案学会举办的学术报告会上的讲话 [J]. 浙江档案工作, 1984 (07).

[108] 吴宝康. 贯彻"双百方针"繁荣学术研究 [J]. 北京档案, 1985 (00) .

[109] 吴宝康. 加强档案科学技术工作 [J]. 上海档案, 1985 (01) .

[110] 吴宝康. 论档案工作的意义及目前存在的问题 [J]. 山西政报, 1954 (12) .

[111] 吴宝康. 明确树立档案科学观点和档案政策观点开创档案工作新局面 [J]. 档案与建设, 1984 (01) .

[112] 吴宝康. 三十年来我国档案学的研究及其今后发展（续）[J]. 档案学通讯, 1981 (03) .

[113] 吴宝康. 我的回忆（续完）[J]. 档案学通讯, 1997 (02) .

[114] 吴宝康. 我的回忆 [J]. 档案学通讯, 1997 (01) .

[115] 吴宝康. 致《上海档案》编辑部的一封信 [J]. 上海档案, 1995 (03) .

[116] 吴宝康. 中国人民大学档案专修班立卷实验工作的初步研究 [J]. 档案工作, 1953 (02) .

[117] 吴宝康同志生平 [J]. 中国档案, 2008 (06) .

[118] 吴才茂. 明清以来清水江下游地区民众华夏世胄身份的构建 [J]. 明清论丛, 2012 (00) .

[119] 吴健, 珊珊. 以马克思主义为指导建设和发展中国档案学：论吴宝康教授学术思想 [J]. 档案与建设, 1998 (09) .

[120] 吴佩林. 明确边界：清代地方档案研究的若干问题 [J]. 南京社会科学, 2021 (04) .

[121] 吴欣. 婚姻诉讼案件中妇女社会性别的建立：以清代直、陕、豫、鲁地区判牍、档案资料为例 [J]. 妇女研究论丛, 2009 (04) .

[122] 夏三鳌. 基于 Citespace 的女书非物质文化遗产研究知识图谱分析 [J]. 湖南科技学院学报, 2019, 40 (05) .

[123] 谢丽, 冯惠玲, 马林青. 转型身份认同过程中档案的功用：以中国农民工群体为例 [J]. 档案学通讯, 2019 (01) .

[124] 谢志民. 女书研究的现状和存在的问题 [J]. 中南民族大学学报（人文社会科学版）, 2003 (04) .

[125] 徐丹丹, 于元元. 信息技术对档案身份认同的影响研究 [J]. 档

案与建设，2016（07）.

[126] 徐炎章. 论 N. 维纳的机体论思想 [J]. 自然辩证法研究，2004（02）.

[127] 徐拥军，王露露，洪泽文. 我国城乡记忆工程建设研究 [J]. 山西档案，2017（04）.

[128] 徐拥军，闫静. 中国新上岗专职档案人员职业认同和职业满意度调查研究 [J]. 档案学研究，2017（01）.

[129] 徐忠明. 关于明清时期司法档案中的虚构与真实：以《天启崇祯年间潘氏不平鸣稿》为中心的考察 [J]. 法学家，2005（05）.

[130] 闫静，谢青远. 档案学专业毕业生职业状况与专业知识满意度实证研究（二）[J]. 档案学通讯，2016（02）.

[131] 闫静，徐拥军. 后现代档案思想对我国档案理论与实践发展的启示：基于特里·库克档案思想的剖析 [J]. 档案学研究，2017（05）.

[132] 闫静，徐拥军. 后现代档案学理论的思想实质研究 [J]. 档案学研究，2019（04）.

[133] 闫静. 档案与记忆：中共党史研究的两个维度 [J]. 档案学通讯，2021（03）.

[134] 闫静. 乡音的守望：地域方言的数字化保护 [J]. 中国档案，2016（08）.

[135] 阎爱民. 清代族谱谱例中的女子书法 [J]. 中国社会历史评论，2009，10（00）.

[136] 杨果. "跨学科"非"解学科"：文学研究中的数字人文应用 [J]. 中国文学批评，2022（02）.

[137] 杨庆峰. 历史数字化、认知与记忆 [J]. 江海学刊，2017（02）.

[138] 叶辛. 论中国大地上的知识青年上山下乡运动 [J]. 社会科学，2006（05）.

[139] 叶子犀，姜深香. 论北大荒精神与文化传承机制 [J]. 知与行，2016（03）.

[140] 余厚洪. 基于"真实"的档案记忆构建与识别 [J]. 档案与建设，2017（08）.

[141] 岳漾薇. 以农民工群体为例谈社群档案身份认同价值开发 [J].

档案天地，2019（07）.

[142] 岳宗福.历史的真迹与历史的真实：关于档案真实性的二重性思考 [J].档案与建设，2005（09）.

[143] 张斌，王露露.档案参与历史记忆构建的空间叙事研究 [J].档案与建设，2019（08）.

[144] 张冲.散居族裔批评与美国华裔文学研究 [J].外国文学研究，2005（02）.

[145] 张方旭.下乡与返城中知青对自我身份的建构：基于对西安19名知青的访谈 [J].中国青年研究，2018（09）.

[146] 张江珊."档案"词源研究再探 [J].中国档案，2010（01）.

[147] 张晶，陆阳.档案的群体认同强化功能分析 [J].档案学通讯，2019（01）.

[148] 张凌，石璐.打造侨批档案系统工程 [J].中国档案，2017（04）.

[149] 张全海.世系谱牒与族群认同 [J].档案学通讯，2010（05）.

[150] 张润兰.档案资源的叙事性开发研究 [J].档案天地，2021（11）.

[151] 张小也.清代司法档案中的"行奸复拒奸"[J].中国古代法律文献研究，2014（00）.

[152] 张永梅.知青档案为核实工龄提供依据 [J].云南档案，2015（06）.

[153] 张运春.困局与应对：对沂水刘南宅家族神话的一点看法 [J].民俗研究，2017（06）.

[154] 张仲民."讲故事"的文化史研究：读《档案中的虚构》[J].史学理论研究，2007（02）.

[155] 章国锋.后现代：人的"个体化"进程的加速 [J].中国政法大学学报，2011（04）.

[156] 赵丽明."女书"的文字学价值 [J].华中师范大学学报（哲学社会科学版），1989（06）.

[157] 赵毅衡.身份与文本身份，自我与符号自我 [J].外国文学评论，2010（02）.

[158] 郑翰君, 张惠萍. 侨批档案开发利用初探 [J]. 兰台世界, 2012 (29).

[159] 郑欣, 赵呈晨. 乡愁的守望: 新生代农民工集体记忆与城市适应研究 [J]. 河南社会科学, 2015, 23 (09).

[160] 周林兴, 周丽. 承认与身份焦虑: 我国档案学学科认同的坚守与重建 [J]. 山西档案, 2020 (06).

[161] 朱莉. 身份认同对档案信息资源建设的影响及其趋势 [J]. 浙江档案, 2017 (02).

[162] 庄国土. 鸦片战争后东南亚华侨的人口结构 [J]. 南洋问题研究, 1994 (01).

[163] 庄莉红. 从当今福建民间族谱修纂看女性地位的变迁 [J]. 廊坊师范学院学报 (社会科学版), 2015, 31 (02).

[164] 赵旭东. 民间文书与民间智慧——人类学线索民族志的文本搜集 [J]. 原生态民族文学化学刊, 2015, 7 (04).

报纸

[1] 陈兆祦. 从银行小学徒到档案学导师 [N]. 中国档案报, 2007-11-01 (003).

[2] 董学清, 何柳. 孔子女性后裔首次入家谱 [N]. 人民日报海外版, 2006-07-24 (004).

[3] 刘铁梁. 关注女书文化瑰宝 抢救民间习俗精华 [N]. 中国艺术报, 2010-09-17 (W04).

[4] 吴宝康. 档案集中统一管理原则的新思考 [N]. 中国档案报, 1995-07-10 (003).

[5] 徐立恒, 陈静. 我们为什么需要数字人文 [N]. 社会科学报, 2017-08-24 (005).

[6] 张侃. 田野工作、历史文献与史学研究 [N]. 光明日报, 2007-08-31 (理论版).

学位论文

[1] 邓刚. 清水江中下游的山地开发与族群政治: 以 "三锹人" 为中心

的研究［D］．广州：中山大学，2010．

［2］侯艳兴．性别、权力与社会转型［D］．上海：复旦大学，2008．

［3］李斌．1950 年代的塘村妇女［D］．上海：华东师范大学，2011．

［4］廖艳娟．论吴宝康对当代中国档案事业的贡献［D］．南宁：广西民族大学，2009．

［5］吕洁．基于史学研究利用需求的数字档案资源整合与服务研究［D］．济南：山东大学，2020．

［6］钱晶晶．历史的镜像：三门塘村落的空间、权力与记忆［D］．广州：中山大学，2010．

［7］王静．权力选择与身份认同：档案与社会记忆建构的两个维度［D］．济南：山东大学，2017．

［8］徐丹丹．档案工作者身份认同研究［D］．哈尔滨：黑龙江大学，2018．

［9］袁博．国家、性别与生活［D］．济南：山东大学，2020．

［10］张洁．档案工作者身份认同研究［D］．郑州：郑州大学，2016．

［11］张坤媛．身份认同背景下的综合档案馆工作转变研究［D］．沈阳：辽宁大学，2016．

电子文献及其他

［1］"时光机项目"（Time Machine Project）［EB/OL］．数字人文本体知识库，2019-06-06．

［2］胡弋．电影《女书传奇》湖南江永开机 助力千年非遗传承［EB/OL］．红网，2022-02-14．

［3］ICA 中国宣传组．"过去与现在的种族主义"唤醒身份认同［EB/OL］．国际档理事会 ICA 公众号，2020-12-01．

［4］五位艺术家对身份认知和亲密话题的探索［EB/OL］．iD 中文公众号，2022-04-11．

［5］曾庆伟．黑龙江逊克县知青档案工作成绩斐然［EB/OL］．中国档案资讯网，2014-08-08．

［6］家谱的定义［EB/OL］．辞海，2022-04-20．

［7］鼎宏．欧洲法院：谷歌必须尊重用户"被遗忘权"［EB/OL］．新浪

科技，2014-05-14.

[8] 广东省档案局和南方杂志社联合出品. 海邦剩馥 侨批档案 [EB/OL]. 腾讯视频，2022-07-08.

[9] 田苗. 市档案馆有 1975 至 1980 年知青档案 [EB/OL]. 新浪新闻，2010-03-29.

[10] 韩李敏. 被人误解了几百年的"档案" [EB/OL]. 兰台拾遗公众号，2022-03-10.

[11] 黑龙江省档案馆馆藏介绍 [EB/OL]. 黑龙江档案信息网，2021-12-01.

[12] 湖北省档案馆. 抗疫档案里的白衣战士 [EB/OL]. 湖北文明网，2020-06-29.

[13] 湖南省档案局. 珍档赏析-女书档案 [EB/OL]. 湖南省档案局官网，2006-09-13.

[14] 清华女书研究 [EB/OL]. 清华大学中国古文字艺术研究中心，2022-04-03.

[15] 家谱的起源 [EB/OL]. 中国家谱知识服务平台，2018-09-18.

[16] 黄袒祥. 打造特色侨批文化品牌 [EB/OL]. 泉州网，2020-11-06.

[17] 科大卫，贺喜. 地方文献中的族谱 [EB/OL]. 澎湃新闻，2021-01-16.

[18] 联合国科教文. 保护非物质文化遗产公约（2003）[EB/OL].联合国官网，2003-10-17.

[19] 梁继红，马林青，陈洁，等. 古今碰撞：高迁古村落数字记忆建设经验 [EB/OL]. 档案那些事儿公众号，2020-09-23.

[20] 刘芳. 人类的文化记忆该如何保留 [EB/OL]. 腾讯文化，2015-11-29.

[21] 潘玲玲. 景宁县档案馆：挖掘"红色革命"档案 弘扬景宁红色文化 [EB/OL]. 中国档案资讯网，2021-09-13.

[22] 黄袒祥. 晋江：深度挖掘侨批 再现奋斗风貌 [EB/OL]. 晋江文明网，2019-10-29.

[23] 宋子洵，牛辉. 刻在黑土地上的拓荒史诗 [EB/OL]. 人民网，2021-11-15.

［24］王者荣耀．王者荣耀×敦煌研究院｜遇见神鹿，阿瑶迎来新皮肤［EB/OL］．搜狐网，2020-04-16．

［25］王丹菊．上海、黑龙江合作开发知青档案资源［EB/OL］．中国档案资讯网，2014-05-06．

［26］王义桅．热话题与冷思考——关于"人类命运共同体与新时代中国外交"的对话［EB/OL］．中国海洋发展研究中心，202-03-09．

［27］王义桅．人类命运共同体的中共逻辑［EB/OL］．人民网，2018-03-22．

［28］向帆．活在过去的未来．［EB/OL］．优酷视频，2022-05-14．

［29］纪念红军长征胜利80周年大会在京隆重举行 习近平发表重要讲话［EB/OL］．新华网，2016-10-21．

［30］中国共产党人精神谱系第一批伟大精神正式发布［EB/OL］．新华网，2021-09-29．

［31］追忆"知青"群体［EB/OL］．新浪网读书频道，2021-12-07．

［32］宿党辉．习近平广东行｜一纸侨批 两地相思——走进汕头侨批文物馆［EB/OL］．共产党员网，2020-10-14．

［33］须一瓜．所有的判决书都是人生剪影［EB/OL］．搜狐网，2017-07-04．

［34］赵世瑜．何为档案与档案何为［EB/OL］．澎湃新闻，2020-01-16．

［35］郑竹韵．关于酷儿情感与酷儿档案的对话［EB/OL］．实验主义者公众号，2020-08-04．

［36］中办国办印发《"十四五"全国档案事业发展规划》［EB/OL］．国家档案局，2021-06-09．

［37］文化和旅游部关于印发《"十四五"非物质文化遗产保护规划》的通知［EB/OL］．中国政府网，2021-06-09．

［38］恩格尔克．"身份认同"为何不是非黑即白的？［EB/OL］．新京报，2021-09-16．

［39］季考维．浦城高路季氏宗谱［Z］．福建，1913．

［40］吴有忠．条城吴氏家谱［Z］．甘肃，2012．

［41］中国人民大学信息资源管理学院简史：1952—2012［Z］．北京：内部发行，2012．

二、英文文献

著作类

[1] ANNE F S. Sexing the body: Gender politics and the construction of sexuality [M]. New York: Basic Books, 2000.

[2] BENNETT T, GROSSBERG L, MORRIS M. New keywords: A revised vocabulary of culture and society [M]. Oxford: Oxford Blackwell, 2005.

[3] BHABHA H K. The location of culture [M]. London and New York: Routledge, 1994.

[4] CAHOONE L. From modernism to postmodernism [M]. Oxford: Blackwell, 1996.

[5] DERRIDA J. Archive fever: A freudian impression [M]. Chicago: University of Chicago Press, 1996.

[6] EVANS R J. In defence of history [M]. London: Granta Books, 2001.

[7] GIDDENS A. The consequences of modernity [M]. Stanford: Stanford University Press, 1990.

[8] GURALNIC D B. Webster's new world dictionary of the American language [M]. New York and Cleveland: The World Publishing Company, 1972.

[9] HALL S, EVANS J, NIAON S. Representation: Cultural representation and signifying practices [M]. London, California & New Delhi: Sage, 1997.

[10] HALL S, GAY P. Questions of cultural identity [M]. London: Sage, 1996.

[11] HALL S, HELD D, MCGREW T. Modernity and its futures [M]. London: The Open University, 1992.

[12] HALLAM E, STREET B V. Cultural encounters: Representing otherness [M]. London and New York: Routledge, 2000.

[13] HASSAN I. The postmodern turn [M]. Columbus: Ohio State University Press, 1987.

[14] HOBSBAWM E. The cult of identity politics [M]. London: New Left Review, 1996.

[15] HOCKEY S. A companion to digital humanities [M]. Malden:

Blackwell Publishing Ltd, 2004.

[16] JAMES A H M, BRADLY H, CRAIGIE W A, et al. The Oxford English dictionary, Vol. Ⅶ [M]. Oxford: Clarendon Press, 1989.

[17] JENKINSON H. A manual of archive administration [M]. London: Percy Lund, Humphries & Co ltd, 1937.

[18] JUDITH B. Gender trouble: Feminism and the subversion of identity [M]. London: Routledge, 1999.

[19] LYOTARD J F. The postmodern condition: A report on knowledge [M]. Minneapolis: University of Minnesota Press, 1984.

[20] PAULA M L, MICHAEL R H. Reclaiming identity: Realist theory and the predicament of postmodernism [M]. Berkeley: University of California Press, 2000.

[21] RANKE L V. Deutche geschichte im zeitalter der reformation [M]. Berlin: Duncker & Humblot GmbH, 1924.

[22] RICOEUR P. Soi-meme comme un autre [M]. Paris: Seuil, 1990.

[23] RIDENER J. From polders to postmodernism: A concise history of archival theory [M]. Duluth: Litwin Books LLC, 2009.

[24] ROSENAU P M. Post-modernism and the social sciences [M]. Princeton: Princeton University Press, 1992.

[25] SMITH C S. Macmillan dictionary of anthropology [M]. London & Basingstoke: Macmillan. 1987.

[26] SONN C C. Engaging with the apartheid archive project: Voices from the South African diaspora in Australia [M]. London: Palgrave Macmillan UK, 2013.

[27] STEVENS G E, DUNCAN N E, HOOK D E. Race, memory and the apartheid archive: Towards a transformative psychosocial praxis [M]. London: Palgrave Macmillan, 2013.

[28] STOLER A L. Along the archival grain: Epistemic anxieties and colonial common sense [M]. Princeton: Princeton University Press, 2009.

[29] TAI Z. The Internet in China: Cyberspace and civil society [M]. London: Routledge, 2006.

[30] TAJFEL H, TURNER J C. Political psychology [M]. East Sussex County: Psychology Press, 2004.

[31] TAJFEL H. Differentiation between social groups: Studies in the social psychology of intergroup relations [M]. London: Academic Press, 1978.

[32] YOUNG J. The exclusive society [M]. London: Sage, 1999.

期刊论文

[1] ANDREW F. Community histories, community archives: Some opportunities and challenges [J]. Journal of the Society of Archivists, 2007, 28 (02) .

[2] BASTIAN J A. The records of memory, the archives of identity: Celebrations, texts and archival sensibilities [J]. Archival Science, 2013, 13 (02-03) .

[3] BATTLEY B, DANIELS E, ROLAN G. Archives as multifaceted narratives: Linking the "touchstones" of community memory [J]. Archives and Manuscripts, 2014, 42 (02) .

[4] BROWN C. Memory, identity and the archival paradigm: Introduction to the special issue [J]. Archival Science, 2013, 13 (02-03) .

[5] BROWN J, SMITH S M. American archives: Gender, race and class in visual culture [J]. Journal of American History, 2001, 88 (02) .

[6] BUNCOMBE M, PREST J. Making "slave ownership" visible in the archival catalogue: Findings from a pilot project [J]. Archives and Records, 2021, 42 (03) .

[7] CARON D J, KELLERHAL A. Archiving for self-ascertainment, identity-building and permanent self-questioning: Archives between scepticism and certitude [J]. Archival Science, 2013, 13 (02-03) .

[8] CASWELL M, GABIPLA J, ZAVALA J, et al. Imagining transformative spaces: The personal-political sites of community archives [J]. Archival Science, 2018, 18 (01) .

[9] CHERYL M. Building a postcolonial archive? gender, collective memory and citizenship in post-apartheid South Africa [J]. Journal of Southern African Studies, 2003, 29 (03) .

[10] CIFOR M. Affecting relations: Introducing affect theory to archival discourse [J]. Archival Science, 2016, 16 (01).

[11] CONER R. Memorialising queer community: Digital media, subjectivity and the Lost Gay # archives of social networking [J]. Media International Australia, 2019, 170 (01).

[12] COOK T, SCHWARTZ J M. Archives, records, and power: From (postmodern) theory to (archival) performance [J]. Archival Science, 2002, 2 (03-04).

[13] COOK T. Evidence, memory, identity, and community: Four shifting archival paradigms [J]. Archival Science, 2013, 13 (02-03).

[14] COOK T. Fashionable nonsense or professional rebirth: Postmodernism and the practice of archives [J]. Archivaria, 2001, 51.

[15] COOK T. The archive (s) is a foreign country: Historians, archivists, and the changing archival landscape [J]. The American Archivist, 2011, 74 (02).

[16] COOK T. We are what we keep, we keep what we are: Archival past, present and future [J]. Journal of the Society of Archivist, 2011, 32 (02).

[17] CRANNA V, HIRSCH L. Decolonising the London school of hygiene & tropical medicine's archives service [J]. Archives and Records, 2021, 42 (03).

[18] DINAH F, DAVID M, RUBINS A, et al. Challenges with accuracy of gender fields in identifying transgender patients in electronic health records [J]. Journal of General Internal Medicine, 2020, 35 (12).

[19] ERIC K. The archival image [J]. The American Archivist, 1995, 58 (04).

[20] ESTES S. Ask and tell: Gay veterans, identity, and oral history on a civil rights frontier [J]. The Oral History Review, 2005, 32 (02).

[21] FENG H L. Identity and archives: Return and expansion of the social value of archives [J]. Archival Science, 2017, 17 (02).

[22] GHADDAR J J. Total archives for land, law and sovereignty in settler Canada. [J]. Archival Science, 2021, 21 (01).

[23] GILLILAND A J, CASWELL M. Records and their imaginaries: Imagining the impossible, making possible the imagined [J]. Archival Science, 2016, 16 (01) .

[24] GLOYN L, CREWE V, KING L, et al. The ties that bind: Materiality, identity and the life course in the "things" families keep [J]. Journal of Family History, 2018, 43 (02) .

[25] HARRIS V. The archival sliver: Power, memory, and archives in South Africa [J]. Archival Science, 2002, 2 (01) .

[26] HOGG M A. Uncertainty – identity theory [J]. Advances in Experimental Socialpsychology, 2007, 39.

[27] IACOVINO L. Shaping and reshaping cultural identity and memory: Maximising human rights through a participatory archive [J]. Archives and Manuscripts, 2015, 43 (01) .

[28] JAN A, CZAPLICKA J. Collective memory and cultural identity [J]. New German Critique, 1995, 110 (65) .

[29] JOSIAS A. Toward an understanding of archives as a feature of collective memory [J]. Archival Science, 2011, 11 (01-02) .

[30] KAPLAN E. We are what we collect, we collect what we are: Archives and the construction of identity [J]. The American Archivist, 2000, 63 (01) .

[31] KAREN S, MACFARLANE M. How do UK archivists perceive "white supremacy" in the UK archives sector? [J]. Archives and Records, 2021, 42 (03) .

[32] KERTSEZ M, HUMPHREYS C, CARNOVALE C. Reformulating current recordkeeping practices in out-of-home care: Recognising the centrality of the archive [J]. Archives and Manuscripts, 2012, 40 (01) .

[33] KETELAAR E. Archival temples, archival prison: Modes of power and protection [J]. Archival Science, 2002, 2 (03-04) .

[34] KETELAAR E. The genealogical gaze: Family identities and family archives in the fourteenth to seventeenth centuries [J]. Libraries & the Cultural Record, 2009, 44 (01) .

[35] KIM J. The archive with a virtual museum: The (im) possibility of the

digital archive in Chris Marker' souvroir [J]. Memory Studies, 2020, 13 (01).

[36] LANGMAN L. Culture, identity and hegemony: The body in a global age [J]. Current Sociology, 2003, 51 (03).

[37] LINEBAUGH R, LOWRY J. The archival colour line: Race, records and post-colonial custody [J]. Archives and Records, 2021, 42 (03).

[38] LOWRY J. Radical empathy, the imaginary and affect in (post) colonial records: How to break out of international stalemates on displaced archives [J]. Archival Science, 2019, 19 (02).

[39] MEYER R. What lies below: Exploring constructions of collective memory in archival collections: on method: research, dissemination and archiving [J]. South African Historical Journal, 2008, 60 (02).

[40] PHOEBE K M. Through the lens of modernity: Reflections on the (colonial) cultural archive of sexuality and gender in South Africa [J]. GLQ: A Journal of Lesbian and Gay Studies, 2020, 26 (03).

[41] PLATT V L. Restor (y) ing community identity through the archive of Ken Saro-Wiwa [J]. Journal of the society of archivists, 2018, 39 (02).

[42] RAJH A. Antiracism and black memory in the archives: A project to preserve black organization collections at the University of Campinas (Brazil) [J]. Archives and Records, 2021, 42 (03).

[43] ROESCHLEY A, KIM J. "Something that feels like a community": The role of personal stories in building community-based participatory archives [J]. Archival Science, 2019, 19 (01).

[44] SADLER R, COX A M. "Civil disobedience" in the archive: Documenting women' s activism and experience through the sheffield feminist archive [J]. Archives and Records, 2018, 39 (02).

[45] SOMERS M R. The narrative constitution of identity: A relational and network approach [J]. Theory and Society, 1994, 23 (05).

[46] STANLEY H, TIMCKE G S. Re-framing archival thought in Jamaica and South Africa: Challenging racist structures, generating new narratives [J]. Archives and Records, 2022, 43 (01).

[47] STEPNIAK W. Identity: Can archives and archivists contribute to

fostering and preserving local, regional, and national identities? [J]. Comma, 2014, 2013 (01) .

[48] SWAIN S, MUSGROVE N. We are the stories we tell about ourselves: Child welfare records and the construction of identity among Australians who, as children, experienced out-of-home "care" [J]. Archives & Manuscripts, 2012, 40 (01) .

[49] TAJFEL H. Social psychology of intergroup relations [J]. Annual Review of Psychology, 1982, 33 (01) .

[50] TAYLOR H A. The collective memory: Archives and libraries as heritage [J]. Archivaria, 1982, 15.

[51] TRAVES A. Genealogy and royal women in Asser's life of King Alfred: Politics, prestige, and maternal kinship in early medieval England [J]. Early Medieval Europe, 2022, 30 (01) .

[52] WAKIMOTO D K, BRUCE C, PARTRIDGE H. Archivist as activist: Lessons from three queer community archives in California [J]. Archival Science, 2013, 13 (04) .

[53] WATSON K L. Sins against nature: Sex and archives in colonial new Spain [J]. Journal of American History, 2020, 107 (01) .

[54] WOODHAM A, KING L, GLOYN L, et al. We are what we keep: The "family archive", identity and public/private heritage [J]. Heritage & Society, 2019, 10 (03) .

[55] ZANDBERG E. The right to tell the (right) story: Journalism, authority and memory [J]. Media, Culture & Society, 2010, 32 (01) .

[56] ZANISH - BELCHER T. Keeping evidence and memory: Archives storytelling in the twenty-first century [J]. The American Archivist, 2019, 82 (01) .

其他英文文献

[1] REBECCA L H. An archive of shame: gender, embodiment, and citizenship in contemporary American culture [D]. State of Texas: Texas A&M University, 2012.

［2］ SMITH A M. Family webs: the impact of women's genealogy research on family communication ［D］. Ohio: Bowling Green State University, 2008.

［3］ PARSON L. Decolonizing our descriptions, unsettling our practice ［EB/OL］. Anglican Journal, 2020-09-23.